HITOS DE LA POESIA PERUANA

JAMES HIGGINS

HITOS DE LA POESIA PERUANA

Edición e ilustración:
CARLOS MILLA BATRES

EDITORIAL MILLA BATRES

HITOS DE LA POESIA PERUANA.
Primera edición: agosto de 1993.

Diagramación y carátula: CMB.
Correcciones: Carmen Castañeda.
Arte de carátula: Ricardo Wiesse.
Fotografía: Daniel Giannoni.
Impresión: Talleres de Editorial Navarrete.
© James Higgins. Liverpool, Inglaterra.
© Editorial Milla Batres S.A. Lima, Perú, 1993.

Impreso en el Perú   *   Printed in Peru

Agradezco a Núria Vilanova por la paciencia con la cual ha leído el manuscrito y corregido mis errores de español.

ADVERTENCIA

Este libro ha sido escrito con dos propósitos. Por un lado, pretende enfocar la poesía peruana como proceso, estudiando las tendencias principales de la época que va de los años 20 hasta la década del 70. Por otro, ofrece una lectura de la obra de una serie de poetas que me parecen las figuras más significativas y representativas dentro de ese proceso. Se trata, por lo tanto, de un libro selectivo y subjetivo que no pretende ser una historia.

JAMES HIGGINS

Liverpool, julio de 1993.

I

JOSÉ MARÍA EGUREN, EL INAUGURADOR DE UNA

TRADICIÓN POÉTICA MODERNA

1. UNA POESÍA ANACRÓNICA

El impresionante florecimiento de la poesía peruana en el siglo XX se inaugura con José María Eguren (1874-1942). En la historia de la literatura Eguren es un fenómeno curioso. Es quizá el único representante auténtico del simbolismo en Hispanoamérica, pero lo es tardíamente, cultivando esta poética en una época en que la estética vanguardista ya iba imponiéndose no sólo en Europa sino también en el mismo Perú. En este sentido es sintomático que su tercer libro, *Poesía* (1929), se publique posteriormente a los "polirritmos" de Juan Parra del Riego, a *Simplismo* (1925) y otros libros tempranos de Alberto Hidalgo, a *Trilce* (1922) de César Vallejo y a *5 metros de poemas* (1927) de Carlos Oquendo de Amat.[1] En efecto, la obra de Eguren refleja no sólo el desfase entre un occidente desarrollado y un tercer mundo subdesarrollado, sino también el desarrollo desigual característico de este último.

Además, mientras Parra del Riego, Hidalgo y Oquendo de Amat celebran el vigor y dinamismo de la edad moderna, Eguren se revela como un tradicionalista que rechaza el espíritu mecanicista de la época y que mira hacia el pasado, aferrándose a una cosmovisión rebasada por la marcha de la historia. Para él, como para Carlyle, Ruskin y otros pensadores idealistas del siglo XIX, la civilización occidental está enferma y le atribuye el mal de que adolece a una falta de religiosidad, a la ceguedad del hombre moderno ante el carácter sagrado del mundo y la espiritualidad esencial de la vida. Así, "El dios cansado" presenta a un Dios que ha agotado sus fuerzas y que recorre patéticamente desiertos estériles, regiones ateas y ciudades sumergidas en la oscuridad, símbolos de un mundo que lo mira con indiferencia y hasta ignora su existencia:

> Plomizo, carminado
> y con la barba verde,
> el ritmo pierde
> el dios cansado.
>
> Y va con tristes ojos,
> por los desiertos rojos,
> de los beduinos
> y peregrinos.

---

1. Si bien es cierto que muchos de los poemas fueron escritos unos años antes, esto no invalida el argumento que vengo desarrollando.

Sigue por las obscuras
y ciegas capitales
de negros males
y desventuras.

Reinante el día estuoso,
camina sin reposo
tras los inventos
y pensamientos.

Continúa, ignorado
por la región atea;
y nada crea
el dios cansado. [2]

Este dios cansado puede interpretarse como un símbolo del Dios de la Iglesia en el que
el hombre ya no puede creer, de la religión tradicional que se ha agotado y se ha fosilizado
en el ritual y el dogma. Pero el poema insinúa también que Dios ha cambiado de naturaleza,
que, queriendo recuperar la fe de los hombres, se ha convertido en un dios del progreso,
recorriendo el mundo en busca de ideas e inventos para restablecer su crédito a los ojos de
una humanidad descreída. Pero no sólo se frustran sus esperanzas de así ganar la adhesión
de los hombres, sino que, por su incapacidad para crear, demuestra que ha sido despojado
de su divinidad. Este dios impotente representa, pues, la nueva fe que ha sustituido a la
religión tradicional, el culto positivista del progreso científico y material que niega el poder
de Dios y la existencia de fuerzas espirituales. Al mismo tiempo, la situación del dios cansado
refleja la del hombre moderno, quien, al perder su fe en la religión, ha recurrido a la ciencia
en busca de un nuevo foco existencial y en consecuencia se ha extraviado, porque, como su
nueva fe no toma en cuenta las realidades espirituales, ha perdido "el ritmo", el sentimiento
de estar en armonía con el mundo circundante. El poema da a entender que, para orientarse
nuevamente y superar su alienación, el hombre debe recuperar la religiosidad de otras
épocas, aunque sin acudir necesariamente a los viejos dioses. Contra la cosmovisión
mecanicista de nuestra época Eguren se aferra tercamente a una perspectiva espiritual.

Subyace a su obra la convicción de que la enfermedad del hombre moderno se debe a
la pérdida de su inocencia primitiva. El hombre ha progresado en el sentido de que con el
desarrollo de su inteligencia ha superado su temor primario al medio físico y lo ha dominado
mediante la ciencia y la tecnología, llegando a cobrar tanta confianza en su fuerza humana
que ya no reconoce ningún poder superior a él. Pero aunque sea demasiado arrogante para
darse cuenta de ello, este progreso ha sido unidimensional y consecuentemente él ha quedado
atrofiado, ya que ha desarrollado su razón a expensas de sus otras facultades y al dominar su
mundo lo ha desacralizado, perdiendo de vista la magia que lo rodea y el universo espiritual
que se oculta detrás de la realidad inmediata. Para que vuelva a ser entero y viva nuevamente
en armonía con su mundo, es preciso, opina Eguren, que el hombre recupere su inocencia

---

2.   José María Eguren, *Obras completas* (Lima, Mosca Azul, 1974), p. 58. Todas las citas corresponden a esta
      edición.

perdida, rehabilitando las facultades irracionales que ha descuidado durante tanto tiempo.

En este sentido, es significativo que un grupo de poemas como "El dios de la centella" y "Los gigantones" evoque el universo mitológico de los primitivos nórdicos. Más que el exotismo, es la respuesta del hombre primitivo a su mundo lo que atrae al poeta a estos temas. Sintiendo un temor reverencial ante un mundo regido por fuerzas que no comprendía ni podía dominar, el antiguo nórdico veía detrás de los procesos de la naturaleza potencias misteriosas e invisibles que personificaba como dioses o demonios. Así, "Los gigantones" (162) evoca una tempestad horrenda tal como la percibe el aterrado hombre primitivo:

> En noche triste
> los gigantones de la montaña
> han encendido rojas fogatas.
>
> Hoy celebrando
> la Cordillera,
> con los semblantes iluminados,
> están de fiesta.
>
> Los gigantones de la montaña
> han encendido
> sus llamaradas.
>
> En triste noche
> cuando remotas suenan las quedas,
> bailan con roncos sonidos lentos
> y con la música de las peñas.
>
> Los gigantones
> cantan antiguas rondas salvajes
> y en las alturas
> las bacanales.
>
> Prenden los pinos y cocobolos
> ¡ay, de las niñas si están beodos!
>
> En roja noche
> de vino agreste
> ¡ay, de la blonda
> niña celeste!
>
> Los gigantones de la montaña
> han encendido
> su llamarada.

Aquí vemos la tempestad personificada por gigantes demoníacos que jaranean ruidosa-mente alrededor de sus hogueras y luego se lanzan borrachos a aterrorizar la región, haciendo estragos y amenazando la virtud de las doncellas —un detalle que señala hasta qué punto la mente primitiva solía humanizar las fuerzas naturales. Pero lo importante de tales poemas no es tanto las supersticiones mismas como lo que encierran. Como Carlyle, Eguren opinaba que la esencia de la mitología nórdica era "el reconocimiento de la Divinidad de la Naturaleza; la comunión sincera del hombre con las Potencias misteriosas e invisibles que veía obrar visiblemente en el mundo circundante".[3] Detrás de estas creencias anticuadas hay una conciencia de una realidad superior, y las supersticiones no son sino la tentativa torpe de hombres incultos de explicarse esa realidad. Para Eguren este espíritu religioso que encierran las supersticiones antiguas sigue siendo tan válido hoy como en épocas pasadas.

Otros poemas como "El Duque" o "Juan Volatín" nos introducen en el mundo de la fantasía infantil. "Juan Volatín" (39), por ejemplo, es un cuento dramático que tiene por protagonista a un trasgo malévolo, quien irrumpe en la casa y acomete a los niños que juegan allí, pero en el último momento éstos se ven salvados por la llegada de una silfa bondadosa que viene flotando en una pluma, guiada por luciérnagas y seguida por escuadrones armados de insectos dorados. Aquí el trasgo es la exteriorización de los temores irracionales del niño y lo que lo derrota es la facultad compensatoria de la ilusión representada por la silfa, y se insinúa que si los adultos saben dominar sus temores mediante el uso de la razón, este mismo racionalismo aleja igualmente a las hadas buenas que pudieran trasportarlos a mundos mágicos. Por eso, otro poema clave es "La niña de la lámpara azul" (51), el cual presenta a un personaje que se opone al dios impotente retratado en "El dios cansado":

> En el pasadizo nebuloso
> cual mágico sueño de Estambul,
> su perfil presenta destelloso
> la niña de la lámpara azul.
>
> Agil y risueña se insinúa,
> y su llama seductora brilla,
> tiembla en su cabello la garúa
> de la playa de la maravilla.
>
> Con voz infantil y melodiosa
> en fresco aroma de abedul,
> habla de una vida milagrosa
> la niña de la lámpara azul.
>
> Con cálidos ojos de dulzura
> y besos de amor matutino,
> me ofrece la bella criatura
> un mágico y celeste camino.
>
> De encantación en un derroche,
> hiende leda, vaporoso tul;
> y me guía a través de la noche
> la niña de la lámpara azul.

---

3.   Thomas Carlyle, *On Heroes and Hero Worship* (Londres, Everyman, 1967), pp. 226-27. La traducción es mía.

Una niña en el umbral de la pubertad y caracterizada por su alegría, su frescor, su amor ingenuo a todas las cosas, representa la capacidad de abordar la vida con ilusión infantil, de maravillarse ante los prodigios del mundo. Mientras el poeta yerra desorientado y abatido por el laberinto oscuro de la duda y la desesperación, ella se le manifiesta como una presencia luminosa que lleva la luz guiadora de la ilusión y que va imponiéndose a medida que la ilusión que personifica se le trasmite a él. Al principio no es más que una figura imprecisa, un perfil que destella de una manera intermitente, pero en la segunda estrofa se insinúa seductora ante sus ojos y poco a poco se convierte en una figura dinámica hasta que, al final de la composición, desgarra con sus encantos el velo nebuloso que había oscurecido la visión del poeta y lo guía hacia su reino mágico. Se nos sugiere que el privilegio de gozar de la magia de la vida está reservado para aquéllos que no han sido atrofiados por la razón y son, por lo tanto, capaces de mirar el mundo con los ojos ilusionados de un niño. La poesía de Eguren reitera a su manera el precepto de Cristo: "... si no os tornareis e hiciereis como los niños, no entraréis en el reino de los cielos" (Mateo, 18.3). Porque implícita en toda su obra está la convicción de que el hombre debe recuperar la inocencia espiritual de los niños y los pueblos primitivos si quiere superar su alienación y vivir nuevamente en armonía con su mundo. Tal postura, cabe destacar, coincide con la que Carlyle había expresado en 1840: "A pesar de toda nuestra ciencia y todas nuestras ciencias, este mundo sigue siendo un milagro; maravilloso, inescrutable, *mágico* y más, para quien *piense* en ello". [4]

Así, tanto por su cosmovisión como por su poética, Eguren resulta un anacronismo. En este sentido su obra es emblemática de la herencia poética que le había sido trasmitida.

2. LOS ANTECEDENTES

En el Perú la poesía de lengua española tiene una larga ascendencia. A medida que el país se estabilizaba después de los trastornos de la conquista y las guerras civiles, surgió una pequeña élite intelectual que cultivó una poesía sofisticada al estilo renacentista y ya a principios del siglo XVII floreció un círculo de poetas conocido como la Academia Antártica. [5] Al margen de la calidad de la poesía producida, la existencia de tales poetas en un país recién colonizado es un fenómeno que despierta admiración. Hay que tomar en cuenta que si Lima gozaba del prestigio de ser corte de los virreyes, era todavía un pequeño pueblo aislado en medio de vastos territorios inhóspitos, lejos de los grandes centros de la cultura occidental, y desprovisto de las facilidades de las urbes europeas. Lo admirable de estos primeros poetas coloniales es precisamente su fervorosa devoción a las letras en un medio que, al fin y al cabo, era todavía un medio fronterizo. Este culto a la literatura en un ambiente desfavorable para la actividad cultural se cifra en el "Discurso en loor de la poesía" (1608), en el que Clarinda celebra la poesía como el don supremo de Dios:

> Oh poético espíritu, enviado
> del cielo empíreo a nuestra indina tierra,
> gratuitamente a nuestro ingenio dado, [...]

---

4.   Carlyle, p. 246.

5.   Véase Alberto Tauro, *Esquividad y gloria de la Academia Antártica* (Lima, Huascarán, 1948).

tú alivias nuestras penas y pasiones,
y das consuelo al ánimo afligido
con tus sabrosos metros y canciones;

tú eres el puerto al mar embravecido
de penas, donde olvida sus tristezas
cualquiera que a tu abrigo se ha acogido; [...]

¿Quién te podrá loar como mereces?
¿Y cómo a proseguir seré bastante,
si con tu luz me asombras y enmudeces?[6]

De hecho, desde el primer siglo de la colonia los poetas peruanos han cultivado su arte con un apasionado entusiasmo en un medio que, por su subdesarrollo socio-económico, siempre ha sido impropicio para la actividad literaria.

La colonia produjo varios poetas estimables, entre los cuales se destacan Diego Dávalos y Figueroa y Juan del Valle Caviedes. Además, la poesía gozaba de gran prestigio en el medio virreinal, siendo practicada hasta por los mismos virreyes.[7] Desgraciadamente, figuras como Dávalos y Caviedes fueron excepcionales y en general la poesía del virreinato suele ser mediocre y convencional. Dado que la cultura imperante fue la de una clase dirigente que tomaba sus pautas de la metrópoli, era inevitable que la poesía colonial fuese, en palabras de Raimundo Lazo, "una versión [...] peruana de la literatura española, cuyo contenido ideológico y tipos estilísticos de expresión se empeña en remedar" [8]. Pero, más que eso, fue una poesía que se volvió cada vez más convencional y formalista a medida que se consolidaba el dominio español. Porque la cultura colonial estaba centrada sobre todo en Lima, alrededor de la corte virreinal, que daba forma institucional a ese dominio y fomentaba un espíritu de conformidad. A partir de 1630 más o menos, se nota una tendencia a fabricar en masa versos de ocasión para conmemorar de manera efusiva acontecimientos como nacimientos, matrimonios y fallecimientos de miembros de la familia real o virreinal, la llegada de un nuevo virrey, o fiestas religiosas y seculares. Al mismo tiempo, el prestigio del culteranismo de Góngora inspiró a una multitud de imitadores de poco talento a emitir un verdadero torrente de versos caracterizados por su afectación, sus conceptos extravagantes y su sintaxis contorsionada. En efecto, el revés del prestigio de que gozaba la poesía en tiempos coloniales era que pasaba por poeta cualquiera que repetía los clichés de la época en retórica altisonante.

Una situación parecida impera en el siglo XIX. A mediados del siglo surgió en Lima un grupo de jóvenes que adoptaron las posturas y el repertorio del romanticismo con el intento de elevar el status del artista en una sociedad inculta y de incorporar la poesía nacional a la

---

6. Ricardo Silva-Santisteban, ed., *De la Conquista al Modernismo,* tomo II de *Poesía peruana, Antología general* (Lima, Edubanco, 1984), pp. 195-96.

7. Véase Aurelio Miró Quesada, *El primer virrey-poeta en América (Don Juan de Mendoza y Luna, Marqués de Montesclaros)* (Madrid, Gredos, 1962).

8. Raimundo Lazo, *Historia de la literatura hispanoamericana. El período colonial* (México, Porrúa, 1965), p. 78.

corriente principal de la literatura mundial.[9] En la práctica, sin embargo, lo único que lograron fue delatar una persistente dependencia cultural y su atraso respecto de Europa, porque no sólo el romanticismo llegó tarde al Perú sino que fue un romanticismo de segunda mano que carecía de autenticidad. Entre los poetas de esta generación el único que da muestras de una verdadera sensibilidad romántica es Carlos Augusto Salaverry, y en efecto es sólo con la aparición de Manuel González Prada en las últimas décadas del siglo que un poeta peruano llega por fin a plasmar una expresión plena y auténtica de la cosmovisión romántica. Por otra parte, en un medio cultural poco exigente, los poetas aún no habían adquirido un verdadero sentido de vocación ni el hábito de la autocrítica y por lo general la generación romántica no produjo sino un torrente de versos superficiales, descuidados y plagados de clichés.

Así, se da la paradoja de que, si bien la poesía se había arraigado en el Perú desde temprano, bien avanzado el siglo XIX todavía no se había establecido una verdadera tradición poética. Hacia finales del siglo esta situación empezó a cambiar. Por un lado, Manuel González Prada reclamó una nueva actitud hacia la poesía y, repudiando la tradición hispánica, inició un proceso de renovación formal. Por otro, José Santos Chocano no sólo llegó a ser una de las principales figuras del modernismo hispanoamericano sino que dio una nueva orientación a ese movimiento, destacándose como la voz de América, y por ser el primer poeta peruano en conquistar una reputación internacional elevó el status del poeta en el Perú. Algunos críticos han querido ver en estos dos poetas a los fundadores de una tradición poética nacional. No obstante, y sin desestimar el aporte de ambos, hay buenas razones para discrepar. A pesar de su proyecto modernizante, González Prada es esencialmente un romántico tardío y aunque se lo reconoce como uno de los principales precursores de la poesía modernista, en la práctica su influencia es cuestionable dado que sus obras más importantes —*Minúsculas* (1901) y *Exóticas* (1911)— no se publicaron como libros hasta después de que el modernismo hispanoamericano estuvo bien establecido. Además, si sus mejores versos manejan un estilo sencillo y eficaz que rompe con la bombástica verbosidad característica de tanta poesía peruana de la época, gran parte de su obra delata una discordancia entre fondo y forma. A menudo sus poemas no pasan de ser ejercicios formales que ilustran una manera poética, y otras veces su deseo de comunicar un mensaje social o filosófico lo lleva a ser demasiado explícito y hasta prosaico. Por su parte, Chocano es esencialmente un poeta superficial. Lo es, primero, porque en el fondo su grandiosa visión de América no es más que una mistificación melodramática y lo es también en el sentido de que el impacto de su poesía es directo e inmediato, dejando poco espacio a la imaginación del lector. Además, tiende a declamar en voz alta y a abusar de efectos visuales y acústicos, y en sus peores momentos sus versos vienen a ser otro ejemplo más de la hueca grandilocuencia que había plagado la poesía peruana desde tiempos coloniales.

En efecto, cuando Eguren inició su carrera la poesía peruana acusaba las mismas tendencias de siempre. Por una parte, reflejaba la dependencia y atraso del país frente al mundo desarrollado, en cuanto seguía a la zaga de las corrientes internacionales a pesar de intentos de modernizarla. Por otra, era sintomática del subdesarrollo nacional en cuanto la mayoría de los poetas se contentaba con manejar una retórica altisonante, siendo pocos los

---

9.   Véase Raimundo Lazo, *Historia de la literatura hispanoamericana. El Romanticismo* (México, Porrúa, 1971), pp. 56-60; José Miguel Oviedo, "El romanticismo peruano, una impostura,", *Letras Peruanas,* 14, (1963), 15-17.

que habían logrado un verdadero dominio de su oficio. Como ya se ha señalado, la obra de Eguren es emblemática de esa herencia en cuanto está desfasada respecto de la literatura mundial. No obstante, significa una ruptura al ostentar una maestría artística, producto de una nueva actitud hacia el oficio del escritor.

3.   UNA VOCACIÓN SOLITARIA

Para comprender lo novedoso de Eguren es útil compararlo con José Santos Chocano, el poeta dominante de la época. Chocano fue, sobre todo, un personaje público, un escritor que no sólo conquistó la fama nacional e internacional, sino que la buscó ávidamente. En cambio, Eguren, un hombre tímido y reservado, dio la espalda a la sociedad para llevar una vida retirada en el pequeño balneario de Barranco en las afueras de Lima. Su postura vital está definida en "Peregrín cazador de figuras" (74), una especie de "retrato del artista", donde se nos presenta en la persona de Peregrín quien, desde un mirador apartado, explora en la noche un paisaje oscuro y misterioso que es un símbolo del mundo de la imaginación:

> En el mirador de la fantasía
> al brillar del perfume
> tembloroso de armonía;
> en la noche que llamas consume;
> cuando duerme el ánade implume,
> los órficos insectos se abruman
> y luciérnagas fuman;
> cuando lucen los silfos galones, entorcho,
> y vuelan mariposas de corcho
> o los rubios vampiros cecean,
> o las firmes jorobas campean,
> por la noche de los matices,
> de ojos muertos y largas narices;
> en el mirador distante,
> por las llanuras;
> Peregrín cazador de figuras,
> con ojos de diamante
> mira desde las ciegas alturas.

Cabe resaltar que es sólo después de una larga enumeración que se nos revela la figura de Peregrín en su vigilia solitaria. De esta manera, la estructura de la composición crea un efecto de aislamiento, una impresión que es reforzada por el ambiente nocturno y por las referencias al alejamiento y a la altura del mirador. Así Peregrín está representado como un ser completamente aislado y entregado a una tarea esencialmente solitaria, y a través de este personaje Eguren manifiesta su dedicación total a su vocación literaria, una actitud que lo lleva a renunciar al mundo de los hombres por su propio mundo privado, donde se entrega enteramente a sus actividades artísticas. En un país donde, por diversas circunstancias, los escritores siempre han tendido a dispersar —y desperdiciar— su talento y energías en actividades ajenas a la literatura, Eguren dio un ejemplo de profesionalismo, de entrega total al oficio de escribir.

Eguren también se diferencia de Chocano por su credo poético. Rehusando la retórica altisonante y directa, acata la estética simbolista, la cual ha sido definida como "el arte de expresar ideas y emociones, no describiéndolas directamente ni definiéndolas mediante comparaciones explícitas con imágenes concretas, sino sugiriendo lo que son estas ideas y emociones, recreándolas en la mente del lector mediante el uso de símbolos inexplicados".[10] Su versión de esta estética la encontramos delineada en el texto que venimos comentando. Eguren basa su simbolismo en una serie de personajes extraños —las figuras cazadas por Peregrín— y sus poesías más distintivas están construidas alrededor de ellos. A menudo los poemas tienen forma de anécdota o viñeta dramática y suelen estar ambientados en marcos remotos —tierras exóticas como el Oriente o los países nórdicos, o un pasado indeterminado con aire vagamente medieval— que los alejan de la realidad cotidiana. Los mejores se caracterizan por su concisión y su objetividad: el poeta se limita a presentar a los personajes, sin intervenir para hacer un comentario o para indicar cómo debemos interpretar el poema. Por lo tanto, los poemas funcionan, primero, en un nivel inmediato, como cuentos o retratos versificados, sin otro significado obvio. Pero al mismo tiempo los personajes encarnan en forma sintetizada "las emociones más intensas de mi vida" que Eguren quiso "exteriorizar" en sus versos (421), y por la manera en que están presentados, apuntan a otra realidad oculta por debajo de la superficie del poema. Insinuando más que afirmando, Eguren dota su obra de un gran poder sugestionador que da a sus versos aparentemente simples y transparentes un complejo significado que sólo se descubre paulatinamente a través de varias lecturas. En efecto, Eguren fue el primer poeta peruano que supo crear un universo imaginativo rico en sugestión y denso en significado.

Uno de los mejores ejemplos de su arte es "Los reyes rojos" (28), poema que refiere una lucha entre dos halcones. La primera estrofa evoca los brillantes rayos del sol matutino, los cuales envuelven a las aves en una luz violenta y destellan en sus picos, sugiriendo la imagen de reyes guerreros que manejan lanzas de oro:

> Desde la aurora
> combaten dos reyes rojos,
> con lanza de oro.

Después de este primer plano inicial los halcones desaparecen de vista, pero su presencia se hace sentir ya que los colores oscuros de la segunda estrofa insinúan que su ira violenta se cierne en el cielo como un nubarrón que ensombrece los bosques y las montañas:

> Por verde bosque
> y en los purpurinos cerros
> vibra su ceño.

En las dos estrofas siguientes las aves reaparecen, pero ahora son figuras diminutas vistas a través de su silueta en el horizonte:

> Falcones reyes
> batallan en lejanías
> de oro azulinas.

---

10.   C. Chadwick, *Symbolism* (Londres, Methuen, 1971), pp. 2-3. La traducción es mía.

> Por la luz cadmio,
> airadas se ven pequeñas
> sus formas negras.

Antonio Cisneros ha señalado que muchos poemas de Eguren se basan en progresiones temporales que siguen el paso del sol por el cielo.[11] Tal progresión se da aquí, ya que la tercera estrofa evoca la puesta de sol y en la cuarta la luz metálica del crepúsculo reduce los halcones a formas tenebrosas. En la última estrofa ya ha anochecido y los halcones, en primer término otra vez, siguen luchando sin cejar:

> Viene la noche
> y firmes combaten foscos
> los reyes rojos.

Así, el poema crea la impresión de una lucha que es universal y eterna: se libra por encima de bosques y montañas y hasta donde alcanzan los ojos; ya ha empezado al amanecer y continúa en la noche. Parece que estas dos aves de rapiña que pelean interminablemente simbolizan la violencia de la naturaleza, la lucha por la vida, el conflicto de fuerzas elementales. Sin embargo, es crucial el tono del poema, y no hay nada que sugiera que este conflicto sea malo. Al contrario, la presentación de los halcones como reyes guerreros evoca asociaciones de batallas épicas y hazañas heroicas y otorga cierta majestad pasmosa a esta lucha, mientras las aliteraciones de los dos últimos versos sugieren que la lucha es inexorable e imperiosa, que obedece a alguna ley superior. En un comentario perspicaz Julio Ortega apunta: "...estamos ante una oposición y al mismo tiempo ante una armonía; los reyes rojos luchan infatigables y sentimos que su batallar es como la trama de algo invisible; por eso no se trata de una lucha inútil o absurda, sino que hay en ella una extraña necesidad, un orden superior que la determina y fundamenta; en ello está su armonía, su acuerdo fundamental en el combate."[12] Detrás de la lucha elemental referida por el poema hay un sentimiento de orden y de armonía, y se insinúa que la violencia y los conflictos del mundo natural encajan en un esquema más grande como elementos de un orden universal.

Igualmente sugerente es "El bote viejo" (126), donde Eguren retoma el motivo consagrado que representa la vida como un viaje hacia la muerte.[13] Aquí la neblina matutina, como los ambientes brumosos o nocturnos de tantos otros textos, evoca un cosmos misterioso, incomprensible para la razón. Vislumbrado a través de ella, en la playa donde fue arrastrado por las olas durante la noche, el bote viejo simboliza al hombre que ha llegado a la vejez y se siente próximo a morir:

> Bajo brillante niebla,
> de saladas actinias cubierto,
> amaneció en la playa
> un bote viejo.

---

11. Antonio Cisneros, "El transcurrir: un mecanismo básico de Eguren", tesis inédita (Lima, Universidad Nacional Mayor de San Marcos, 1967), p. 1.

12. Julio Ortega, *José María Eguren*, Biblioteca Hombres del Perú XXX (Lima, Ed. Universitaria, 1965), pp. 102-03.

13. Mi interpretación de "El bote viejo" debe mucho a Cisneros, cuya tesis consiste en gran parte en un análisis minucioso de este poema.

Con arena, se mira
la banda de sus bateleros,
y en la quilla verdosos
calafateos.

Bote triste, yacente,
por los moluscos horadado;
ha venido de ignotos
muelles amargos.

Apareció en la bruma
y en la armonía de la aurora;
trajo de los rompientes
doradas conchas.

El cuadro estático presentado por estas cuatro primeras estrofas —los únicos verbos de movimiento se refieren a lo que aconteció en el pasado— subraya la condición gastada del bote, y una serie de detalles —está cubierto de algas, arena y limo y carcomido por percebes— pone de relieve su deterioro físico. Pero al mismo tiempo el poeta lo humaniza, dotándole de las características espirituales de la vejez, y su melancólica postración sugiere que los años lo han vencido tanto moral como físicamente. Además, breves referencias a su historia personal indican que ha conocido las dos caras de la vida: así, las algas, la arena y el limo son signos de las penas que ha sufrido en su viaje terrestre, pero igualmente conserva recuerdos de tiempos agradables en la forma de las conchas doradas que lleva consigo.

La inmovilidad de esta escena inicial hace contraste con la actividad de las estrofas siguientes, donde la playa se llena de vida. Las aves se posan en el bote, los niños juegan con él, y los amantes lo aprovechan como nido de amores:

A sus bancos remeros,
a sus amarillentas sogas,
vienen los cormoranes
y las gaviotas.

Los pintorescos niños,
cuando dormita la marea,
lo llenan de cordajes
y de banderas.

Los novios, en la tarde,
en su alta quilla se recuestan;
y a los vientos marinos,
de amor se besan.

A primera vista parece que el bote ha encontrado un refugio ameno, pero en realidad él mismo resulta un elemento discorde en este medio. En efecto, toda esta actividad no hace sino destacar su cansancio y deterioro, señalando que está próximo a la muerte y ya no pertenece al mundo de los vivos. Además, se hace evidente que el bote no está contento aquí sino que se impacienta por llegar a su destino final, y cuando anochece emprende su último viaje:

> Mas el bote ruinoso
> de las arenas del estuario,
> ansía los distantes
> muelles dorados.
>
> Y en la profunda noche,
> en fino tumbo abrillantado,
> partió el bote muriente
> a los puertos lejanos.

Su impaciencia está subrayada por el uso del verbo "partir", el cual indica una acción emprendida por voluntad propia y que hace contraste con la llegada aparentemente fortuita y pasiva sugerida por "amanecer" en la primera estrofa. Esta impaciencia, junto con la alusión a los muelles dorados que lo aguardan, insinúa que lo que le impulsa no es sólo el deseo de poder descansar por fin tras su larga trayectoria, sino el deseo de acceder al más allá, el cual lo atrae como una tierra prometida. De hecho, el poema refleja el sereno optimismo con el cual Eguren contemplaba la muerte, conceptuándola como un viaje a través de las tinieblas hacia la luz de la otra vida. Es de notar que nuevamente hay una implícita progresión temporal, la cual da a entender que este último viaje nocturno ha de terminar con la mañana luminosa que señala el comienzo de una nueva vida en la otra orilla. Además, más que terminar el poema, el largo verso final —un heptasílabo a diferencia de los pentasílabos que rematan las estrofas anteriores— lo prolonga, abriéndose al espacio y reforzando así la impresión de que la muerte es el pórtico del infinito. "El bote viejo", como "Los reyes rojos" y tantos otros textos, funciona sobre todo a base de sugerencias. Como Mallarmé, Eguren comprendía que "nombrar una cosa es abolir la mayor parte del gozo que se saca de un poema, puesto que este gozo consiste en un proceso de revelación paulatina",[14] y se cuida de proporcionar al lector el gozo estético que proviene del placer de adivinar poco a poco las profundidades ocultas de un poema.

4.   UN DISIDENTE INVEROSÍMIL

Así, la novedad de Eguren estriba en su actitud ejemplar hacia la vocación literaria y en la alta conciencia artística que aporta al oficio del escritor. Sin embargo, dista de ser un esteta puro. A pesar del mito que lo tiene por un inocente que vivía ignorante de la realidad mundana, parece que comprendía claramente cómo era el mundo real y que optó por aislarse no sólo por razones temperamentales y artísticas sino también por disconformidad con la sociedad de su tiempo. Es bien sabido que nuestro poeta fue un hombre apacible y tímido pero, por inverosímil que parezca, fue también un disidente y si su poesía es engañosa, en cuanto su simbolismo sirve para enmascarar su pensamiento a la vez que para expresarlo, el

---

14.   Citado por Chadwick. La traducción es mía.

lector atento percibe que muchos textos encierran una crítica sutil y solapada de la sociedad contemporánea.

Sin ser de sus mejores composiciones, *Colonial* (107) sirve de ejemplo de cómo hasta sus poemas más simples han engañado a la crítica. Debarbieri ve en la protagonista a "la exponente por antonomasia del espíritu criollo de la mujer limeña" y para él el poema recrea la imagen tradicional de la limeña como una mujer bella, graciosa, alegre, juguetona y coqueta.[15] En realidad, si la rubia ambarina es un símbolo de la feminidad limeña, encarna sus peores vicios. Si bien es cierto que el personaje tiene un carácter juguetón, éste se expresa en actos de crueldad que rayan en el sadismo. Su idea de una broma consiste en fingir el suicidio para gozar de la angustia de su familia. Hasta su coquetería es perversa. Desplegando sus encantos, procura seducir al amante de la virreina por el placer de sobrepasar y humillar a una rival de elevado linaje. Y cuando se ve rechazada, se retira picada a emborracharse y luego desahoga su rencor pegando fuego a las cortinas:

> Sintiendo abandono pálida suspira,
> con ojos malignos, fugaz se retira,
> y rompe con su
> caprichosa mano cristal de Bohemia,
> y luego principia con cara de anemia,
> a probar los vinos del áureo ambigú.
>
> Del viejo cazurro Rino, sin decoro
> bebe mientras mira la lámpara de oro,
> con siniestro ardor;
> y al ver al amante cortinas inflama
> y se va diciendo: —¡*Que corra la llama,
> la llama de amor!*

En fin, la rubia ambarina aparece como mimada, egoísta, cruel y rencorosa, y a través de ella se nos da un retrato poco halagüeño de la mujer limeña. Además, el poema va más allá del retrato de un personaje, pues éste viene a ser símbolo de toda una clase privilegiada y egoísta. En efecto, Eguren ambienta el texto en el virreinato para evocar la llamada "República aristocrática", cuya oligarquía dominante mantenía las tradiciones y vicios de la aristocracia colonial, y anticipándose a Sebastián Salazar Bondy, nos señala la "Lima horrible" que subyace a la famosa *belle époque* de la oligarquía limeña.

Lo que se desprende de "Colonial" es que si bien Eguren fue un tradicionalista en el terreno espiritual, distó mucho de serlo en sus actitudes sociales. La imagen que nos da de la república aristocrática es la de una sociedad que ha quedado estancada en el pasado. Situados en un pasado indeterminado, muchos de sus poemas tienen la forma de comparsas en las que consagrados personajes reales y aristocráticos desfilan como marionetas grotescas, presentándose en posturas estereotipadas y realizando gestos rituales. Cortesanos se contonean como pavos reales:

> Vienen túmidos y erguidos palaciegos borgoñones. (12)

---

15. César A. Debarbieri, *Los personajes en la poética de José María Eguren* (Lima, Universidad del Pacífico, 1975), p. 46.

Grandes señores se saludan con ceremonia exagerada:

> los magnates postradores,
> aduladores,
> al suelo el penacho inclinan. (36)

Viejos seniles ("cretinos ancianos" [18]) y viejas asexuales ("ambiguas,/añosas marquesas" [30]) pasan cojeando como representantes de una sociedad moribunda. En efecto, tales personajes personifican la caducidad de la oligarquía tradicional y a través de ellos Eguren parodia "un mundo anacrónico, agonizante, decadente, aleteando como una plaga del pasado".[16]

En "El dominó" (37) Eguren señala el vacío que se oculta por detrás de la *belle époque*, sirviéndose nuevamente de un personaje aristocrático para representar la insolvencia vital de una oligarquía decadente. El contexto es la noche alegre y bulliciosa de martes de carnaval. Mientras en la calle el vulgo canta y baila, el protagonista se ve solo en su cuarto silencioso. En un esfuerzo grotesco por participar en las festividades, se ha puesto un traje de máscaras y ha preparado un banquete y, haciendo de anfitrión, invita a convidados imaginarios a sentarse y a servirse:

> Alumbraron en la mesa los candiles,
> moviéronse solos los aguamaniles,
> y un dominó vacío, pero animado,
> mientras ríe por la calle la verbena,
> se sienta, iluminado,
> y principia la cena.
>
> Su claro antifaz de un amarillo frío
> da los espantos en derredor sombrío
> esta noche de insondables maravillas,
> y tiende vagas, lucífugas señales
> a los vasos, las sillas
> de ausentes comensales.

Pero no tiene valor para mantener este patético simulacro por mucho tiempo, y al final del poema abandona la mesa desesperado, reprochándose su incapacidad para compartir los placeres de sus semejantes y comulgar con ellos en la fiesta de la vida:

> Y luego en horror que nacarado flota,
> por la alta noche de voluptad ignota,
> en la luz olvida manjares dorados,
> ronronea una oración culpable, llena
> de acentos desolados,
> y abandona la cena.

---

16. Jorge Díaz Herrera, "Contra el Eguren que no es", *Revista de Crítica Literaria Latinoamericana*, 13 (1981), p. 90.

Presentado como un disfraz vacío, el dominó no es sino la apariencia de un ser humano sin existencia real, y a la luz de las velas su máscara brilla con fría amarillez y difunde rayos que parecen las emanaciones de un espectro. En efecto, es un hombre espiritualmente muerto, un hombre cuya existencia es una parodia tan absurda del vivir que él mismo se da cuenta de la futilidad de continuar el simulacro. Simboliza así el agotamiento de una clase que todavía procura mantener la ilusión de una grandeza anacrónica en un mundo donde ha dejado de tener razón de ser.

Pero la crítica de Eguren no sólo se dirige contra la sociedad nacional. Mientras vanguardistas como Parra del Riego, Hidalgo y Oquendo de Amat celebraron los progresos de la civilización moderna con un entusiasmo optimista que hoy día nos parece increíblemente ingenuo, él resulta haber sido mucho más perspicaz, vislumbrando las catástrofes que el mundo occidental iba preparando para sí mismo. "El caballo" (54), por ejemplo, evoca los horrores de la guerra moderna y sugiere que la humanidad ha progresado sólo en el sentido de que ha aprendido a matar con mayor eficiencia y a hacer mayores estragos. En particular, Eguren parece haber previsto que la agresividad inherente a la sociedad occidental conduciría en nuestra época a una nueva edad bárbara en la que las fuerzas de la opresión se lanzarían sobre la civilización que las había engendrado. Así, "La ronda de espadas" (94) presagia el totalitarismo bárbaro que hubo de degradar Europa y América a lo largo de nuestro siglo.

Aunque el contexto del poema sea medieval, se trata en realidad de una visión del ambiente opresivo de un moderno estado policíaco. Se nos presenta una institución típicamente medieval, la ronda, cuya función era patrullar por las calles de noche, mantener la paz y proteger a los ciudadanos, pero, como señala Debarbieri,[17] el papel que desempeña aquí es el revés de lo que debe ser, porque, lejos de inspirar en los ciudadanos un sentimiento de seguridad, el eco de sus pasos y el retintín de sus armas siembran el pánico. En este poema, en efecto, los guardianes del orden público se han convertido en agentes de la opresión. Como tales no aparecen como individuos, ni siquiera como hombres, sino como "la ronda de espadas", una siniestra fuerza armada desprovista de humanidad.

La primera estrofa nos ubica en un ambiente cargado de aprensión y amenaza. El terror asedia la ciudad como un ejército invisible, y en la oscuridad de la noche la armadura y las espadas de la ronda relucen con un fulgor siniestro bajo la luz de la luna:

> Por las avenidas,
> de miedo cercadas,
> brilla en noche de azules oscuros,
> la ronda de espadas.

Luego, en las estrofas siguientes, se crea una tensión creciente mediante rápidos cambios de enfoque entre la marcha de la ronda y la reacción de los ciudadanos:

> Duermen los postigos,
> las viejas aldabas;
> y se escuchan borrosas de canes
> las músicas bravas.

---

17.   Debarbieri, p. 82

> Ya los extramuros
> y las arruinadas
> callejuelas, vibrante ha pasado
> la ronda de espadas.
>
> Y en los cafetines
> que el humo amortaja,
> al sentirla el tahúr de la noche,
> cierra la baraja.
>
> Por las avenidas
> morunas, talladas,
> viene lenta, sonora, creciente
> la ronda de espadas.

Los habitantes se han encerrado en sus casas, dejando las calles desiertas; el ladrar de los perros está amortiguado; y hasta los jugadores trasnochadores de las tabernas pierden su despreocupación habitual y abandonan sus naipes al acercarse la patrulla. La ciudad entera está paralizada por el temor y parece contener la respiración mientras escucha el paso de la ronda. Con un dinamismo ominoso el poema traza la trayectoria de ésta a través de la ciudad, desde las afueras, por los barrios viejos, hasta las calles elegantes del centro. Se da la impresión de una marcha inexorable mediante la reiteración de la frase del título al final de cada estrofa alterna, y la tensión se hace insoportable en la quinta estrofa, donde una enumeración progresiva de adjetivos sugiere el eco de pasos que se acercan cada vez más ruidosos e implacables.

Aliviando la tensión, la sexta estrofa evoca un refugio de belleza y ternura, una alcoba donde unas damas sueñan con los amantes que han de venir a conquistarles el corazón:

> Tras las celosías,
> esperan las damas
> paladines que traigan de amores
> las puntas de llamas.

Pero tal alivio es momentáneo. Apenas se ha evocado este refugio cuando se halla amenazado. El lector intuye que es allí adonde se dirige la ronda y la tensión llega a su clímax en la estrofa siguiente cuando, con un gran estruendo de armas y pies, la patrulla se detiene súbitamente delante de la casa de las damas:

> Bajo los balcones
> do están encantadas,
> se detiene, con súbito ruido,
> la ronda de espadas.

Aquí termina la anécdota propiamente dicha. Tras el ruido evocado en esta estrofa hay una pausa llena de un silencio ominoso antes de que el poema llegue a su conclusión. Más que describir lo que ha pasado, las últimas estrofas expresan el horror del poeta ante sucesos demasiado terribles para ser contados. Porque en vez de recibir a los amantes anhelados, las damas han encontrado la muerte a manos de la ronda:

> Tristísima noche
> de nubes extrañas:
> ¡ay, de acero las hojas lucientes
> se tornan guadañas !
>
> ¡Tristísima noche
> de las encantadas!

Lo más espantoso de este poema es que no se da ninguna explicación del asesinato de estas damas. Lo único que sabemos es que se ha correspondido con la brutalidad a su anhelo de amar y de ser amadas y que la belleza y la ternura han sido aniquiladas. Nos vemos, en fin, ante un mundo despiadado y arbitrario, un mundo regido por la intimidación y donde los valores humanos son pisoteados.

5.   LA POESÍA COMO ESPACIO ALTERNATIVO

Si, como ya se ha visto, Eguren optó por marginarse, apartándose del mundo para dedicarse a sus actividades artísticas, tal postura obedece a un impulso positivo en cuanto supone el rechazo de una realidad por otra. El ensayo "Ideas extensivas" (308) sugiere que, por una especie de ley cósmica, todo ser viviente aspira a trascenderse, atraído por lo que está más allá de su esfera de visión o experiencia, y en "La niña de la garza" (161) esta inquietud espiritual está personificada por una joven que mira el horizonte con ojos soñadores:

> Junto al zócalo griego,
> la niña de la garza
> mira la distancia.
>
> Con sus ojos claros
> de mirares bellos,
> con ansia de vuelo.

Como la estatua a su lado, su cuerpo está arraigado en la tierra, pero ella tiene el espíritu de la garza y añora alzar el vuelo hacia los bellos paisajes que se figura más allá del horizonte distante. Asimismo, en "El romance de la noche florida" (168), otra joven se duerme, sin hacer caso de los encantos románticos del jardín donde el poeta le canta su amor bajo la luz de la luna, y como un alción que vuela hacia regiones brumosas, su espíritu emprende un viaje por los mares inexplorados de los sueños:

> Te apartas de mi noche florecida
> en tu bajel de sueño, como a funestas brumas
> tiende las alas el alción feliz.

La niña cuya mirada se fija en el horizonte distante y la que prefiere sus sueños a la "realidad" son símbolos del alma del poeta que no puede contentarse con la vida ordinaria sino que anhela pasar los límites del mundo cotidiano para conocer otro espacio donde la vida es más rica e intensa. En efecto, Eguren da la espalda al mundo para entregarse a su vocación poética porque, más que la realidad mundana, lo que le interesa es otro tipo de realidad a la cual se accede mediante la poesía.

De hecho, Eguren inaugura una poética que hubo de ser una de las tendencias más importantes de la poesía peruana de nuestro siglo. Tal poética conceptúa la vocación literaria como un estilo de vida alternativo que acarrea el repudio del mundo circundante y de los valores imperantes, y conceptúa la experiencia poética como un medio de acceder a otro espacio donde la vida alcanza una plenitud desconocida en el mundo cotidiano. Refleja, claro ésta, la insatisfacción de los poetas peruanos con la sociedad en la cual les ha tocado vivir, pero en términos más generales puede ser considerada como una expresión del hambre espiritual del hombre occidental en un mundo cada vez más alienante. En el de caso Eguren ha de ser enfocada, sobre todo, con relación a su disconformidad con la orientación tomada por la civilización occidental al sacrificar el espíritu religioso en aras del racionalismo. Toda la obra de Eguren se basa en la premisa de que más allá del mundo material existe una realidad espiritual que queda inaccesible a la razón y sólo puede ser percibida por nuestras facultades irracionales.

Eguren formula su poética en "Peregrín cazador de figuras" (74), composición que ya hemos comentado parcialmente y en la que el protagonista explora un paisaje oscuro y misterioso y caza las criaturas extrañas y fantásticas que allí habitan:

> En el mirador de la fantasía
> al brillar del perfume
> tembloroso de armonía;
> en la noche que llamas consume;
> cuando duerme el ánade implume,
> los órficos insectos se abruman
> y luciérnagas fuman;
> cuando lucen los silfos galones, entorcho,
> y vuelan mariposas de corcho
> o los rubios vampiros cecean,
> o las firmes jorobas campean,
> por la noche de los matices,
> de ojos muertos y largas narices;
> en el mirador distante,
> por las llanuras;
> Peregrín cazador de figuras,
> con ojos de diamante
> mira desde las ciegas alturas.

El paisaje nocturno de este poema puede considerarse como un símbolo de la otra cara de la vida, aquellas regiones oscuras de la realidad que quedan más allá de nuestra experiencia racional y que no podemos aclarar ni explicar con la luz de la razón. En primer lugar se trata del mundo natural, o mejor dicho, del universo espiritual que Eguren, en contra de la cosmovisión mecanicista de una época científica, cree que se oculta detrás de las apariencias del mundo material. Pero al mismo tiempo se trata también del mundo interior del poeta, el reino del subconsciente, de la fantasía, los recuerdos y los sueños. En su prosa Eguren define la belleza como "la harmonía del misterio" (246) y la poesía como "la revelación del misterio por la verdad del sentimiento" (255), como la revelación de la armonía que yace detrás del misterio de las cosas y que el poeta vislumbra intuitivamente. Como Peregrín, Eguren es el explorador de un universo oscuro y misterioso cuyos secretos quiere captar en la forma de personajes simbólicos que sinteticen sus percepciones de una oculta armonía cósmica.

Así, varios poemas celebran el momento privilegiado cuando la intuición poética vislumbra un orden cósmico entre las bellezas de la naturaleza. Eguren tenía una afición especial al amanecer, el momento mágico, lleno de promesa, cuando el mundo está suspendido al borde de un nuevo día, el momento del renacer cuando la vida sale nuevamente del vientre de la noche, el momento cuando el milagro de la creación se repite diariamente. "Los ángeles tranquilos" (52) capta la atmósfera de ese momento mediante personajes simbólicos que implican una presencia espiritual detrás del universo material. En el primer verso la paz calmosa del primer momento del día es anunciada y puesta de relieve por la abrupta extinción de una tempestad que ha desencadenado sus furias durante la noche:

> Pasó el vendaval; ahora,
> con perlas y berilos,
> cantan la soledad aurora
> los ángeles tranquilos.

Esta paz la personifican los ángeles tranquilos que aparecen en seguida, ornados de piedras preciosas que evocan la frescura reluciente del rocío matutino, y cantando un himno a la soledad apacible que, más que un atributo del alba, es el alba misma. Sin embargo, hay un contraste aparentemente irónico entre sus alegres himnos de alabanza y la devastación causada por la tempestad que queda revelada a la luz del día:

> Modulan canciones santas
> en dulces bandolines;
> viendo caídas las hojosas plantas
> de campos y jardines.

En realidad la ironía no es sino aparente. Lejos de consternarles, el espectáculo de la devastación les estimula a celebrar el milagro del renacimiento. Así, los ángeles tranquilos no sólo simbolizan la paz de la aurora sino que son heraldos de la nueva vida que la aurora da a luz cada día. Como en otros poemas, hay una progresión temporal cuando los rayos del sol penetran la neblina matutina y bañan el mundo en una luz brillante:

> Mientras sol en la neblina
> vibra sus oropeles,
> besan la muerte blanquecina
> en los Saharas crueles.

> Se alejan de madrugada,
> con perlas y berilos,
> y con la luz del cielo en la mirada
> los ángeles tranquilos.

De la misma manera que los viajeros extraviados en el desierto mueren bajo un sol despiadado, los ángeles tranquilos se desvanecen con el calor y la luz del día, porque el calor pulsante del sol significa que el joven día ya es fuerte y vigoroso y que ha pasado el momento de paz que precedió a su nacimiento. Así, el poema da la impresión de continuidad y de orden, de un ciclo interminable en el que el día renace continuamente de la noche y la vida de la muerte. Además, las estrofas finales extienden las implicaciones del poema, añadiendo una dimensión metafísica a este proceso. Porque los ángeles tranquilos que abrazan la muerte cariñosamente y se alejan con la luz del cielo en los ojos vienen a simbolizar el espíritu para el cual la muerte terrestre es el preludio del renacimiento en otro plano existencial. Así, el poema da a entender que el orden del mundo natural refleja un orden sobrenatural.

En otros textos, en cambio, Eguren dirige la mirada hacia adentro para explorar su propio mundo interior y para registrar el universo maravilloso que se nos revela cuando las facultades irracionales se liberan del dominio del intelecto consciente. "Los sueños" (130) plasma este proceso, introduciéndonos en el mundo onírico de los niños. Aquí el cuarto a oscuras es un símbolo de la subconsciencia de los niños dormidos cuyos sueños presenciamos:

> De noche, en la sala ceñida de brumas,
> los sueños están;
> en el viejo piano, con manos de plumas
> festivas canciones a los niños dan.
> Son mágicos sueños de mirar lontano
> que, en azul tiniebla, tocan en el piano
> la trova del viejo remoto andarín;
> alegres, terminan la canción chinesca,
> y luego preludian la jota grotesca,
> gala del festín
> del mandón Mandín.
> Y el baile encantado,
> el baile festivo azul, colorado
> y de rosicler;
> y luego la boda triunfal, la ventura
> del príncipe de oro y la niña obscura
> tocan con placer.
> Los músicos sueños, antes de la aurora,
> tocan en el piano fiesta encantadora,
> los finos arpegios, rara melodía
> que tiene el castillo de juguetería.
> Mas cuando despunta el fulgor temprano
> y la sala llena de coloraciones,
> los sueños nocturnos se van piano, piano
> por la chimenea, ventanas, balcones.

Los sueños aparecen personificados por duendes mágicos cuyo "mirar lontano" va más allá de horizontes y fronteras para captar para los niños visiones de tierras remotas y maravillosas. Se presentan, además, como músicos —para Eguren como para los simbolistas franceses la música era suprema entre las artes por sus poderes de sugestión— cuyas melodías evocan, por una especie de magia que se burla de las leyes temporales y espaciales, escenas de una diversidad de países y épocas históricas —las peregrinaciones de los trovadores medievales, el oriente, el reino de Aragón— y hasta del mundo imaginario de los cuentos de hadas —la corte del gran "mandón Mandín", el casamiento de la doncella humilde con el príncipe noble. Pero al amanecer los sueños se escabullen ahuyentados, porque con la luz del día la razón restablece su tiranía sobre la mente, desterrando tales visiones mágicas y limitando nuestra percepción a lo que se puede ver y tocar.

Como "El Duque" y "Juan Volatín", los cuales recrean el funcionamiento de la fantasía infantil, "Los sueños" es susceptible de ser leído como una alegoría de la experiencia poética que trasporta al poeta a otra dimensión de la realidad. Este momento de epifanía está celebrada en "La niña de la lámpara azul" (51), texto que ya hemos comentado. Hemos visto que la protagonista de este poema personifica la capacidad de abordar el mundo con ilusión, pero también viene a simbolizar la inspiración poética. Como los genios de los cuentos árabes, ella es la manifestación de otro plano existencial donde la vida es "milagrosa" y, embriagando al poeta con sus encantos, lo conduce por "un mágico y celeste camino" hacia un reino de maravillas mágicas más allá de los límites del mundo material:

> En el pasadizo nebuloso
> cual mágico sueño de Estambul,
> su perfil presenta destelloso
> la niña de la lámpara azul.
>
> Agil y risueña de insinúa,
> y su llama seductora brilla,
> tiembla en su cabello la garúa
> de la playa de la maravilla.
>
> Con voz infantil y melodiosa
> en fresco aroma de abedul,
> habla de una vida milagrosa
> la niña de la lámpara azul.
>
> Con cálidos ojos de dulzura
> y besos de amor matutino,
> me ofrece la bella criatura
> un mágico y celeste camino.
>
> De encantación en un derroche,
> hiende leda, vaporoso tul;
> y me guía a través de la noche
> la niña de la lámpara azul.

Esta poética de Eguren que venimos comentando pone de manifiesto el carácter contra-dictorio y paradójico de su obra señalado anteriormente. Por un lado, tiene un aire anticuado en cuanto está vinculado a una cosmovisión religiosa tradicional que hace una distinción entre el mundo material y una realidad ideal que yace oculta detrás de él, una realidad que, si bien puede ser vislumbrada aquí en la tierra, sólo puede ser alcanzada plenamente en la otra vida más allá de la tumba. Por otro, inicia una línea importante que hubo de ser heredada y renovada por poetas como César Vallejo, Emilio Adolfo Westphalen, César Moro y Martín Adán. En este sentido, lo confirma como un poeta que resulta anacrónico e innovador al mismo tiempo.

II

LA POESÍA VANGUARDISTA

1. LA VANGUARDIA PERUANA Y LA MODERNIDAD FRUSTRADA

Al hablar del vanguardismo en el Perú la crítica suele caer en la imprecisión, ya que el mismo término se usa indistintamente para designar dos fenómenos que deben ser distinguidos. Por un lado, el vanguardismo fue un movimiento más o menos amorfo de los años 20 que abogaba por un nuevo tipo de poesía que expresara el espíritu de la época moderna; por otro, fue un estilo poético que nació del fermento de los años 20 y que siguió en vigencia en la década posterior.

Más que ningún otro escritor, fue César Vallejo quien realizó los ideales de la vanguardia. Sin embargo, Vallejo se mantenía al margen del movimiento vanguardista y fue duro en su crítica, denunciándolo como un mero remedo de las escuelas europeas y otra manifestación más de una larga tradición de dependencia cultural: "Así como en el romanticismo, América presta y adopta actualmente la camisa europea del llamado 'espíritu nuevo', movida de incurable descastamiento histórico. Hoy, como ayer, los escritores de América practican una literatura prestada, que les va trágicamente mal".[1] Y en gran medida Vallejo tenía razón, porque hay que reconocer que la mayor parte de la poesía peruana de los años 20 no hace sino repetir los clichés de la época.

No obstante, Vallejo peca de injusto. De la época vanguardista nació un impulso de experimentación que ha caracterizado la poesía peruana desde entonces. Además, los mejores poetas de la época supieron asimilar el espíritu y las técnicas de la vanguardia internacional para forjar una expresión poética nueva y personal. Tal fue el caso del mismo Vallejo, cuya obra genial no nació del vacío sino que se nutrió del clima intelectual y artístico de esos años. También fue el caso de Carlos Oquendo de Amat. Asimismo, en los años 30, Emilio Adolfo Westphalen y César Moro aprovecharon los avances de la promoción anterior para cultivar una importante obra de modalidad vanguardista. Y si en su conjunto la poesía vanguardista fue bastante mediocre, estos años fueron una encrucijada fecunda que produjo no sólo a Vallejo, cuya obra hubo de revolucionar la poesía de lengua española, sino también un trío de poetas estimables, a saber, Oquendo, Westphalen y Moro. Así, si Eguren inició una tradición poética moderna, fueron los vanguardistas quienes dieron una base sólida a esa tradición.

Parte de la crítica que Vallejo les hacía a los vanguardistas era que para la mayoría de ellos la nueva poética se reducía al manejo de una retórica de última hora —el léxico de la tecnolología moderna— y al empleo de recursos gráficos e insólitas disposiciones tipográficas que refuerzan el sentido del poema visualmente. En cambio, el auténtico estilo vanguardista que él y algunos otros supieron desarrollar va mucho más lejos. Mientras el poema tradicional impone un orden a la experiencia poética, el poema vanguardista forma una ex-

---

1. César Vallejo, *Desde Europa. Crónicas y artículos (1923-1933),* ed. Jorge Puccinelli (Lima, Fuente de Cultura Peruana, 1987), p. 204.

presión que nace de la experiencia misma. Rechaza las prescripciones consagradas, abandonando formas métricas y estróficas impuestas a favor de un verso libre que funciona a base de su propio ritmo interno. Sobre todo, renuncia a una coherente representación simbólica de la experiencia poética a favor de un juego de imágenes aparentemente inconexo que,sin embargo, obedece a su propia lógica interna. Se trata, en efecto, de una poesía que, al romper con los esquemas formales de la poesía tradicional, también rompe con los esquemas mentales que la sostenían.

Esta búsqueda de un nuevo lenguaje poético iba vinculada a un deseo de cambio. Así, por ejemplo, Alberto Hidalgo irrumpió en la escena literaria con su *Arenga lírica al Emperador de Alemania* (1916), en la cual se identifica con Guillermo II de Alemania en su guerra contra Francia, dando a entender que poeta y emperador son aliados en la causa común de aniquilar una civilización decadente:

> I Emperador i Bardo —tú i yo— de bracero
> iremos vencedores al vicioso París. [2]

Monguió se equivoca al describir este poema como "resultado del afán inmoderado de un muchacho de llamar la atención".[3] Como él mismo señala, el mundo literario peruano era francófilo y, en efecto, el poema viene a ser una declaración de guerra contra el medio social y literario. Sus libros siguientes —*Panoplia lírica* (1917), *Las voces de colores* (1918) y *Joyería* (1919)— acusan la influencia del futurismo de Marinetti y celebran la belleza del automóvil, el avión, la motocicleta, el deporte y la guerra, manifestaciones de un nuevo espíritu creador que está destruyendo el viejo mundo para construir otro nuevo, un proceso en el cual el poeta colabora en su propia esfera. Así, "La nueva poesía" reclama una poesía que celebre la energía y el vigor que han de crear una nueva era para la humanidad:

> Dejemos ya los viejos motivos trasnochados
> i cantemos al Músculo, a la fuerza, al vigor [...]
> Poesía es la roja sonrisa del cañón;
> Poesía es el brazo musculoso del Hombre;
> Poesía es la fuerza que produce el motor ;
> el acero brillante de la Locomotora
> que al correr hace versos a la Velocidad;
> el empeño titánico del robusto minero
> que escarba las entrañas del hondo mineral;
> el veloz aeroplano, magnífico y potente,
> sobre cuyas alas silba el viento procaz ...[4]

Este deseo de cambio se manifiesta en la celebración de la modernidad, tipificada por los "polirritmos" de Juan Parra del Riego, poeta peruano radicado en el Uruguay. Escritos

2. Alberto Hidalgo, *Arenga lirica al Emperador de Alemania. Otros poemas* (Arequipa, Quiroz Hnos., 1916), p. 9.
3. Luis Monguió, *La poesía postmodernista peruana* (Berkeley-Los Angeles, Univ. de California Press, 1954), p. 39.
4. Alberto Hidalgo, *Panoplia lírica* (Lima, Víctor Fajardo, 1917), pp. 95-99.

a principios de la década de los 20, éstos explotan imágenes modernas y el verso libre de ritmos variados para expresar el dinamismo del siglo XX. Así, "Polirritmo dinámico de la motocicleta" comunica el embriagador sentido de velocidad y poder experimentado por un motociclista:

> Y corro ... corro ... corro ...
> hasta que ebrio y todo pálido
> de peligro y cielo y vértigo en mi audaz velocidad
> ya mi alma no es mi alma:
> es un émbolo con música,
> un salvaje trompo cálido,
> todo el sueño de la vida que en mi pecho incendio y lloro
> la feliz carrera de oro
> de la luz desnuda y libre que jamás nos dejará. [5]

La expresión más lograda de este culto de lo moderno es *5 metros de poemas* (1927) de Carlos Oquendo de Amat.[6] Así como conceptúa la poesía como una aventura que le permite librarse de las penurias de la vida diaria para adentrarse en un universo mágico, Oquendo conceptúa la modernidad también como una gran aventura libertadora que da acceso a un mundo maravilloso de perspectivas ilimitadas. Esta doble aventura de ser poeta en la época moderna se manifiesta en bromas verbales y juegos visuales, como, por ejemplo, cuando un anuncio define a los poetas como los productos de su máquina de escribir al mismo tiempo que un ascensor sube al cielo para obsequiar el poemario a la luna:

> r Novedad
> o Todos los poetas han salido de la tecla U. de la Underwood
> s
> n
> e
> c
> s
> a
> n
> u compró para la luna 5 metros de poemas

De hecho, el poemario mismo está presentado como un juego: el título es una broma que ofrece la poesía a la venta como otra mercancía más que se vende por metros; y el libro consta de una sola hoja plegable que se abre como se pela una fruta, y está organizado como si fuese una sesión de cine, con un intermedio de diez minutos.

El poema que mejor evoca el dinamismo bullicioso de la urbe moderna es "New York", donde la disposición tipográfica comunica simultáneamente la impresión de una encrucijada, de una corriente de tráfico y de las ubicuas vallas publicitarias:

---

5. Juan Parra del Riego, *Poesía* (Montevideo, Biblioteca de la Cultura Uruguaya, 1943), p. 181.
6. Carlos Oquendo de Amat, *5 metros de poemas* (Lima, Decantar, 1969). Todas las citas corresponden a esta edición. Las páginas no están numeradas.

El tráfico
escribe
una carta de novia
                                    T
                                    I
                                    M
                                    E
Los teléfonos   I   Diez corredores
son depósitos de licor   S   desnudos en la Underwood
                                    M
                                    O
                                    N
                                    E
                                    Y

A continuación, Oquendo explota la tipografía nuevamente para sugerir la curiosidad y admiración del público que se asoma a las ventanas de un rascacielos para vislumbrar a una de las estrellas del cine, la cual personifica el hechizo de la vida moderna:

Mary Pickford sube por la mirada del administrador

                                    Para observarla
                        HE   SA   LI   DO
                        RE   PE   TI   DO
                        POR 25   VENTA-
                                  NAS

La visión que Oquendo nos da de Nueva York es, sobre todo, la de una ciudad que ofrece un sinfín de posibilidades estimulantes, y es significativo que el poema termine con el amanecer, momento en que la mañana aparece llevando un letrero que invita a los ciudadanos a alquilarla para hacer de ella lo que les apetezca:

Y la mañana
se va como una muchacha cualquiera
en las trenzas
lleva prendido un letrero

SE ALQUILA

ESTA MAÑANA

Pero la definición más clara de la postura de Oquendo se encuentra en "Mar", donde el poeta adopta la persona poética de un marinero despreocupado que, a pesar de tener una mujer en cada puerto, vive enamorado del mar, metáfora de la aventura y la libertad:

> Yo tenía 5 mujeres
> y una sola querida

El Mar

El horizonte, símbolo de las limitaciones impuestas al hombre, está representado como una bestia salvaje que ha sido capturada y ahora se exhibe al público, y el poema termina anunciando la distribución gratuita de pastillas de mar como panacea para remediar la condición humana:

> El Horizonte —que hacía tanto daño—
> se exhibe
> en el hotel Cry
> Y el doctor Leclerk
> oficina cosmopolita del bien
> obsequia pastillas de mar.

Así, lo que el texto da a entender es que los progresos del siglo XX ofrecen a la humanidad entera la posibilidad de embarcarse en la gran aventura libertadora que hasta ahora ha sido la prerrogativa de los poetas.

Con retrospección hay que reconocer que este culto vanguardista de la modernidad era bastante ingenuo. A diferencia de Eguren, la vanguardia nunca cuestionó los beneficios del progreso tecnológico ni tomó en cuenta las consecuencias negativas que pudiera tener. Tampoco definió un modelo modernizante para el país, sino que adoptó una actitud indiscriminada hacia todo lo moderno, celebrando "con campechana imparcialidad a Lenin y al capital imperialista con sus máquinas".[7] En efecto, como señala Lauer, rendía culto a una "imagen platónica de una modernidad que venía de fuera".[8] En este sentido, la vanguardia viene a ser un reflejo del clima nacional en los primeros años de la "Patria Nueva" de Leguía, cuando el país parecía embarcarse en un proceso de modernización.

No obstante, subyace a la retórica vanguardista una verdadera voluntad de cambio. La década de los 20 vio la emergencia de las capas medias y de los partidos políticos de izquierda y los distintos sectores antioligárquicos de la época se unieron en una tácita alianza táctica para hacer frente común al orden establecido. La vanguardia fue parte de este proceso. Así, es significativo que hubiera una importante actividad vanguardista en provincias, que la mayoría de los principales vanguardistas —Parra del Riego, Hidalgo, Vallejo, Oquendo de Amat— provinieran del interior, y que un poeta como Alejandro Peralta combinara temas indigenistas con técnicas vanguardistas, porque era sobre todo en provincias donde se sufría el peso de las estructuras tradicionales y donde se sentía más intensamente la necesidad de cambio. En efecto, el discurso de la modernidad cosmopolita implica un rechazo del tradicionalismo hispánico, y expresa el deseo, no sólo de que el Perú se incorpore al mundo desarrollado, sino que sobre todo se produzca una apertura que rompa la hegemonía oligárquica y las antiguas estructuras semifeudales. En este sentido también, la poética

---

7.   Mirko Lauer, "La poesía vanguardista en el Perú", *Revista de Crítica Literaria Latinoamericana*, 15 (1982), p. 84.

8.   Lauer, p.80.

vanguardista viene a ser emblema de un afán de derribar la mentalidad tradicionalista que siempre había imperado en el país.

Desgraciadamente tales aspiraciones hubieron de frustrarse. En el terreno cultural la vanguardia dio contra un arraigado tradicionalismo, como demuestra el hecho de que en 1922 se celebrase la coronación oficial de Chocano como poeta nacional mientras *Trilce* de Vallejo "fue recibido con desconcierto por unos y con una hostilidad cerril por otros".[9] A nivel socio-político el proyecto modernizante de Leguía efectuó cierto progreso económico e infraestructural, pero lejos de crear una sociedad más abierta y democrática impuso un régimen dictatorial, cuyas bases eran una oligarquía renovada y el capital norteamericano. En este sentido *5 metros de poemas* de Oquendo viene a ser un comentario elocuente sobre la realidad nacional de esos años, porque el libro oscila entre dos espacios —un idilio precapitalista de provincias y la modernidad de los países desarrollados— evocados desde un tercero —Lima— que no es ni uno ni otro y adolece de los defectos de ambos sin gozar de sus beneficios. En tales circunstancias no es de extrañar que figuras como Hidalgo y Vallejo optaran por abandonar el país en busca de un medio más propicio para su desarrollo personal y artístico. Además, la situación empeoró a raíz de la crisis económica del año 29 y con la caída de Leguía en 1930 el país entró en una década de represión bajo Sánchez Cerro y Benavides. Como consecuencia, el frente unido de los años 20 se fragmentó y la poesía de los 30 consta de una serie de respuestas personales a la modernidad frustrada.

2. CÉSAR VALLEJO: LA POESÍA PERUANA EN EL ESCENARIO MUNDIAL

Si en su vida la obra de César Vallejo fue relativamente poco conocida y poco apreciada, con retrospección se destaca como la figura dominante de los años 20 y 30.[10] No sería exagerado afirmar que en las letras peruanas Vallejo ocupa un lugar equivalente al que ocupa Shakespeare en Inglaterra o Cervantes en España. Después de su muerte llegó a ser reconocido internacionalmente como una de las grandes figuras de la literatura universal, y en un país del tercer mundo la conciencia de haber producido un escritor de su calibre hubo de ejercer un profundo efecto sicológico. Gracias a Vallejo, los poetas peruanos perdieron su complejo de inferioridad frente a las grandes culturas de occidente, y la confianza en sí que les proporcionó el saberse herederos de un escritor tan genial ha sido comparada a la seguridad de ir armado con pistola sin sentir la necesidad de usarla.[11]

Aunque Vallejo se distanciaba del movimiento vanguardista propiamente dicho, forjó una poesía de vanguardia que cuestiona las ideologías imperantes y plasma el espíritu de la nueva época. Así, "Los heraldos negros", el poema liminar de su primer libro, se centra en un desfase entre su vivencia personal y la cosmovisión que tales ideologías sustentan.[12] El poema dramatiza la reacción del poeta a alguna desgracia que le ha sucedido. Aturdido, reacciona con perplejidad, sin poder creer que la vida puede ser tan cruel y sin lograr explicarse por qué debe sufrir sus golpes. La exclamación inicial, provocada por el golpe que acaba de recibir, se apaga en una frase (Yo no sé!) que expresa su incomprensión de lo que ha pasado y, sobre todo, su incredulidad ante la fuerza del golpe:

9. Juan Espejo Asturrizaga, *César Vallejo. Itinerario del hombre* (Lima, Mejía Baca, 1965), p. 109.

10. En estas páginas me limito a dar una visión de conjunto de la obra de Vallejo. Para un estudio más completo, véase mi libro *César Vallejo en su poesía* (Lima, Seglusa, 1990).

11. Antonio Cornejo Polar et al., *Narración y poesía en el Perú* (Lima, *Hueso Húmero,* 1982), p. 95.

12. César Vallejo, *Poesía completa* (Trujillo, CICLA, 1988), p. 13. Todas las citas corresponden a esta edición.

Hay golpes en la vida, tan fuertes ... Yo no sé!
Golpes como del odio de Dios; como si ante ellos,
la resaca de todo lo sufrido
se empozara en el alma ... Yo no sé!

5   Son pocos; pero son ... Abren zanjas oscuras
en el rostro más fiero y en el lomo más fuerte.
Serán tal vez los potros de bárbaros atilas;
o los heraldos negros que nos manda la Muerte.

Son las caídas hondas de los Cristos del alma,
10   de alguna fe adorable que el Destino blasfema.
Esos golpes sangrientos son las crepitaciones
de algún pan que en la puerta del horno se nos quema.

Y el hombre ... Pobre ...pobre! Vuelve los ojos como
cuando por sobre el hombro nos llama una palmada;
15   vuelve los ojos locos, y todo lo vivido
se empoza, como charco de culpa, en la mirada.

Hay golpes en la vida, tan fuertes ... Yo no sé!

El poeta se encuentra ante una realidad que su mente no puede dominar, pero su experiencia vivida lo lleva a poner en tela de juicio los valores que ha heredado. Por una parte, la doctrina cristiana no coincide con la realidad que él está viviendo, porque los golpes que sufre hacen burla del concepto de un Dios benévolo. Así, el símil del verso 2, aunque propiamente no atribuye estos golpes a Dios, indica una actitud negativa hacia el credo cristiano, y la frase "los Cristos del alma" (v.9) reduce el cristianismo a una fe entre muchas. Por otra parte, el racionalismo también se ve invalidado, porque, como indica este "Yo no sé!" con que terminan el primer verso, la primera estrofa y el poema entero, la razón no le sirve para comprender la experiencia que está viviendo y la arbitrariedad del mal desmiente el concepto de un mundo racionalmente ordenado.

Además, no sólo el poeta no llega a explicarse por qué debe sufrir los golpes de la vida, sino que no encuentra palabras capaces de expresar el dolor que éstos le causan. En la primera estrofa intenta comunicar el impacto de los golpes, pero lo único que consigue proporcionarnos son aproximaciones que a su vez se apagan en un "Yo no sé!" de insuficiencia, ya que en el mismo momento de hablar el poeta se da cuenta de que sus palabras no expresan lo que está experimentado. En efecto, descubre que, así como el cristianismo y racionalismo no le sirven para comprender la vida tal como la experimenta, el lenguaje que ha heredado tampoco le sirve para definir su experiencia. En parte este poema retoma uno de los consagrados motivos de la poesía, la insuficiencia del lenguaje para captar y comunicar la experiencia humana. Pero al mismo tiempo insinúa que el lenguaje existe en función de las ideologías imperantes, sirviendo como instrumento para formular e imponer la cosmovisión dominante. A partir de *Trilce* la insatisfacción de Vallejo hubo de impulsarlo a elaborar un nuevo lenguaje poético, un lenguaje que, como señala Irene Vegas García, se basa en gran

parte en desviaciones,[13] en técnicas desfamiliarizadoras que, al confundir nuestras expecta-
tivas habituales, enfocan la realidad bajo un aspecto inusitado y, en efecto, desconstruyen el
lenguaje imperante al mismo tiempo que definen la experiencia vivida por el poeta.

Uno de los mejores ejemplos del estilo vallejiano es *Trilce XLIX* (102-03), poema que
maneja la lengua española de una manera radicalmente nueva para expresar la alienación del
serrano inmigrado a Lima y la crisis existencial del hombre moderno desorientado en un
mundo donde las viejas certezas espirituales han perdido vigencia:

> Murmurando en inquietud, cruzo,
> el traje largo de sentir, los lunes
> de la verdad.
> Nadie me busca ni me reconoce,
> 5   y hasta yo he olvidado
> de quién seré.
>
> Cierta guardarropía, sólo ella, nos sabrá
> a todos en las blancas hojas
> de las partidas.
> 10 Esa guardarropía, ella sola,
> al volver de cada facción,
> de cada candelabro
> ciego de nacimiento.
>
> Tampoco yo descubro a nadie, bajo
> 15 este mantillo que iridice los lunes
> de la razón;
> y no hago más que sonreír a cada púa
> de las verjas, en la loca búsqueda
> del conocido.
>
> 20 Buena guardarropía, ábreme
> tus blancas hojas;
> quiero reconocer siquiera al 1,
> quiero el punto de apoyo, quiero
> saber de estar siquiera.
>
> 25 En los bastidores donde nos vestimos,
> no hay, no Hay nadie: hojas tan sólo
> de par en par.
> Y siempre los trajes descolgándose
> por sí propios, de perchas
> 30 como ductores índices grotescos,
> y partiendo sin cuerpos, vacantes,
> hasta el matiz prudente
> de un gran caldo de alas con causas
> y lindas fritas.
> 35 Y hasta el hueso!

---

13.   Irene Vegas García, *Trilce, estructura de un nuevo lenguaje* (Lima, Pontificia Universidad Católica del Perú,
1982), p.1.

La primera estrofa nos permite deducir que el contexto en que se desarrolla este poema es el espacio urbano. Un recurso característico del nuevo lenguaje poético de *Trilce* consiste en inventar una expresión nueva a base de una frase bien conocida. Así, "los lunes/ de la verdad", una expresión calcada en "la hora de la verdad", evoca el momento cuando uno está puesto a prueba y sugiere que el poeta enfrenta tal prueba cada lunes, cuando empieza otra semana de trabajo y nuevamente tiene que afirmar su hombría, valiéndose por sí mismo en la lucha por la vida. Aquí, como en otros textos, el poeta vuelve a presentarse bajo la persona poética del niño. Sumamente sugestiva, la frase "el traje largo de sentir" evoca una serie de ideas relacionadas. Por asociación con el pantalón largo que señala el paso a la adolescencia, simboliza la mayoría de edad que el poeta se ve obligado a asumir. También trae a la mente la imagen de un traje que, por ser demasiado grande, se arrastra por el suelo, y así indica que la condición de adulto le sienta mal. Además, por asociación con la frase coloquial "la cara larga", viene a ser una expresión del desaliento que esa condición le causa. Finalmente, está insinuado que el traje se arrastra por el peso del abatimiento, el abatimiento de quien se siente inadecuado para desempeñar el papel para el cual está vestido. Por eso, el joven provinciano se halla roído por una ansiedad aprensiva y el ritmo entrecortado de los dos primeros versos comunica la irresolución con la cual va por las calles de la ciudad.

La segunda mitad de la estrofa expresa el desamparo experimentado por el poeta en el ambiente impersonal de la gran metrópoli, donde se encuentra solo, sin amigos ni conocidos. Pero lo interesante de estos versos es la forma en que este desamparo se expresa. Por una parte, toma la forma de una dependencia emocional frustrada, ya que el poeta se coloca en la situación de un niño o animal extraviado, que nadie reclama y que no sabe cómo regresar al padre o dueño perdido. Por otra parte, se comunica un sentimiento de estar separado de sus raíces, de haber perdido contacto para siempre como un mundo con el cual estaba emocionalmente identificado, una desconexión que está subrayada por la fragmentación sintáctica de los dos últimos versos. Y la disposición espacial de la estrofa, al destacar los versos 3 y 6, opone a la prueba constante que representa para él la ciudad y la condición adulta, la necesidad de alguna figura protectora y la nostalgia de un mundo donde se goce de un sentimiento de pertenecer.

Esta vivencia de alienación urbana va acompañada por una angustia existencial. Así, el traje que viste el poeta refleja la falsedad de su vida y los versos 5-6 expresan su ignorancia de su verdadera identidad y del sentido de su existencia terrestre. Estos dos motivos son el punto de partida para las reflexiones generales sobre la vida que vienen en la segunda estrofa, anunciadas por el cambio de singular a plural. Retomando el consagrado motivo del gran teatro del mundo, esta estrofa introduce una metáfora plurivalente, la guardarropía. Como señalan los epítetos indefinidos que la califican (Cierta/Esa), esta guardarropía está evocada como una incógnita. Es un espacio, es decir, el camarín donde se visten los actores antes de salir al escenario y donde vuelven al terminar su actuación, y así representa la matriz cósmica de donde salimos y a la cual regresamos en la muerte. Así, las "hojas/ de las partidas" son las puertas por las cuales el hombre pasa de un mundo al otro, y son "blancas" en cuanto representan un misterio, ya que ignoramos qué se encuentra al otro lado. Al mismo tiempo, las "hojas" son también las páginas de los libros de registro donde se asientan las partidas que atestiguan la historia personal del individuo, y la guardarropía viene a ser así una especie de archivo cósmico que contiene una información total sobre la humanidad. Además, como sujeto del verbo "saber", la guardarropía está personificada y representa así alguna potencia sobrenatural que posee un conocimiento omnisciente, un director cósmico que distribuye los papeles a los actores y que es el único que comprende el significado de la representación.

Los versos 7 y 10 insisten en que tal omniscencia es la prerrogativa exclusiva de la divinidad que la guardarropía implica, y el verso 8 da a entender que el hombre está condenado a vivir en ignorancia de su destino, ya que las hojas de los libros guardados en el archivo siguen siendo blancas para él. La implicación de la estrofa está aclarada por los últimos versos. El hombre es una "facción" en cuanto cada individuo no es sino un rasgo, un aspecto, una faceta de un plan cósmico que desconoce, ya que al nacer se cortan sus vínculos con el gran todo. Símbolo del hombre ignorante de su lugar en el universo es el candelabro apagado que tradicionalmente está presente en la ceremonia bautismal para representar la ceguera espiritual con que éste llega al mundo. Pero está insinuado que, al volver a la matriz cósmica de la cual ha salido, el hombre volverá a formar parte del gran todo y el candelabro se iluminará. Así, se sobrentiende que es sólo en la muerte donde el sentido de la existencia ha de ser revelado al hombre. Sin embargo, es de notar que si la estrofa parece ofrecer la promesa de una iluminación póstuma, la disposición tipográfica de los últimos versos contrarresta este aliciente, terminando la estrofa en una nota negativa al destacar la ceguera que domina la existencia terrestre.

En la tercera estrofa el poeta vuelve los ojos otra vez a su situación particular. Aquí nuevamente se vislumbra la presencia de la ciudad como el espacio donde se produce una compleja interacción de alienación urbana y angustia existencial. La frase "los lunes/de la razón", al hacerse eco de "los lunes /de la verdad", identifica el mundo competitivo de la ciudad con el frío racionalismo de la sociedad occidental. El "mantillo"del verso 15, por asociación con "manto" y por las aceptaciones de "humus", "estiércol", parece ser una alusión a la capa de neblina sucia que envuelve a Lima en los meses de invierno, y así evoca la atmósfera opresiva de la ciudad. Por eso, el neologismo "iridice", un verbo formado a base del adjetivo "iridiscente", tiene un valor irónico, ya que se insinúa, por una parte, que el cielo urbano produce una iluminación irrisoria y, por otra, que el esplendor asociado con la ciudad es falso. Las púas de las verjas, ante las cuales el poeta sonríe tristemente, parecen referirse a las defensas erigidas por las clases acomodadas para proteger sus propiedades y representan así las barreras que impiden el contacto humano en una sociedad regida por valores capitalistas. Aislado en este mundo impersonal, el poeta recorre la ciudad en frenética búsqueda de alguna cara amiga, pero, así como en la primera estrofa nadie lo reconoce, él tampoco encuentra a ningún conocido.

Como hemos visto en la primera estrofa, la alienación que el poeta experimenta en la ciudad lo lleva a inquietarse por el sentido de la vida. Al recorrer las calles, no sólo busca una cara conocida que le permita reintegrarse a una comunidad humana, sino que procura descubrirse a sí mismo descubriendo el significado de su existencia. El "conocido" que va buscando es el director cósmico con el cual perdió contacto al abandonar la guardarropía, el ser superior que dirige el gran teatro del mundo y es el único enterado de la verdadera identidad de los actores y del significado del papel que representan. Al mismo tiempo este "conocido" es también él mismo, su verdadero ser con el cual ha perdido contacto al vestir su traje para asumir su papel. Pero toda la estrofa destaca la imposibilidad de llegar en esta vida al conocimiento que tanto anhela. Los trajes que llevan los actores del gran teatro del mundo impiden descubrir la persona escondida detrás. Las púas de las verjas simbolizan las barreras que prohíben el acercamiento al secreto de la existencia. Y la niebla representada por el mantillo no sólo simboliza la ignorancia a la que el hombre está condenado, sino que se insinúa que el cielo, lo trascendente le está vedado,una sugerencia que está reforzada por todo lo que implica el estiércol que "mantillo" también evoca.

Por eso, la muerte atrae al poeta como la última posibilidad de llegar a la revelación que tanto desea. Así, en la cuarta estrofa, los epítetos que califican la guardarropía ya no son indefinidos, sino que la describen como una persona bondadosa. Más aún, el poeta se dirige a ella como si fuese una mujer amada, rogándole que le abra sus puertas como pediría a una mujer que le abra los brazos para recibirlo en su seno. Porque lo que desea es el conocimiento que yace detrás de esas puertas, puertas que siguen siendo insondablemente blancas miradas desde el lado terrestre. Así, en otro nivel, dada la ambigüedad de "hojas" que ya hemos anotado, el poeta le está pidiendo a la guardarropía que le abra las páginas del libro del universo donde está escrito el designio cósmico, páginas que desde este lado son blancas, por ser impenetrables.

Los restantes versos de la estrofa aclaran la índole del conocimiento que el poeta anhela alcanzar. El verbo "reconocer" retoma un motivo que recorre todo el poema, dando a entender que ese conocimiento sería el redescubrimiento de algo olvidado y así que hay una mente superior y sempiterna que dirige el destino de los hombres. El "1" es una expresión sumamente sugestiva. Por una parte, evoca la idea del número 1, de un jefe supremo, de un ser superior que dirige el universo. Por otra, el empleo del numeral sugiere un principio abstracto de unidad que armonice todo. Y, además, evoca el yo del poeta, quien al descubrir o redescubrir este ser superior y este principio de unidad, (re)descubrirá su verdadero ser y su razón de ser. Así, lo que quiere el poeta es algo que le sirva de apoyo, algo que justifique su vida al darle un significado. O, como lo expresa de forma más humilde en una tercera petición, algo que autentice su existencia terrestre, haciéndole sentir que realmente está vivo y no es un muerto espiritual.

Toda esta estrofa está basada en una ironía cruel. Porque mientras la primera petición define un conocimiento absoluto que sólo se puede alcanzar en la muerte, las otras dos peticiones destacan la necesidad de tal conocimiento en la vida. Además, las tres primeras peticiones corresponden a etapas de una progresión negativa en la cual el poeta va perdiendo confianza en la posibilidad de llegar al conocimiento deseado. Esta declinación conduce, en la última estrofa, a una visión de la muerte que desmiente la propuesta en la segunda. El más allá está representado ahora por los bastidores, un espacio detrás del escenario pero sin las cualidades asociadas con la guardarropía. Sus puertas abiertas no revelan sino un gran vacío, sugerido por la frase "de par en par", la cual evoca la imagen de una casa abandonada. La nada que espera al otro lado de la muerte está enfatizada por la reiteración y la serie de negaciones (no ... no ... nadie) del verso 26. Allí no se encuentra nadie, ni un ser superior que dirija el universo, ni una humanidad que realice su auténtica identidad. El efecto del "Hay" con mayúscula es doble. Por una parte, al desplazarse la mayúscula del sujeto al verbo, se confunde la expectativa del lector, realzando así la inexistencia de la divinidad. Por otra parte, este "Hay" representa una existencia superior, la cual está desmentida por la negación que precede al verbo. En efecto, lo único que se encuentra en el vestuario adonde se retiran los actores al terminar su actuación son trajes vacíos que se mueven por sí mismos. Así se da a entender que no hay una realidad más profunda detrás de la existencia postiza que llevamos en el gran teatro del mundo y que el hombre no tiene más identidad que la falsa que representa en el escenario.

Pero si no hay nada que dé trascendencia a la vida humana, sí hay implacables leyes que la gobiernan. Si los trajes se mueven por sí mismos, se mueven como autómatas y las perchas de las cuales se descuelgan son como dedos que señalan imperiosos el camino que han de seguir. La imagen del "gran caldo" que es el destino final del hombre funciona a varios niveles. Primero, el vocabulario culinario que representa al hombre como otro ingrediente más de "un gran caldo de alas ... fritas" despoja la existencia humana de toda pretensión de trascendencia, al reducir al hombre al mismo destino que los animales de los que se ha alimentado en vida, el de servir de alimento para que la vida se perpetúe. Esta indignidad el poeta la subraya con un humor irónico, ya que el adjetivo "fritas" trae a la mente el coloquialismo "¡Estamos fritos!" Al mismo tiempo, la imagen de una sopa en la cual todo va mezclado evoca un caos informe que desmiente todo concepto de un más allá ordenado y armonioso. Esta sopa es de un "matiz prudente" y tanto el sustantivo como el adjetivo que la califica sugieren una coloración indistinguible y así caracterizan la sopa como una masa indiferenciada. Dentro de esa masa va todo lo que ha constituido la vida del hombre: sus aspiraciones de trascendencia, representadas por las alas, uno de los símbolos predilectos de Vallejo; las fuerzas deterministas (causas) que han dictado su existencia y le han negado su libertad; las frustraciones causadas por las limitaciones de su condición humana (lindes). Y como estas cosas se entremezclan en la olla, se da a entender que después de la muerte todo lo que el hombre ha ambicionado, todo contra lo cual ha luchado, todo lo que le ha hecho sufrir carecen igualmente de importancia o significado, ya que forman parte del mismo gran sinsentido. Finalmente, el hecho de que se trate de un caldo más que una sopa implica que el destino que aguarda al hombre después de la muerte es el de ser reducido a la no-existencia total. Esto es recalcado por el verso final, que señala que hasta sus huesos han de disolverse en la nada. Pero este verso es ambiguo, porque si se refiere al futuro, al destino último del hombre, expresa también la angustia que la conciencia de ese destino le causa en el presente. Buscando algo que dé un sentido a su existencia, el poeta llega a la conclusión de que la vida no tiene sentido y que todo termina en la nada. Y esta visión desconsolada de la condición humana le produce un dolor que lo hiere en lo más profundo de su ser, llegando "hasta el hueso", hasta el tuétano.

***

En este texto una vivencia peruana —el drama del provinciano que emigra a Lima— es el punto de partida para un poema de envergadura universal, y si Vallejo ha sido reconocido internacionalmente es precisamente por su universalidad, porque ha logrado una expresión magistral de la condición humana. En efecto, siempre ambicionó ser más que un escritor local, aspirando a hablar a nivel mundial, y su obra, empapada de las principales corrientes intelectuales de la época, se inserta conscientemente en la gran tradición literaria de occidente. Su misma biografía es sintomática de este afán de actuar en el escenario mundial. Vallejo es un hombre de la periferia en cuanto es oriundo de un país aislado al margen del mundo occidental y subdesarrollado con relación a los centros de poder y cultura, y lo es doblemente por ser, no de la capital, sino de una pequeña aldea perdida en la sierra, una aldea sumida en el aislamiento y el atraso. En el trascurso de su vida sigue una trayectoria que lo lleva de Santiago de Chuco a Trujillo, de Trujillo a Lima, y de Lima a París, o sea, de la periferia al centro cultural de occidente. Tal trayectoria se explica fácilmente. Era inevitable que un hombre como Vallejo se sintiera sofocado por el ambiente de provincias y que buscara otros horizontes donde pudiera crecer y evolucionar como hombre y como poeta. *Trilce* LXXV (122-23), al referir sus impresiones de Trujillo después de haber conocido Lima, deja bien claro que no tenía ilusiones acerca de la vida en provincias. El poema, en efecto, es una denuncia del estancamiento del medio provincial:

Estáis muertos.

Qué extraña manera de estarse muertos. Quienquiera diría no lo estáis.
Pero, en verdad, estáis muertos.

[...]

Estáis muertos, no habiendo vivido antes jamás. Quienquiera diría que,
no siendo ahora, en otro tiempo fuisteis. Pero en verdad, vosotros sois los
cadáveres de una vida que nunca fue. Triste destino. El no haber sido sino
muertos siempre. El ser hoja seca sin haber sido verde jamás.

Pero Lima también resultó demasiado estrecha y provincial para sus ambiciones, y abandonó
el Perú para dirigirse a París en busca de un medio "de mayor aliento para las actividades
artísticas y literarias, donde hallar comprensión, y, a la vez, poder ampliar el horizonte de su
cultura". [14] Y como uno de esos héroes provincianos de Balzac, hubo de triunfar, conquis-
tando el mundo literario, aunque en su caso el éxito fue póstumo. En efecto, Vallejo realizó
en el campo literario lo que el Perú ambicionaba realizar en el terreno económico, superando
el atraso tercermundista para ponerse al nivel de los grandes escritores de los países
desarrollados. Dicho de otra manera, "modernizó" la poesía peruana.

No obstante, como queda indicado por el hecho de que *Trilce* XLIX refiera una
experiencia peruana, Vallejo siempre se resistió a seguir servilmente las pautas de la cultura
dominante y, por lo contrario, pretendió hablar con una voz peruana para expresar una
vivencia latinoamericana distinta de la europea. Un motivo recurrente de su obra —explícito
en sus primeros libros, implícito en los posteriores— es una oposición entre dos espacios,
que son a la vez reales y simbólicos. El mundo provinciano de la infancia y el mundo urbano
de la vida adulta vienen a representar dos experiencias culturales distintas, siendo el primero
un símbolo de cultura local en la periferia y el segundo una metáfora de la sociedad
occidental. Como hemos visto en *Trilce* XLIX, los poemas que refieren su experiencia
urbana demuestran que, si su trayectoria lo llevó cada vez más hacia el centro, nunca llegó
a integrarse, ya que lo presentan como un hombre marginado que no se adapta a la ciudad,
donde pierde contacto con sus raíces culturales y siente como ajena la sociedad de occidente
a la cual va incorporándose. Dominados por la nostalgia hacia el mundo provinciano que ha
dejado atrás, tales poemas suelen evocar el hogar provinciano como norma para valorar la
ciudad y, en efecto, Vallejo enjuicia la civilización occidental desde la perspectiva de su pro-
pia tradición cultural. Así, *Trilce* LXIV (115) evoca la diferencia de paisaje entre sierra y
costa como reflejo de dos modos de vida distintos. Mientras las montañas que irrigan los
valles verdes y fértiles de la sierra norteña están identificadas con la madre dispensadora de
amor, el valle de Lima, árido y envuelto en una neblina gris, se convierte en la imagen de una
sociedad donde la vida resulta estéril porque está basada en relaciones más impersonales e
inhumanas:

Oh valle sin altura madre, donde todo duerme horrible mediatinta, sin
ríos frescos, sin entradas de amor.

---

14. *Espejo Asturrizaga*, p. 133.

En este sentido un texto sumamente revelador es "Agape" (43-44). El poema está basado en un contraste irónico entre el título y el texto. Aludiendo a las comidas ceremoniales de los primeros cristianos, el título evoca un ideal de amor fraternal que formaba parte de la tradición cultural y familiar en la cual el poeta se había formado en provincias. Evoca, además, las comidas en familia en el hogar provinciano, un rito colectivo que plasmaba los valores de la vida familiar. Por contraste, el texto nos introduce en el ambiente impersonal del medio urbano, donde cada uno se ocupa de lo suyo y donde el poeta se encuentra solo y marginado, ya que nadie quiere tener nada que ver con él:

> Hoy no ha venido nadie a preguntar;
> ni me han pedido en esta tarde nada.
>
> No he visto ni una flor de cementerio
> en tan alegre procesión de luces.
> Perdóname, Señor: qué poco he muerto!
>
> En esta tarde todos, todos pasan
> sin preguntarme ni pedirme nada.
>
> Yo no sé qué se olvidan y se queda
> mal en mis manos, como cosa ajena.
>
> He salido a la puerta,
> y me da ganas de gritar a todos:
> Si echan de menos algo, aquí se queda!
>
> Porque en todas las tardes de esta vida,
> yo no sé con qué puertas dan a un rostro,
> y algo ajeno se toma el alma mía.
>
> Hoy no ha venido nadie;
> y hoy he muerto qué poco en esta tarde!

Pero si el poema expresa la alienación del poeta en el ambiente urbano, lo interesante es la forma en que esta vivencia se manifiesta. Invirtiendo las circunstancias del buen samaritano, el poeta en la tercera estrofa pretende socorrer a quien necesite auxilio. En las estrofas 5 y 6, en otra inversión de una situación normal, se presenta como un mendigo que quiere dar en lugar de recibir. En ambos casos su buena voluntad queda desairada, ya que nadie le hace caso. Lo que se recalca, entonces, no son las penas de la soledad, sino la frustración de su deseo y su necesidad de dar, de ofrecerse a otros, de ser miembro de una comunidad donde las cosas se comparten. Así, al enjuiciar la cultura occidental, lo que Vallejo más extraña en ella es la afectividad en las relaciones humanas y el sentimiento de comunidad que había conocido en provincias.

Cuestionando el sistema de valores impuesto por la cultura occidental, Vallejo aboga por una nueva orientación existencial que involucre un cambio radical en la manera de relacionarse con el mundo y con los demás hombres. En *Trilce* preconiza la necesidad de una liberación espiritual que proporcione al hombre una nueva cosmovisión que trascienda las limitaciones del racionalismo, y postula la existencia de una secreta armonía unificadora que denomina el absurdo. *Trilce* XXXVIII (95) da a entender que esta armonía nos rodea, que está enfrente de nosotros, pero que estamos demasiado miopes para reconocerla. Está representada aquí por un objeto vulgar, un cristal, al cual se atribuye cualidades que son absurdas en términos lógicos, ya que se lo califica como potencialmente comestible, como "pan no venido todavía":

> Este cristal aguarda ser sorbido
> en bruto por boca venidera
> sin dientes. No desdentada.
> Este cristal es pan no venido todavía.

Lo que se implica es que este cristal es comida potencial capaz de satisfacer nuestra hambre espiritual, cuando aprendamos a reconocerlo como tal y a abordarlo debidamente. Se sugiere que no llegamos a percibir esta armonía absurda porque estamos condicionados a mirar el mundo con ojos racionales y a rechazar todo lo que no se ajuste a un esquema lógico. Además, aun si reconociéramos el cristal como comida, habría que aprender a abordarlo. Dada la implicación de que no puede ser masticado, parece que los dientes son símbolo de la razón, la cual es incapaz de captar la armonía representada por el cristal/pan, porque, por una parte, la realidad se resiste a ser dominada por la razón y, por otra, la razón procede analíticamente y así fragmenta la unidad esencial de la vida. Este cristal que ha de ser tragado entero simboliza una realidad que ha de ser absorbida, asimilada, más que dominada, una realidad que sólo puede ser captada intuitivamente por un espíritu que se haya liberado de la tiranía de la razón. Símbolo de este espíritu es la futura boca sin dientes. Se insiste en que no se trata de una boca desdentada, una boca distorsionada por haber perdido los dientes, sino de una boca que ha evolucionado de tal forma que se ha deshecho de los dientes por superfluos. Así, se preconiza la necesidad de una evolución espiritual que de una manera natural lleve al hombre a acercarse a la realidad intuitivamente.

La segunda estrofa reitera la necesidad de abordar el cristal debidamente:

> Hiere cuando lo fuerzan
> y ya no tiene cariños animales.
> Mas si se le apasiona, se melaría
> y tomaría la horma de los sustantivos
> que se adjetivan de brindarse.

Si intentamos devorarlo, su dureza exterior y sus agudos contornos nos dañarán la boca, pero si lo tomamos cariñosamente se disolverá en la boca en un jarabe blando y dulce que se deslizará suavemente por la garganta. El símbolo es enriquecido por la analogía de una mujer requerida en el amor. Si intentamos tomar el cristal a la fuerza, se pondrá rígido, se negará a darse, resistirá como una mujer que se defiende contra la violación. Pero cuando lo cortejamos amorosamente, pierde su dureza y, volviéndose blando y dulce, se entrega de buena gana. Al equipararlo con sustantivos que se convierten en adjetivos, los últimos versos de la estrofa no sólo señalan esta trasformación del cristal, sino que apuntan también a un nuevo de tipo de relación entre el hombre y el mundo, ya que mediante la entrega el cristal

deja de ser un objeto autosuficiente para ser una cosa que existe en y por otras. Aquí
nuevamente se sugiere que la razón es incapaz de captar el principio unificador, porque la
razón quiere dominar la realidad, forzándola a ajustarse a sus ideas preconcebidas. La vida
nos entregará su armonía sólo cuando la aceptemos como es, cuando nosotros nos entregue-
mos a ella, adaptándonos síquicamente a la realidad que nos rodea.

Animado por este ideal, Vallejo hace una declaración de independencia personal frente
al orden establecido en *Trilce* LXXIII (122):

> Tengo pues derecho
> a estar verde y contento y peligroso, y a ser
> el cincel, miedo del bloque basto y vasto;
> a meter la pata y a la risa.

Reclama el derecho a "estar verde y contento", a realizar su humanidad, floreciendo en
lozanía como las plantas del campo, libre de restricciones morales y sociales. El mundo
domesticado del racionalismo es desmentido por la metáfora del "bloque basto y vasto", la
cual representa la existencia como una masa inerte e informe, y mediante la sinécdoque del
"cincel" el poeta asume para sí el papel de escultor que la talla a la medida de sus propias
aspiraciones. Al hacerlo, reclama también el derecho a "meter la pata y a la risa", a ser
irreverente, burlándose de los valores convencionales, que ve como un obstáculo para su
realización personal. En fin, como señala el adjetivo "peligroso", el poeta adopta aquí una
postura anárquica, proponiéndose un estilo de vida alternativo dedicado a la subversión de
los valores establecidos y a una liberación espiritual que proporcione otra manera de
relacionarse con la realidad.

Posteriormente, Vallejo hubo de abandonar esta postura a favor del marxismo, porque
a medida que iba tomando consciencia de la injusticia socio-económica, tal liberación le
parecía poco factible sin una previa emancipación social de las masas humanas. Su
compromiso político está basado en un conocimiento profundo y sólido de la teoría marxista,
pero también representa una afirmación de su propia tradición cultural, en cuanto para él el
atractivo del socialismo consiste en gran parte en que su concepto de las relaciones humanas
coincide con el que él había vivido en el Perú de su infancia. Esto lo vemos confirmado por
"La rueda del hambriento" (189-90), que evoca, a través de la persona de un mendigo
hambriento, la miseria sufrida por las masas desocupadas, víctimas de la crisis del capitalis-
mo:

> Una piedra en que sentarme
> ¿no habrá ahora para mí? […]
> Un pedazo de pan, ¿tampoco habrá ahora para mí?
> […]
> pero dadme
> en español
> algo, en fin, de beber, de comer, de vivir, de reposarse,
> y después me iré…
> Hallo una extraña forma, está muy rota
> y sucia mi camisa
> y ya no tengo nada, esto es horrendo.

JOSÉ MARÍA EGUREN.

MARTÍN ADÁN en su juventud.

MARTÍN ADÁN en la adultez.

CÉSAR VALLEJO MENDOZA.

EMILIO WESTPHALEN.

JORGE EDUARDO EIELSON.

ABELARDO SÁNCHEZ-LEÓN.

BLANCA VARELA.

ENRIQUE VERÁSTEGUI.

ANTONIO CISNEROS.

JAVIER HERAUD, poeta y guerrillero que cayera victimado en Puerto Maldonado el 15 de mayo de 1963. Había nacido en Lima el 19 de enero de 1942.

En un nivel alegórico el hambriento viene a representar al hombre occidental cuyos valores tradicionales le han fallado. Dado que sus ruegos quedan sin respuesta, el poema resulta una parodia del Padre Nuestro y el Evangelio de San Mateo —"Pedid, y se os dará; buscad, y hallaréis; llamad, y se os abrirá..." (7.7-11)— y así un comentario irónico sobre la muerte de Dios en el mundo moderno. Visto así el texto, los ruegos del mendigo expresan el hambre de una nueva fe. Los símbolos del pan y de la piedra indican que ésta ha de ser una fe que nutra al hombre emocionalmente y sirva de base sólida para la existencia. Pero lo que el texto destaca sobre todo es el terrible aislamiento del mendigo, quien se ve reducido a la condición de paria por una sociedad que ni siquiera reconoce su existencia Así, si el poema preconiza la necesidad de una nueva fe, se trata sobre todo de una fe que incorpore al individuo alienado a la familia humana, una fe que restaure el sentido de comunidad que Vallejo había conocido en su propia tradición cultural y que tanto extraña en la sociedad occidental. Queda insinuado que la única ideología que satisface estas condiciones es el socialismo.

En este sentido es reveladora la actitud de Vallejo hacia el proceso ruso. En efecto, Vallejo iba decepcionándose a medida que la revolución rusa perdía de vista lo humano para convertirse en otro sistema opresivo. Sus dudas se vislumbran en "Salutación angélica" (154-55), donde ensalza al bolchevique como la personificación de los valores socialistas, pero al mismo tiempo nos invita a cuestionar sus actitudes. A veces el encomino del bolchevique suena irónicamente extravagante, dando la impresión de que el poeta, más que elogiarlo, se está burlando de él, representándolo como una especie de superhombre monstruoso. Es difícil, por ejemplo, no ver una insinuación irónica en la tercera estrofa, donde el bolchevique, después de pasar el día matando, regresa tranquilamente a casa donde, nos dice el poeta, "vi que cuando comías depués, tenías gusto"; y la anáfora " y aquesos tuyos pasos metalúrgicos,/ aquesos tuyos pasos de otra vida" evoca la imagen de un hombre que se ha convertido en máquina. Así, el tono del poema sugiere que hay algo inhumano en el compromiso fanático e intransigente del bolchevique y que éste quizá sea una persona menos admirable de lo que parece a primera vista. De hecho, las dudas insinuadas en este poema apuntan a la decepción que hubo de llevar a Vallejo a discrepar con la orientación que tomaba la revolución rusa bajo la dirección de Stalin, una discrepancia que expresa en "Otro poco de calma, camarada..." (166-67), instando al líder soviético a que refrene su política represiva:

> ...eres de acero,
> a condición que no seas
> tonto y rehuses
> entusiasmarte por la muerte tanto
> y por la vida, con tu sola tumba.

En cambio, si el proceso ruso significaba para Vallejo una distorsión del ideal socialista, parece que veía en España la posibilidad de un socialismo más auténtico. *España, aparta de mí este cáliz* celebra a los obreros y campesinos de las milicias republicanas, los cuales encarnan el espíritu colectivo que ha de construir la nueva sociedad socialista del futuro. Con estos hombres Vallejo siente una afinidad que no le inspira el bolchevique, porque los reconoce como oriundos de otra periferia y porque su compromiso político nace, no de una fría ideología, sino de una arraigada tradición popular. Así, por ejemplo, la ortografía deficiente de Pedro Rojas lo identifica como representante de una cultura popular cuyos valores están en pugna con los de la cultura dominante:

> Solía escribir con su dedo grande en el aire:
> "¡Viban los compañeros! Pedro Rojas", (238)

Además, al personificar la República como "la madre España" (250), el poeta vincula el socialismo plasmado en la República con la tradición cultural representada por su hogar provinciano y encarnada en su madre. En este sentido la obra de Vallejo viene a ser una reivindicación de los valores culturales de la periferia frente a los impuestos por la cultura dominante.

Vallejo se destaca como el poeta más importante de su generación porque revolucionó el lenguaje poético y porque creó una obra que combina la universalidad con la expresión de una experiencia tercermundista. Además, si como gran parte de sus coetáneos se radicalizó políticamente y escribió una poesía de compromiso social, fue el único entre los poetas peruanos de la época que supo crear una poesía política realmente convincente. Aunque pretende ser revolucionario, el grueso de la poesía política de estos años suena hueco y simplista, porque no hace sino repetir una retórica convencional y nunca cuestiona la postura ideológica que adopta. En cambio, Vallejo nunca pone su poesía al servicio de una ideología política, sino que incorpora la política como una intrínseca dimensión de su experiencia humana y su cosmovisión personal. Además, lejos de mantener una fe ciega en el socialismo, muestra su integridad como hombre y su honradez como poeta afrontando las dudas y momentos de desaliento en su poesía. Como hemos visto, la sutileza de "Salutación angélica" estriba en que nos invita a cuestionar las actitudes del héroe socialista al mismo tiempo que lo ensalza, y en otros textos el poeta sostiene un debate intelectual consigo mismo.

Uno de los poemas que mejor ilustran la sutileza y complejidad de la poesía política de Vallejo es "El alma que sufrió de ser su cuerpo" (217-18). Aquí el poeta asume el papel de conciencia del hombre y en este papel adopta la persona de un médico que hace un diagnóstico de la condición de una humanidad enferma, una humanidad en estado de crisis:

> Tú sufres de una glándula endocrínica, se ve,
> o, quizá,
> sufres de mí, de mi sagacidad escueta, táctica.

La fragilidad del cuerpo humano condena al hombre a sufrir físicamente, pero el poeta-médico insinúa que es mucho más grave el mal provocado por su conciencia, por el raciocinio que arruina su salud espiritual de manera insidiosa destruyendo las ilusiones y mostrando la vanidad de las cosas. La única certeza que el hombre descubre en la vida es que ha nacido en un mundo que no está hecho a su medida y donde no tiene más remedio que aguantar con resignación estoica el sufrimiento que le toca :

> Tú, luego, has nacido; eso
> también se ve de lejos, infeliz y cállate,
> y soportas la calle que te dio la suerte
> y a tu ombligo interrogas: ¿dónde? ¿cómo?

Llevando todavía la cicatriz dejada por el trauma del nacer, interroga a su ombligo con una perplejidad angustiada, sin comprender cómo llegó a estar abandonado en este mundo desconcertante y alienante ni por qué ha debido nacer para sufrir.

En el curso de su diagnóstico el poeta-médico destaca dos cosas. Primero, la enfermedad de la que sufre el hombre está relacionada con la época en que vive:

> Amigo mío, estás completamente,
> hasta el pelo, en el año treinta y ocho,

Es, en efecto, una manifestación de la crisis espiritual de tiempos modernos, del derrumbe de la cosmovisión tradicional y de todas las certezas antiguas:

> Tú, pobre hombre, vives; no lo niegues,
> si mueres; no lo niegues,
> si mueres de tu edad ¡ay! y de tu época.

El hombre no disfruta de una existencia auténtica, porque no encuentra sentido en la vida y vive solamente a través de una angustia existencial que lo va destruyendo paulatinamente. Esa angustia es producto de la época, una época en la que todos los valores humanos parecen haber fracasado.

Un factor importante en el derrumbe de la cosmovisión tradicional fueron las teorías de Darwin sobre la evolución, teorías que han reducido al hombre a un animal un poco más evolucionado que las otras especies. El hombre, como señala el poeta, ya no es sino un "desgraciado mono", el "jovencito de Darwin" —jovencito en el sentido de que en la escala de la evolución es una criatura recién aparecida sobre la tierra—, y la segunda cosa que destaca el poeta-médico es que, como consecuencia de esta nueva visión del ser humano, el hombre vive angustiado por el conflicto entre sus aspiraciones espirituales y su conciencia de estar sujeto a leyes biológicas:

> Tú padeces del diáfano antropoide, allá, cerca,
> donde está la tiniebla tenebrosa.

El hombre sufre del antropoide, sufre porque no puede escapar de su condición de animal, ya que el animal que está en él le acompaña por todas partes. Por eso, vive en la "tiniebla tenebrosa", en una oscuridad espiritual que es total. Sin embargo, el hombre anhela otra cosa:

> Tú das vueltas al sol, agarrándote el alma,
> extendiendo tus juanes corporales
> y ajustándote el cuello; eso se ve.

Como una mosca alrededor de una lámpara, el hombre gira alrededor del sol, símbolo del ideal espiritual que le atrae irresistiblemente sin que llegue a alcanzarlo. Se agarra al alma, esforzándose por conseguir una existencia espiritual, y extiende sus extremidades como intentando volar a las alturas, pero hasta en medio de estos afanes su cuerpo hace valer sus derechos y reclama sus atenciones. Entre cuerpo y espíritu se entabla una lucha en la que el espíritu intenta domar la animalidad del hombre montándole como a un caballo:

> Tú sabes lo que te duele,

> lo que te salta al anca,
> lo que baja por ti con soga al suelo.

Pero como un potro salvaje el cuerpo pone resistencia, rehusando dejarse domar, y termina arrojando el espíritu al suelo y sujetándolo con un cabestro. Así, el hombre ve sus aspiraciones espirituales frustradas por las limitaciones de la carne, y vive

> cautivo en tu enorme libertad,
> arrastrado por tu hércules autónomo...

Aunque su imaginación le permite vagar libremente más allá de todo límite, nunca puede llegar a las regiones maravillosas que le deja vislumbrar, porque es prisionero de un cuerpo demasiado fuerte para ser subyugado.

La inteligencia del hombre es demasiado limitada para descubrir una solución a su dilema. Al contrario sólo sirve para atormentarlo más:

> Pero si tú calculas en tus dedos hasta dos,
> es peor; no lo niegues, hermanito.

Porque lo único que consiguen sus penosos esfuerzos mentales es revelarle la dualidad de la existencia humana, la contradicción entre su visión interior de lo que la vida debiera ser y la realidad objetiva de lo que es. Y no sólo el hombre se revela incapaz de remediar su condición, sino que se niega a reconocer la realidad de su situación, prefiriendo engañarse. Así, se entabla una discusión en la que el hombre-paciente rechaza el diagnóstico del poeta-médico:

> ¿Que no? ¿Que sí, pero que no?
> ¡Pobre mono...! Dame la pata...! No. La mano, he dicho.
> ¡Salud! ¡Y sufre!

Este termina la consulta en un tono irónico, primero con un *lapsus linguae* que subraya que el hombre sigue aprisionado en su condición de animal evolucionado, y luego deseando que el paciente tenga la buena salud para seguir sufriendo.

Tan importante como lo que se dice en este poema es lo que se insinúa sin decirlo. El texto está compuesto de una serie de oraciones reiterativas que repiten la misma fórmula: "Tú sufres ... Tú padeces ... etc." Es, en efecto, una serie de golpes con los cuales el poeta-médico despiadadamente revela al hombre la gravedad de su condición. El poema también está lleno de expresiones de refuerzo, como "eso se ve", "eso también se ve de lejos", o como "no lo niegues", "tú lo sabes", mediante las cuales el poeta-médico insiste en que la condición penosa del hombre es tan evidente que él mismo no puede menos que verla y reconocerla. Además, el poeta-médico recurre a frases despectivas como "pobre hombre", "desgraciado mono", "hermanito" etc., frases destinadas a quitarle al hombre toda ilusión respecto de sí mismo. O sea, todo el diagnóstico va dirigido hacia un solo fin: obligarle al hombre a reconocer su condición. Porque una vez que la haya reconocido, tendrá forzosamente que aceptar el remedio que el poeta-médico recete. Ese remedio sería el marxismo que proporciona una nueva cosmovisión que le devolvería la salud al hombre.

Sin embargo, éste es un poema ambiguo. Es de notar que el hombre rechaza el diagnóstico del poeta-médico y, por implicación, el remedio marxista, lo cual indica que el poema refleja la decepción sentida por Vallejo al ver los pocos progresos que el socialismo hacía en el mundo. Por otra parte, el poema puede leerse como un diálogo entre el poeta y su *alter ego* en el cual intenta convencerse de que su posición de intelectual burgués es un callejón sin salida, que sus preocupaciones metafísicas no conducen sino a una angustia sin solución. Aunque implícita, la conclusión lógica de este planteamiento es la necesidad de reconocer que estas preocupaciones y esta angustia son productos del individualismo burgués y, por lo tanto, que el remedio consiste en adoptar los valores colectivos del marxismo. Pero el poeta-paciente rechaza el diagnóstico y el remedio implícito que propone el poeta-médico. Porque, como está indicado por las asociaciones religiosas del título, no puede librarse de anhelos metafísicos que una doctrina materialista como el marxismo es incapaz de satisfacer. Así, el poema dramatiza un conflicto en que el poeta rechaza emocionalmente la posición dictada por su razón.

Poemas como éste demuestran que Vallejo llegó al compromiso socialista, no suprimiendo las dudas, sino a fuerza de afrontarlas y superarlas. Tal honradez no sólo enriquece su poesía sino que es signo de una actitud política más auténticamente revolucionaria que la de la mayoría de sus poetas compatriotas, que por regla general se contentaban con repetir clichés ideológicos.

3. EMILIO ADOLFO WESTPHALEN O LA RESISTENCIA DESDE EL OTRO ESPACIO

La frustración de los anhelos de modernización provocó una radicalización política cuya manifestación más obvia fue la militancia aprista y socialista, la cual encontró expresión literaria en una poesía de compromiso social. Sin embargo, con excepción de Vallejo, los poetas politizados de los años 30 no produjeron sino versos de escaso valor literario y la poesía más lograda de la década fue obra de escritores disidentes sin afiliación política. Tal fue el caso de Emilio Adolfo Westphalen.

Westphalen publicó dos libros en los años 30: *Las ínsulas extrañas* (1933) y *Abolición de la muerte* (1935). [15] En su mayoría las composiciones son poemas de amor, pero se trata de un amorío que ha terminado y ya pertenece al pasado y los poemas van dirigidos a una amada ausente. Así, "No es válida esta sombra" (28) lamenta el vacío en el cual se ha convertido la vida del poeta con la pérdida de la amada:

> Se despega una nada tras otra
> Crece una nada sobre nada [...]
> Me deslumbra tanta noche
> La muerte que mira con los ojos de los vivos
> Los muertos que hablan con los loros de los vivos

"Andando el tiempo" (11), el primer poema de *Las ínsulas extrañas,* sitúa la obra de

---

15.   Emilio Adolfo Westphalen, *Otra imagen deleznable* ... (México, Fondo de Cultura Económica, 1980). Todas las citas corresponden a esta edición.

Westphalen en el contexto de un mundo regido por la inexorable marcha del tiempo, y "Hojas secas para tapar..." (18) está constituido alrededor de la imagen del otoño, símbolo de la inevitable erosión de la vida por la muerte, un proceso que hace irrisoria toda actividad humana por más que los hombres cierren los ojos ante él:

> Tal vez nunca se ha dado más el otoño a la angustia del hombre
> Los periódicos anuncian una buena cocinera
> Un canario
> O un perro amaestrado en el arte de pelar las cebollas
> Nadie dice buenos días al cortejo fúnebre
> Ni a los bueyes asesinados para satisfacer una conclusión

Toda la poesía de Westphalen ha de verse en ese contexto, como una lucha contra el tiempo y la muerte, como una búsqueda del tiempo perdido en la cual el poeta se esfuerza por recuperar la felicidad del amor perdido mediante la memoria y la imaginación poética. En *Las ínsulas extrañas* esta empresa tiene resultados diversos. Algunas veces, como en "La mañana alza el río..." (16), se ve coronada por el éxito, pero en otros poemas el intento de evocar la imagen de la amada ausente termina en el fracaso y ella sigue perdida en la noche oscura del olvido:

> Ya no encuentro tu recuerdo
> Otra noche sube por tu silencio
> Nada para los ojos
> Nada para las manos
> Nada para el dolor
> Nada para el amor
> Por qué te había de ocultar el silencio
> Por qué te habían de perder mis manos y mis ojos
> Por qué te habían de perder mi amor y mi amor
> Otra noche baja por tu silencio (26-27)

En cambio, en *Abolición de la muerte* la memoria suele salir triunfante, aboliendo el tiempo y la muerte al rescatar de la niebla del pasado la figura de la amada y la felicidad asociada con ella. En algunos casos, como en "Marismas llenas de corales ..." (52), una compleja interacción de tiempos verbales destaca la lucha entre la memoria y el tiempo, pero en otros las barreras temporales quedan borradas y la imagen de la amada surge del pasado para revivificar al poeta en un momento de calidad eterna:

> Has venido pesada como el rocío sobre las flores del jarrón
> Has venido para borrar tu venida
> Estandarte de siglos clavados en nuestro pecho (62)

Pero si la poesía de Westphalen dista mucho de ser una poesía amorosa convencional, tampoco es un simple intento de volver a vivir el pasado. El mismo nos da la clave para entrar en su obra con los epígrafes que pone a sus dos libros. El primero, de San Juan de la Cruz —"las ínsulas extrañas"—, vincula su poesía con la tradición mística española, mientras el segundo, de André Breton —"Flamme d'eau guide-moi jusqu'à la mer de feu"—, la relaciona con el surrealismo, el cual postula una superrealidad capaz de ser alcanzada cuando el hombre aprenda a mirar el mundo con otros ojos. Es significativo, además, que Westphalen siempre haya reconocido la influencia ejercida en su evolución personal por Eguren, para quien, como se ha visto, la poesía representa un espacio alternativo. En efecto, la obra de Westphalen se inserta en una larga tradición poética que, con distintas modalidades, conceptúa el acto poético como un intento de trascender las limitaciones del mundo circundante para acceder a otro plano existencial. Es así como define su poética en 1974:

> ... estimo la actividad poética al igual que toda otra actividad estética como una necesidad vital. No se obtendrá de ella naturalmente la "abolición de la muerte", pero sí, quizás, hacer más llevadera la vida. Sería una expresión más de la condición humana, del impulso a no admitir lo real como definitivo e incambiable, a querer superarlo. (119)

Un texto revelador es el quinto poema de *Las ínsulas extrañas,* que evoca, como símbolo de la existencia terrestre que se rebela contra sus límites y se esfuerza por superarlos, la imagen de un árbol que se levanta hasta tocar el techo del cielo y golpea contra él en su afán de ir más allá:

> Un árbol se eleva hasta el extremo de los cielos que lo cobijan
> Golpea con dispersa voz
> El árbol contra el cielo contra el árbol
> Es la lluvia encerrada en tan poco espacio
> Golpea contra el ánima
> Golpea con las ramas la voz el dolor
> No hagas tal fuerza por que te oigan
> Yo te cedo mis dedos mis ramas
> Así podrás raspar arañar gritar y no solamente llorar
> Golpear con la voz
> Pero tal levedad me hiere
> Me desola
> No te creía de tal ánimo
> Y que no cabes en el espacio
> Cómo golpea el árbol al árbol el árbol (21)

El árbol también se golpea a sí mismo porque su rebelión contra el cielo y el límite que éste representa es a la vez una rebelión contra su condición de árbol arraigado en el suelo. El ruido insistente de sus golpes hace recordar el de la lluvia en un espacio restringido, y este paralelo sirve para destacar que está clamando por salir de sus confines terrestres.Los golpes dan también contra el alma del poeta, despertando su solidaridad ya que él comparte los mismos anhelos y por eso ofrece ayuda al árbol en su empresa. Pero aunque se identifica con el árbol, el poeta se siente perturbado por su "levedad", palabra que tiene aquí el doble sentido de "ligereza de cuerpo" y "falta de sensatez". Porque siempre había visto el árbol como ejemplo supremo de la aceptación de una vida arraigada en la tierra, nunca se había imaginado que el espacio no bastaba para contenerlo, y su comportamiento inesperado le resulta perturbador en cuanto estimula sus propias inquietudes espirituales, que difícilmente podrán satisfacerse. Así, en este primer momento del poema el árbol representa el despertar en el poeta del anhelo de infinito.

En un segundo momento el poema pasa bruscamente del árbol a una imagen relacionada, la de una sed candente:

> Agua
> Y navegan los rojos galeones por la gota de agua
> En la gota de agua zozobran
> Acaso golpea el tiempo
> Otra gota
> Agua
> La garganta de fuego agua agua
> Matado por el fuego
> La llamarada gigantesca
> Maravilloso final
> Muerto sin agua en el fuego
> La mano arañaba el fuego
> La mano
> Y nada más que sangre agua
> No sangre fuego último fuego
> Definitivo fuego (21-22)

Los galeones que zozobran en una gota de agua son otro símbolo de un deseo demasiado infinito para ser satisfecho por el mundo ordinario. Este deseo el poeta lo experimenta en forma de una sed de fuego que le quema la garganta y amenaza con consumirlo, y con insistencia reclama agua para apaciguarla. Pero, como el deseo sexual, este fuego que lo devora por dentro también resulta placentero, y el proceso delirante mediante el cual su sed aumenta y aumenta hasta convertirse en fuego absoluto se parece al crescendo que lleva al orgasmo. De esta forma el fuego de su sed se trasforma en el fuego de un éxtasis parecido al arrebato místico.

En los versos siguientes el poema entra en una tercera fase con otro cambio brusco. Adquiere un tono de calma y la imagen central es la del agua, símbolo de la experiencia trascendental que apacigua la sed del absoluto:

> Las gotas cuentan otra cosa
> Nadie cuenta las gotas
> Las lágrimas son de más perfecta forma
> Su música más suave apagada
> El rostro de una niña alumbra una lágrima con su luz suave apagada
> La lluvia llora en todo el espacio
> Anega el alma su música
> Golpea otra ánima sus hojas
> Las gotas
> Las ramas
> Llora el agua

> El tiempo se cuenta con las gotas el tiempo
> La música dibuja el cielo
> Camina sobre el agua la música
> Golpea
> El agua
> Ya no tengo alma ya no tengo ramas ya no tengo agua (22-23)

Las gotas de lluvia que "cuentan otra cosa" y que "nadie cuenta" representan otra vida, la del infinito. Crean una música que "dibuja el cielo" y que "camina sobre el agua", la música de una armonía cósmica que trasporta al poeta más allá de los límites terrestres . En esta experiencia de tipo místico su alma se anega y pierde conciencia de sí ("Ya no tengo alma...") al sentirse absorbido en una realidad superior.

La última larga sección del poema produce otro cambio, volviendo al tono frenético y delirante de antes. Porque este estado alcanzado por el poeta resulta tan maravilloso que no le llega a cansar nunca, sino todo lo contrario, él exige con insistencia más y más de esta experiencia vivificante:

> Otra gota
> Sí
> Aunque me ahogue
> Ya no tengo alma
> En la gota se ahogaron los valientes caballeros
> Las hermosas damas
> Los valientes cielos
> Las hermosas almas
> Ya no tengo alma
> La música da traspiés
> Nada salva al cielo o al alma
> Nada salva la música la lluvia
> Ya sabía que más allá del cielo de la música de la lluvia
> Ya
> Crecen las ramas
> Más allá
> Crecen las damas
> Las gotas ya saben caminar
> Golpean
> Ya saben hablar
> Las gotas
> El alma agua hablar agua caminar gotas damas ramas agua
> Otra música alba de agua canta música agua de alba
> Otra gota otra hoja
> Crece el árbol
> Otra hoja
> Ya no cabe el alma en el árbol en el agua
> Ya no cabe el agua en el alma en el cielo en el canto en el agua
> Otra alma

> Y nada de alma
> Hojas gotas ramas almas
> Agua agua agua agua
> Matado por el agua (23-24)

Se trata de una experiencia que, más que una bienaventuranza estática, es un estado en el cual todo crece hasta lo infinito (el árbol crece hasta que "Ya no cabe en el cielo..."), en el cual todo supera sus límites y adquiere nuevas facultades ("Las gotas ya saben caminar/... /Ya saben hablar"). También es un estado en el cual todas las cosas se confunden en una armonía cósmica, y el empleo por el poeta de la enumeración caótica y las asociaciones acústicas sirve para crear a la vez una impresión de éxtasis balbuciente y un sentido de la fusión de toda realidad en una unidad nueva:

> El alma agua hablar agua caminar gotas damas ramas agua
> Otra música alba de agua canta música agua de alba (23)

Si el poema que acabo de analizar es el que más claramente revela un afán de absoluto, los poemas amorosos de Westphalen son esencialmente muy parecidos, tratando el mismo tema aunque bajo otra forma. La amada ausente suele ser evocada a través de imágenes del mundo natural que sugieren que a la larga ella ha de verse como personificación de una armonía cósmica perdida que el poeta procura recuperar mediante la imaginación poética. Así, en los poemas siete y ocho de *Abolición de la muerte*, sus esfuerzos por captar la imagen esquiva de la amada ausente están referidos de una manera que hace recordar la búsqueda de unión con la divinidad de los poetas místicos. El primero ostenta un tono de afirmación optimista. El poeta persigue la imagen de la amada con la misma pertinacia con la que el tiempo persigue al hombre y con la confianza de poder alcanzarla y así trascender el tiempo:

> Te he seguido como nos persiguen los días
> Con la seguridad de irlos dejando en el camino (63)

La frase "Te he seguido" se repite a través del poema en momentos estratégicos, creando la impresión de una búsqueda implacable de dimensión cósmica, y en los últimos versos el poeta la persigue todavía con fe en que los fantasmas sean capaces de tomar forma material y que ella esté allí, intangible pero real, un poco más allá de su alcance:

> Te sigo como los fantasmas dejan de serlo
> Con el descanso de verte torre de arena
> Sensible al menor soplo u oscilación de los planetas
> Pero siempre de pie y nunca más lejos
> Que al otro lado de la mano (65)

El poema siguiente, en cambio, está lleno de incertidumbre. En los primeros versos el poeta se desanima al sentir que la amada se ha fugado a la otra margen, refugiándose en el mundo irreal más allá del mundo de los hombres:

> He dejado descansar tristemente mi cabeza

En esta sombra que cae del ruido de tus pasos
Vuelta a la otra margen
Grandiosa como la noche para negarte (66)

Luego recobra el ánimo. Como los místicos, se somete a un proceso de purificación, despojándose de sus vínculos con el mundo y agudizando y refinando sus facultades hasta sentirse capaz de vencer todo obstáculo y de llegar al más allá para captar a la amada:

He abandonado mi cuerpo
Como un guante para dejar la mano libre
Si hay que estrechar la gozosa pulpa de una estrella
No me oyes más leve que las hojas
Porque me he librado de todas las ramas
Y ni el aire me encadena
Ni las aguas pueden contra mi sino
No me oyes venir más fuerte que la noche
Y las puertas que no resisten a mi soplo
Y las ciudades que callan para que no las aperciba
Y el bosque que se abre como una mañana
Que quiere estrechar el mundo entre sus brazos
Bella ave que has de caer en el paraíso
Ya los telones han caído sobre tu huida (66-67)

Pero otra vez la duda le asedia. Reconoce que es posible que como hombre no tenga la capacidad de ir más allá del mundo temporal para llegar al mundo eterno que ella habita:

La otra margen acaso no he de alcanzar
Ya que no tengo manos que se cojan
De lo que está acordado para el perecimiento
Ni pies que pesen sobre tanto olvido
De huesos muertos y flores muertas (67)

El poema termina con un ruego. Tras haber hecho todo lo humanamente posible para alcanzar a la amada, el poeta le pide que le otorgue el premio merecido. Es significativo que aquí la figura de la amada se trasforme en la de la rosa, que para Westphalen, como para Martín Adán, es el símbolo por excelencia de lo absoluto:

Rosa grande ya es hora de detenerte
El estío suena como un deshielo por los corazones
Y las alboradas tiemblan como los árboles al despertarse
Las salidas están guardadas
Rosa grande ¿no has de caer? (68)

Si este poema está caracterizado por la incertidumbre, esta incertidumbre se resuelve en el poema siguiente, el último de *Abolición de la muerte,* donde la amada se manifiesta al poeta en un momento de epifanía. Aquí, como en los demás poemas, la amada está identificada con el mundo natural y al compenetrarse con ella el poeta experimenta un estático sentimiento de unidad con el cosmos:

> Tú como la laguna y yo como el ojo
> Que uno y otro se compenetran
> Tal el árbol y la brisa tal el sueño y el mundo
> De la noche cogiendo la profundidad y del día la extensión
> A qué cuevas huyendo contra tanto resplandor
> Día que nunca te mueves cielo que por nosotros caminas
> Ríos que no sabéis herir y barcas que se agolpan en nuestras entrañas
> Las bocas flotan como signos del zodíaco
> Los brazos se entrecruzan como flores sobre las aguas
> Las frentes siguen las corrientes y los ojos nada separan
> Es la gloria llameante que descansa en nuestros cuerpos
> Levantando sobre el combate atroz de la tiniebla y la luz
> La enseña de la santa compañía y las miradas quietas
> Es la gloria caída a nuestros pies
> Es el triunfo llegado como un crepúsculo subterráneo
> Cambiando de estación en el corazón del azogue
> Como una rosa ahogada entre nuestros brazos
> O como el mar naciendo de tus labios (70)

Tal poética nace de una constante de la vida humana, el afán de superar los límites de lo impuesto. En términos generales, se puede interpretar como una expresión de la insatisfacción espiritual del hombre moderno alienado en un mundo donde se ha desprestigiado la religión que tradicionalmente sirvió de cauce para tales anhelos. En este sentido, la poesía ha venido a suplantar la religión, convirtiéndose en una especie de misticismo secular cuya meta es la experiencia de epifanía cuando el poeta se siente colmado por el éxtasis de participar en una armonía cósmica. Así, la poesía de Westphalen maneja los tópicos y el léxico de la poesía mística, pero sin las connotaciones religiosas que tradicionalmente conllevan.

Sin embargo, si esta tradición se ha arraigado en el Perú, es porque, además de compartir la alienación del hombre occidental, los escritores peruanos sufren la marginación del intelectual del tercer mundo, porque —parafraseando a Carlos Germán Belli— no se encuentran en su salsa en la sociedad subdesarrollada que los rodea. A partir de los años 30 tal tradición cobra importancia porque, como se ha visto, se habían frustrado las aspiraciones y esperanzas abrigadas en la década anterior respecto de un proceso modernizante que involucrara no sólo el desarrollo material sino sobre todo una apertura de las estructuras sociales. Westphalen ha explicado su transición a la poesía como una respuesta a una crisis personal:

Varias enfermedades infecciosas habían arruinado mi capacidad de reacción física y debía hacer grandes esfuerzos para recobrarme y levantarme no sólo el ánimo sino también el cuerpo. Descubrí entonces los efectos prodigiosos que sobre mí tenía el sol: bebía, absorbía el sol en esos días como un néctar vivificante. Nunca he experimentado después esa sensación de volver a la vida que me daba el estar expuesto un largo rato al sol. Pero al desvencijamiento físico se añadía una desmoralización total; el régimen social imperante no me ofrecía perspectiva alguna de llevar una vida que consideraba vivible. En esas circunstancias lo que el sol era para mi cuerpo fue la poesía para mi espíritu [...] Algo de esa sorda lucha mía contra la muerte tengo la impresión que pudo quedar impregnada en los poemas mismos. (116-17)

Así, parece que acudió a la poesía como una especie de terapia para combatir el desánimo que le causó la situación socio-política del país. Dicho de otra manera, la poesía le permitió vivir la vida plena que le negaba su realidad personal y social.

Vista así, tal poética viene a ser una forma de resistencia clandestina al orden imperante, sea existencial o social. En efecto, la lucha del poeta por acceder a otro espacio tiene un valor paradigmático, siendo simbólica de la lucha del hombre genérico por superar sus límites y la del hombre peruano en particular por realizar su potencialidad humana en una sociedad estratificada y represiva. Como tal, no sólo refleja la indomabilidad del espíritu humano, sino que los momentos de epifanía alcanzados por el poeta ofrecen al lector el aliciente de que la vida no siempre ha de ser tan restringida como la que se le impone.

4. CÉSAR MORO O LA POESÍA COMO SUBVERSIÓN

Mientras Westphalen se mantuvo al margen del movimiento surrealista, asimilando su estética y combinándola con una conciencia de la tradición poética española para crear una obra personal, César Moro se entregó por completo al surrealismo, asumiéndolo como un estilo de vida. Detestando su ciudad natal, que bautizó con el nombre de "Lima la horrible", abandonó el Perú en 1925 y pasó la mayor parte de su vida adulta en un exilio voluntario antes de regresar a Lima para vivir sus últimos años en una marginación solitaria. Renunció a su propio nombre —Alfredo Quíspez Asín— y adoptó un seudónimo, y con la excepción de *La tortuga ecuestre* eligió escribir su obra en francés. Así, la clave para comprender su vida y obra es el rechazo de la realidad alienante impuesta por el medio y la asunción de otra realidad más auténtica identificada con la poesía.

La tortuga ecuestre, su libro más importante y el único escrito en español, data de 1938-39, aunque no se publicó hasta 1957[16]. Aquí también la mayoría de las composiciones son poemas amorosos, inspirados, según parece, por un amor homosexual, aunque van dirigidos a un personaje femenino. Más importante es que en su esencia estos poemas no se diferencian de los de Westphalen, ya que tampoco refieren una experiencia amorosa real sino los esfuerzos del poeta por recrear la imagen de una amada ausente. Otra vez la amada viene a personificar una inefable superrealidad perseguida en el acto de creación poética y, al captarla mediante la imaginación, el poeta experimenta una plenitud tan completa e intensa como la que se conoce en el amor. La amada aparece como un fantasma convocado por la imaginación del poeta para extasiarlo y transformar la existencia en un momento cualitativamente eterno:

Apareces

---

16. César Moro, *Obra poética* (Lima, Instituto Nacional de Cultura, 1980). Todas las citas corresponden a esta edición.

La vida es cierta
[…] tus pies transitan
Abriendo huellas indelebles
Donde puede leerse la historia del mundo
Y el porvenir del universo
Y ese ligarse luminoso de mi vida
A tu existencia. (58)

En "Oh furor el alba se desprende de tus labios" (55-56) la amada se manifiesta como un personaje etéreo que vuela en nubes y aliento, y cuyo ámbito es la noche, el dominio de lo irracional:

Vuelves en la nube y en el aliento
Sobre la ciudad dormida
Golpeas a mi ventana sobre el mar
A mi ventana sobre el sol y la luna
A mi ventana de nubes
A mi ventana de senos sobre frutos ácidos
Ventana de espuma y sombra
Ventana de oleaje
Sobre altas mareas vuelven los peñascos en delirio y la alucinación
        [precisa de tu frente

La ventana que da sobre el mar es símbolo del ojo interior con el que el poeta explora su propio subconsciente, un mar oscuro agitado por emociones palpitantes y que abarca la realidad entera, representada por la conjunción del sol y la luna. Atraída por su apasionado deseo de ella —una pasión tan intensa que hasta los peñascos son arrastrados por su marea— Ó, la amada surge del fondo del subconsciente para alucinarlo con su presencia.

Al llevarnos de imagen en imagen sin puntuación, el largo pasaje central crea una sensación de movimiento vertiginoso que trasmite el impacto emocional de una visión tan intensa que el poeta no puede asimilarla toda a la vez:

Sobre altas mareas tu frente y más lejos tu frente y la luna es tu frente y
[un barco sobre el mar y las adorables tortugas como soles poblando el mar y
[las algas nómadas y las que fijan soportan el oleaje y el galope de nubes
[persecutorias el ruido de las conchas las lágrimas eternas de los cocodrilos el
[paso de las ballenas la creciente del Nilo el polvo faraónico la acumulación de
[datos para calcular la velocidad del crecimiento de las uñas en los tigres
[jóvenes la preñez de la hembra del tigre el retozo de albor de los aligatores el
[veneno en copa de plata las primeras huellas humanas sobre el mundo tu rostro
[tu rostro tu rostro
        Vuelven como el caparazón divino de la tortuga difunta envuelto en luz
[de nieve

El pasaje tiene forma circular, partiendo de la "frente" de la amada para volver a su "rostro", y así da a entender que su presencia es tan intensa que su cara domina el universo entero. Se manifiesta en la luna que brilla en el cielo y en cada aspecto del paisaje marítimo, y abarca no sólo toda la realidad actual sino toda la extensión temporal, llevando al poeta hacia el pasado, por el Egipto de los Faraones, hasta el alba de la historia cuando los hombres pisaron la tierra por primera vez. En su presencia el poeta tiene la sensación de conocer la realidad total del universo en un solo instante, y experimenta una regeneración espiritual simbolizada por la resucitación de la tortuga difunta.[17]

Los versos siguientes manejan la paradoja para destacar el carácter inefable de la superrealidad representada por la amada, la cual constituye una presencia real sin manifestarse como ser de carne y hueso. El mismo humo que señala su intangibilidad atestigua su existencia, y desde la ausencia llama a la ventana del poeta sin hacer ruido:

> El humo vuelve y se acumula para crear representaciones tangibles de
> [tu presencia sin retorno
> El pelo azota el pelo vuelve no se mueve el pelo golpea sobre un tambor
> [finísimo de algas sobre un tambor de ráfaga de viento
> Bajo el cielo inerme venciendo su distancia golpeas sin sonido
> La fatalidad crece y escupe fuego y lava y sombra y humo de panoplias
> [y espadas para impedir tu paso
> Cierro los ojos y tu imagen y semejanza son el mundo
> La noche se acuesta al lado mío y empieza el diálogo al que asistes como
> [una lámpara votiva sin un murmullo parpadeando y abrasándome con una luz
> [tristísima de olvido y de casa vacía bajo la tempestad nocturna
> El día se levanta en vano
> Yo pertenezco a la sombra y envuelto en sombra yazgo sobre un lecho
> [de lumbre

Con el amanecer la realidad cotidiana empieza a imponerse nuevamente, irrumpiendo como una gran tempestad para alejar la imagen de la amada, pero el poeta consigue retenerla, cerrando los ojos para replegarse en la imaginación donde puede seguir contemplándola. La dificultad de prolongar la visión ante la embestida de la prosaica realidad se pone de relieve mediante el símil que disminuye la imagen de la amada a una pequeña lámpara votiva que parpadea tristemente en una casa fustigada por una tempestad. Sin embargo, la imaginación poética sale triunfante, porque la llama de la amada abrasa al poeta con un calor sobrenatural y baña su lecho de luz mientras dialoga con ella en las tinieblas de su mundo interior.

"El mundo ilustrado" (55) evoca otro momento de epifanía, un momento cuando, como indica el título, el mundo queda iluminado súbitamente por la aparición de la amada:

> Igual que tu ventana que no existe
> Como una sombra de mano en un instrumento fantasma
> Igual que las venas y el recorrido intenso de tu sangre

---

17. Como se verá más adelante, la tortuga es un símbolo recurrente que funciona en dos niveles. Por un lado, como una especie cuyos orígenes se remontan hasta tiempos prehistóricos, la tortuga representa lo natural frente a lo civilizado. Por otro, como una criatura marina, simboliza las maravillas que habitan el subconsciente. El símbolo encierra la idea de que, liberando las fuerzas del subconsciente, el hombre puede restablecer sus vínculos originarios con el mundo que han quedado escindidos con el desarrollo de la civilización occidental.

Con la misma igualdad con la continuidad preciosa que me asegura idealmente
    [tu existencia
A una distancia
A la distancia
A pesar de la distancia
Con tu frente y tu rostro
Y toda tu presencia sin cerrar los ojos
Y el paisaje que brota de tu presencia cuando la ciudad no era no podía
    [ser sino el reflejo inútil de tu presencia de hecatombe
Para mejor mojar las plumas de las aves
Cae esta lluvia de muy alto
Y me encierra dentro de ti a mí solo
Dentro y lejos de ti
Como un camino que se pierde en otro continente

Aquí la lluvia es a la vez el catalizador externo que desencadena la experiencia poética, y una metáfora de esa experiencia, la cual purifica y vivifica el alma. Así, los primeros versos equiparan la lluvia con una ventana que da sobre el reino inmaterial donde habita la imagen de la amada, y asemejan el ruido que hace a una mano invisible que toca un instrumento fantasma cuya música evoca el recorrido de la sangre por las venas de aquella criatura etérea. Y la persistencia con la que la lluvia sigue cayendo parece ser una garantía en el mundo real de la continuada existencia de la amada en un plano ideal. En efecto, esta lluvia caída de los cielos se parece a la gracia divina que inunda el alma del místico, pero el tono lúdico del verso 11 subvierte tal paralelismo, calificándola como una travesura de los elementos para incomodar las aves. De esta forma, se destaca que se trata de una experiencia secular sin connotaciones religiosas, aunque tenga todas las características del arrebato místico.

A pesar de la distancia que separa sus dos mundos, la amada se manifiesta al poeta con atributos físicos, siendo tan real su presencia que la ve sin cerrar los ojos. Por lo general, su existencia se manifiesta negativamente en su "presencia de hecatombe", en cuanto su ausencia crea una atmósfera estéril y sepulcral, pero ahora, con su aparición, la tierra baldía de la ciudad florece nuevamente, convirtiéndose en un bello paisaje. A diferencia de otros textos donde suele aparecer como una amante, aquí se presenta como un ser materno y protector que, al abrazar al poeta, lo envuelve hasta absorberlo en el abrigo de su vientre. La paradoja del penúltimo verso pone de relieve que se trata de una epifanía experimentada a nivel de la imaginación poética, la cual vence las barreras físicas para unirse con la amada a través del espacio. Por eso, la lluvia, metáfora de la experiencia poética, es como un camino que conduce del mundo material que él habita al "otro continente" que es el reino de la superrealidad personificada por ella

En otros textos el encuentro imaginario con la amada está referido en términos sexuales. Así, en "Un camino de tierra en medio de la tierra" (52-53), el poeta sale a perseguirla con la lascivia imperiosa del macho:

Las ramas de luz atónita poblando innumerables veces el área de tu frente
    [asaltada por olas

Asfaltada de lumbre tejida de pelo tierno y de huellas leves de fósiles de
[plantas delicadas
Ignorada del mundo bañando tus ojos y el rostro de lava verde
¡Quién vive! Apenas dormido vuelvo de más lejos a tu encuentro de
[tinieblas a paso de chacal mostrándote caracolas de espuma de
[cerveza y probables edificaciones de nácar enfangado
Vivir bajo las algas
El sueño en la tormenta sirenas como relámpagos el alba incierta un
[camino de tierra en medio de la tierra y nubes de tierra y tu frente
[se levanta como un castillo de nieve y apaga el alba y el día se
[enciende y vuelve la noche y fasces de tu pelo se interponen y
[azotan el rostro helado de la noche
Para sembrar el mar de luces moribundas
Y que las plantas carnívoras no falten de alimento
Y crezcan ojos en las playas
Y las selvas despeinadas giman como gaviotas

Los primeros versos manejan imágenes de la naturaleza para evocar la reacción instintiva y elemental de la hembra indefensa al sentirse amenazada. La sorpresa cruza la frente de la amada como la luz que atraviesa esporádicamente las ramas ondulantes de un árbol; olas de pánico la asaltan; arrugas aprensivas se muestran en su cara como leves huellas de fósiles; y la inquietud surge dentro de ella como lava. Su alarma se expresa mediante el "quién vive" del verso 4, y entonces el poeta se identifica como el causante de su sobresalto. Condenado a estar separado de ella por la realidad cotidiana del mundo diurno, vuelve ahora a buscarla en las tinieblas del sueño, y es tan urgente su deseo de poseerla que corre hacia ella tan pronto como ha cerrado los ojos. La imperiosidad de su pasión está puesta de relieve por imágenes de carácter sexual: la acecha con el hambre de un chacal rapaz; la seduce con caracolas y probables edificaciones, obvias alusiones sexuales que la invitan a la cópula; y la cerveza espumosa y el nácar enfangado asociados con sus respectivos sexos prometen un placer que sacie e intoxique, permitiéndoles conocer la belleza de una trascendencia alcanzada a través de la carne.

En la segunda mitad del texto el poeta prosigue la seducción, mediante imágenes del mar y de la selva que llevan asociaciones de emociones elementales. Propone la unión sexual, invitando a la amada a sumergirse con él en el fondo del océano para sembrar el mar con las luces moribundas de la pasión consumada y para alimentar las plantas carnívoras del deseo. En el verso 6 una rápida serie de imágenes trasmite el frenesí del deseo, precipitándonos por las diversas etapas de la experiencia sexual: los relámpagos y el alba incierta son métaforas de la urgencia de una pasión que no encuentra salida; el camino de tierra es el camino de los instintos que conduce a la amada, pero como un castillo inexpugnable ella resiste, apagando con su frialdad la anticipada alba del amor; luego se ablanda y el día se enciende cuando los amantes se juntan y, aunque vuelve a oscurecer a medida que su pasión se extingue, el calor de la amada sigue amparando al poeta contra la noche helada. Finalmente, los últimos versos expresan la consumación del amor mediante las imágenes de las playas con los ojos desorbitados y de las selvas despeinadas que gimen, imágenes que no sólo traducen el éxtasis de los amantes sino que sugieren que el trasporte sexual ocasiona un éxtasis cósmico.

Conviene recordar que la vivencia referida en el texto se realiza en la imaginación y que la amada personifica una superrealidad captada en el momento de la inspiración poética. Se da a entender, en efecto, que la poesía proporciona epifanías análogas al orgasmo sexual, epifanías que —como sugieren las recurrentes imágenes de la naturaleza— entablan una integración del poeta con el cosmos. Además, el título despoja tal superrealidad de toda connotación sobrenatural, insistiendo que constituye una dimensión de la existencia terrestre, de manera que entregarse a la poesía no significa una evasión de la realidad sino una manera de vivirla más intensamente.

***

Como señalamos arriba, la vida y obra de Moro se basan en el repudio de la realidad alienante impuesta por el medio y la asunción de otra realidad más auténtica identificada con la poesía. Conviene destacar, sin embargo, que la realidad rechazada no es sólo la del Perú, sino la de occidente en general. Un texto revelador es "Biografía peruana", donde Moro denuncia la catástrofe humana que el imperialismo europeo ha significado para su país.[18] Celebra la extraordinaria belleza del paisaje peruano y los esplendores de las civilizaciones precolombinas, lamentando la manera en que ese paraíso terrestre ha sido devastado por la codicia de los conquistadores y sus herederos:

> Bajo la luz más punzante, más cargada de inmanencia que conozco, siempre sobre el punto y la punta de la revelación, ¡maravillosa comarca entre las manos ávidas y ciegas de los descendientes de los paracaidistas de la conquista!

Desde entonces ha quedado rota la relación mágico-religiosa del hombre con el mundo natural:

> ...la panaca del maíz, la espiga *de oro* del trigo temblaban bajo la luna-madre, en el frío nocturno de la villa imperial, cargadas de un sentido hoy día perdido ...

Y con la progresiva incorporación del país a la economía occidental, el Perú ha ido sacrificando su idiosincrasia nacional en aras de un irrisorio progreso material:

> Poco a poco el Perú entra en la gran vida estandarizada, hace siglos que esta integración se cumple para, naturalmente, no dar nada en cambio.

Los últimos párrafos del texto oponen dos maneras de relacionarse con el mundo. Mientras el hombre precolombino vivía en íntima comunión con el espíritu del cosmos, el hombre occidental ha creado un mundo artificial que lo ha alejado de la realidad esencial y hoy día los únicos que tienen acceso a esa realidad son los poetas:

---

18.   En César Moro, *La tortuga ecuestre y otros textos* (Caracas, Monte Avila, 1976), pp. 9 - 14.

Es para preguntarse con angustia si tales tesoros anímicos van a perderse o están ya perdidos definitivamente. Si nada subsistirá de ese pasado mirífico, si nosotros deberemos continuar siempre volviendo la cabeza de la zarza ardiente para echarnos en pleno en la banalidad occidental. Todo nuestro Oriente perdido!

Inmensa perla que ruedas mutilada y sangrante sobre un país sordo y ciego, tú continúas siendo el punto de mira, el tesoro aéreo de los poetas exilados en sus tierras de tesoros. Tú maculas de tu sangre el progreso grotesco y la jactancia oficial, así como la farsa lamentable de aquellos que en tu nombre hacen un arte ortopédico. Tú abres tu paradigma y tu paraíso. Cada tarde yo espero bajo tu cielo el pasaje anunciador del coraquenque, de pareja alada dejando caer las plumas catastróficas. Tú nos perteneces al pasado, en el dominio del sueño y de las superestructuras formando el alma colectiva y el mito.

Yo te saludo fuerza desaparecida de la que tomo la sombra por la realidad. Y acribillo la proa por la sombra. Yo no saludo sino a ti, gran sombra extranjera al país que me vio nacer. Tú no le perteneces más, tu dominio es más vasto, tú habitas el corazón de los poetas, tú bañas las alas de los párpados feroces de la imaginación.

En este texto la experiencia peruana viene a ser paradigmática de la historia de la civilización occidental, que ha empobrecido la vida a medida que ha ido dominando el mundo. Por eso, en una de sus cartas, Moro rechaza la llamada "realidad" de occidente, donde el capitalismo y el marxismo —dos sistemas igualmente materialistas— compiten uno con otro para deshumanizar a los hombres:

¿Cómo no seguir en los sitios de peligro donde no caben ni salvación ni regreso? Tanto peor si la "realidad" vence una vez y otra y convence a los eternos convencidos trayendo entre los brazos verdaderos despojos: el hierro y el cemento o la hoz y el martillo como argumentos definitivos para justificar la prodigiosa bestialización de la vida humana.
Ese mundo no es el nuestro. (21)

En efecto, Moro cuestiona el modelo de la modernidad que el Perú pretendía adoptar y que tanto sedujo a sus coetáneos, y plantea en cambio la necesidad de buscar una nueva manera de relacionarse con el mundo que restaure la salud espiritual del hombre. Por eso, siendo el Perú un mero satélite del imperialismo occidental, no bastaba cuestionar el proceso peruano, sino que era necesario atacar la base misma de la cultura de occidente. Es así como se explica la militancia de Moro en las filas del surrealismo, primero en Francia (1925-34) y luego en México (1938-48). Porque el proyecto superrealista fue precisamente nada menos que el de subvertir la tradición racionalista y materialista de occidente para efectuar la liberación espiritual del hombre occidental.

Este proyecto tenía un antecedente en el Perú, como hemos visto, ya que en *Trilce* (1922) César Vallejo también había cuestionado la tradición occidental y emprendido la búsqueda de otra manera de relacionarse con el mundo. Convencido, como Vallejo y como sus compañeros surrealistas, de la necesidad de deshacerse de los hábitos del pensamiento racionalista, Moro adopta como emblema de su poética la persona del loco en "A vista perdida" (53-54), un poema donde la enumeración caótica, la falta de puntuación y las desconcertantes imágenes surrealistas crean una impresión general de incoherencia muy apropiada al tema de la locura:

> No renunciaré jamás al lujo insolente al desenfreno suntuoso de pelos
> [como fasces finísimas colgadas de cuerdas y de sables
> Los paisajes de la saliva inmensos y con pequeños cañones de
> [plumafuentes
> El tornasol violento de la saliva
> La palabra designando el objeto propuesto por su contrario
> El árbol como una lamparilla mínima
> La pérdida de las facultades y la adquisición de la demencia
> El lenguaje afásico y sus perspectivas embriagadoras
> La logoclonia el tic la rabia el bostezo interminable
> La estereotipia el pensamiento prolijo

El poema es una profesión de fe. El título da a entender que lo que la sociedad tiene por locura es en realidad el vehículo para descubrir el mundo oculto que el ojo no puede ver, los paisajes maravillosos situados más allá de los límites de nuestras facultades racionales, una superrealidad que sólo puede ser alcanzada dando rienda suelta a la irracionalidad. Renunciando a la razón, el poeta ostenta los pelos despeinados del loco como un emblema de distinción aristocrática, y se deleita con los paisajes infinitos que se revelan al demente babeante. Porque, como un tornasol, la mente trastornada persigue la verdad vivificante con una implacabilidad obsesiva y, con su propia lógica flexible, es capaz de cambiar de dirección para alcanzarla. Denomina objetos con el nombre de su contrario, porque percibe una unidad oculta por debajo de las aparentes divisiones y contradicciones de la vida, y ve una lamparilla donde otros ven un árbol, porque para ella las cosas no son lo que parecen sino lo que la imaginación quiere hacerlas. La afasia, la pérdida del habla que a menudo afecta a los dementes, es en realidad más elocuente que las palabras, porque es la única respuesta adecuada a visiones tan embriagadoras que la maravilla que provocan sólo puede ser expresada debidamente por el asombro callado. Así, para Moro la locura no es una enfermedad como se cree vulgarmente sino un estado privilegiado, y la sección central del poema consiste en un largo elogio del estupor, el rapto ocasionado por el espectáculo de la superrealidad en la cual se convierte el mundo cotidiano cuando se lo mira con ojos librados de las anteojeras de la razón. El texto termina, como había empezado, con un ensalzamiento delirante de la locura:

> El grandioso crepúsculo boreal del pensamiento esquizofrénico
> La sublime interpretación delirante de la realidad
> No renunciaré jamás al lujo primordial de tus caídas vertiginosas oh
> [locura de diamante

Porque las regiones tenebrosas de lo irracional son alumbradas por la aurora boreal de una superrealidad, y lo sublime se revela a la visión desordenada de la mente que se ha emancipado del dominio de la razón. Por eso, Moro jura no renunciar nunca al culto de la locura que le otorga tan ricos tesoros espirituales.

Dados los sentimientos expresados en este poema, no sorprende que Moro haya admirado a Ludwig II de Baviera, uno de los excéntricos más famosos de la historia. En "La vida escandalosa de César Moro" (66-67) se siente atraído por la tumba del rey en una especie de peregrinaje espiritual:

> Mi amigo el rey me acerca al lado de su tumba real y real
> Donde Wagner hace la guardia a la puerta con la fidelidad
> Del can royendo el hueso de la gloria
> Mientras lluvias intermitentes y divinamente funestas
> Corroen el peinado de tranvía aéreo de los hipocampos relapsos
> Y homicidas transitando la terraza sublime de las apariciones
> En el bosque solemne carnívoro y bituminoso
> Donde los raros pasantes se embriagan los ojos abiertos
> Debajo de grandes catapultas y cabezas elefantinas de carneros
> Suspendidos según el gusto de la Babilonia o del Transtévere

Ludwig es conocido como el mecenas de Wagner y como el creador de palacios extravagantes que hizo construir a orillas del Rin. Parece que Moro tenía poca afición a Wagner, quien en sus relaciones con su mecenas se mostró desvergonzadamente mercenario y materialista. En cambio, sentía mucha simpatía por el excéntrico Ludwig, quien vivió en un mundo privado de la fantasía y convirtió sus sueños en realidad patrocinando la obra de Wagner y construyendo sus castillos. Por lo tanto, Moro estima que el mecenas —y no el artista— fue el verdadero genio. A su modo de ver, la gloria de la que goza Wagner no es sino el reflejo de la de Ludwig, y por eso presenta irónicamente al compositor como una efigie en la tumba del rey, un pequeño perro que vigila los restos de su amo y roe el hueso de la gloria que éste le ha tirado. En cambio, Ludwig, quien vivió la fantasía como realidad, es venerado por el poeta como un antepasado espiritual.

El peregrinaje a la tumba de Ludwig se efectúa simbólicamente en la forma de un descenso al fondo del subconsciente. En el paisaje fantástico que rodea la tumba se encuentra "la terraza sublime de las apariciones" donde se manifiestan las maravillas que surgen del subconsciente. Los hipocampos relapsos y homicidas que la rondan simbolizan la corrupción de lo elemental por la civilización occidental y la hostilidad de ésta a lo irracional, pero caen allí lluvias que los acometen y regeneran el alma, purificándola de la contaminación del materialismo imperante. El paisaje fantástico del subconsciente está presentado como un lugar oscuro y aterrador cargado de peligros, un bosque lleno de símbolos espantosos. Porque es así como la tradición racionalista nos ha condicionado a conceptuarlo. Pero para Moro el subconsciente significa lo que significa el campo para Fray Luis de León en "Vida retirada". Como los "pocos sabios/que en el mundo han sido" de quienes habla el místico español, los "raros pasantes" que entran allí descubren el secreto de la vida auténtica y, los ojos abiertos por primera vez, vagan embriagados por las visiones maravillosas que contemplan.

En los últimos versos del poema el peregrinaje a la tumba de Ludwig, realizado simbólicamente en el fondo del subconsciente, termina en un momento triunfante de epifanía:

> El viento se levanta sobre la tumba real
> Luis II de Bavaria despierta entre los escombros del mundo

Y sale a visitarme trayendo a través del bosque circundante
Un tigre moribundo
Los árboles vuelan a ser semillas y el bosque desaparece
Y se cubre de niebla rastrera
Miríadas de insectos ahora en libertad ensordecen el aire
Al paso de los dos más hermosos tigres del mundo (67)

Un viento apocalíptico barre un mundo reducido a ruinas y, levantándose de la tumba, Ludwig se acerca al poeta llevando un tigre moribundo, símbolo de una armonía natural destruida casi totalmente por nuestra civilización y del espíritu humano atrofiado por la razón. En ese momento la historia resulta abolida, el mundo vuelve a sus orígenes primitivos, y el zumbido ensordecedor de los insectos que pululan sobre ciénagas prehistóricas celebra la liberación de restricciones antinaturales y la restauración de la unidad original.Las almas gemelas de Ludwig y Moro se juntan en una comunión espiritual y, recuperando su entereza y su armonía con el medio, andan majestuosamente por el mundo en la forma de dos tigres hermosos. Así, la experiencia poética repara la escisión entre el hombre y el universo y, aunque sólo sea momentáneamente, otorga al poeta la alegría infinita de sentirse en armonía con un mundo unificado.

Mientras Westphalen se contenta con cultivar la poesía de espaldas a la sociedad, Moro, como Vallejo y los demás surrealistas, conceptúa la poesía como una actividad subversiva dedicada a la destrucción de los valores establecidos y a la liberación espiritual del hombre. El loco de "A vista perdida" maneja "pequeños cañones plumafuentes" para disparar tinta sobre la gente, y esta imagen establece un paralelismo entre la conducta irreverente y escandalosa del loco y la actividad del poeta, quien también maneja la pluma para cultivar una poesía de lo irracional y hacer la guerra a los valores convencionales. Asimismo, "La vida escandalosa de César Moro" expresa la resolución del poeta de imitar el ejemplo del excéntrico Ludwig II y llevar una vida dictada, no por la razón ni la convención, sino por sus propios impulsos interiores, un estilo de vida que, como indica el título, escandalizará la sociedad burguesa. En el mismo poema, al expresar su deseo de abandonarse a las fuerzas irracionales y perderse en el reino del subconsciente, Moro evoca un cuadro de destrucción en el cual el hombre está atormentado por una visión apocalíptica:

Dispérsame en el vuelo de los caballos migratorios
En el aluvión de escorias coronando el volcán longevo del día
En la visión aterradora que persigue al hombre al acercarse la hora
[entre todas pasmosa del mediodía
Cuando las bailarinas hirvientes están a punto de ser decapitadas
Y el hombre palidece en la sospecha pavorosa de la aparición
[definitiva trayendo entre los dientes el oráculo legible como
[sigue:"Una navaja sobre un caldero atraviesa un cepillo de cerdas
[de dimensión ultrasensible; a la proximidad del día las cerdas se
[alargan hasta tocar el crepúsculo; cuando la noche se acerca las
[cerdas se trasforman en una lechería de apariencia modesta y
[campesina. Sobre la navaja vuela un halcón devorando un enigma
[en forma de condensación de vapor; a veces es un cesto colmado
de [ojos de animales y de cartas de amor llenas con una sola letra;

[otras veces un perro laborioso devora una cabaña iluminada por
[dentro. La obscuridad envolvente puede interpretarse como una
[ausencia de pensamiento provocada por la proximidad invisible de
[un estanque subterráneo, habitado por tortugas de primera
magnitud". (66-67)

Después de una serie de imágenes incongruentes, el oráculo anuncia al hombre "una obs-
curidad envolvente" que sume al mundo en la noche de la irracionalidad y de la cual los
agentes son "tortugas de primera magnitud", que representan las fuerzas del subconsciente
que provocan "una ausencia de pensamiento", la extinción de la razón.Parece que Moro
quiere insinuar así que cada experiencia poética, cada descenso al subconsciente, tiene el
efecto de anular el mundo racional, aunque sólo sea brevemente, y que, socavando los
valores en que nuestra civilización está basada, anticipa y prepara la eventual aniquilación
total de esa civilización.

Así, "Visión de pianos apolillados cayendo en ruinas" (51), el poema liminar del libro,
es una visión profética del derrumbe del orden occidental:

El incesto representado por un señor de levita
Recibe las felicitaciones del viento caliente del incesto
Una rosa fatigada soporta un cadáver de pájaro
Pájaro de plomo dónde tienes el cesto del canto
5   Y las provisiones para tu cría de serpientes de reloj
Cuando acabes de estar muerto serás una brújula borracha
Un cabestro sobre el lecho esperando un caballero moribundo de las islas
[del pacífico que navega en una tortuga musical divina y cretina
Serás un mausoleo a las víctimas de la peste o un equilibrio pasajero entre
[dos trenes que chocan
Mientras la plaza se llena de humo y de paja y llueve algodón arroz agua
[cebollas y vestigios de alta arqueología
10   Una sartén dorada con un retrato de mi madre
Un banco de césped con tres estatuas de carbón
Ocho cuartillas de papel manuscritas en alemán
Algunos días de la semana en cartón con la nariz azul
Pelo de barba de diferentes presidentes de la república del Perú clavándose
[como flechas de piedra en la calzada y produciendo un patriotismo
[violento en los enfermos de la vejiga
15   Serás un volcán minúsculo más bello que tres perros sedientos haciéndose
[reverencias y recomendaciones sobre la manera de hacer crecer el
[trigo en pianos fuera de uso

La primera parte del texto opone dos tipos de artista. Por un lado, el poeta consagrado está
representado como un burgués vestido de levita que lleva relaciones incestuosas con el
público, vanagloriándose en los aplausos de una sociedad que lo halaga por adularla. En
sus manos la poesía ha degenerado en una versificación trillada en la que imágenes gasta-
das (la rosa marchita) sostienen versos que, como el cadáver de un pájaro, han perdido la
facultad de cantar. En efecto, la poesía occidental se ha convertido en un "pájaro de plo-

mo", una poesía tan falsa y artificial como la sociedad materialista de la que forma parte, y sólo es capaz de producir "serpientes de reloj", obras corrompidas y sin trascendencia que contienen dentro de sí el germen de su propia caducidad. Por eso, la pregunta de los versos 4 y 5 le reprocha sarcásticamente el haber extraviado el cesto del canto que da vida a la poesía y la hace perdurar. Por contraste, el verso 7 representa al verdadero artista como una especie de caballero errante, un alma noble y libre que anda en pos de ideales sublimes. Repudiando los valores de la sociedad, vive exilado al margen de ella, y se le califica de "moribundo", quizás porque el orden social le niega el "cesto del canto", el alimento espiritual que su alma requiere para subsistir. No obstante, dado que las referencias a las islas del Pacífico y a la tortuga evocan las Galápagos, un mundo prehistórico no tocado por la civilización, se da a entender que el poeta es el único que todavía conserva contacto con la realidad esencial.Su actividad poética está representada como una exploración del océano, símbolo del subconsciente, y el corcel que lo lleva por ese mundo es la tortuga ecuestre que da el título al libro, una criatura marina que simboliza las fuerzas del subconsciente que son el vehículo de la aventura poética. La antítesis "divina y cretina" no es sino aparente, porque la tortuga posee facultades sobrehumanas precisamente porque su razón no está desarrollada, y a diferencia del "pájaro de plomo" tiene el don de la música, siendo capaz de captar la sublime armonía de lo superreal.

Desde su marginación Moro anuncia la próxima agonía mortal de esa falsa poesía practicada por los poetas occidentales, la cual ha de coincidir con el colapso del orden social del cual es portavoz. En los versos 9-14 se relame figurándose el cataclismo como un enorme incendio donde se guisará un gran estofado, cuyos ingredientes serán no solamente arroz y agua y cebollas sino también todo lo detestable de la civilización occidental: el culto del aseo doméstico practicado por su madre; la domesticación de la naturaleza simbolizada por el parque urbano; la fosilización de la vida representada por la pedantería académica; la manía clasificadora que da categoría especial a ciertos días de la semana; el nacionalismo agresivo predicado por políticos militaristas para manipular a los débiles. La imagen de la "brújula borracha" (v. 6) da a entender que, con la desintegración de ese mundo aparentemente tan estable, la poesía de occidente ha de dejar de expresar las antiguas certezas para reflejar la desorientación de una sociedad en crisis. Sobrevivirá como monumento a la pestilencia que fue la civilización occidental o, a lo más, proporcionará un fugaz consuelo a los que sufren el trauma de la desintegración de esa civilización.

El irónico verso final equipara con perros de circo a los "sabios" de las academias que discuten medios de renovar una cultura occidental irremediablemente moribunda, e insinúa que el inevitable fin de esa cultura ha de manifestarse en su poesía, que, al estallar como un "volcán minúsculo", reflejará el desmoronamiento de la ética racionalista. Y los versos 6-7 sugieren que, al atestiguar la derrota del racionalismo, señalará el fin del exilio del verdadero artista, proporcionándole un cabestro donde atar su corcel y un lecho donde por fin podrá estar a sus anchas al ver el triunfo de su solitaria cruzada.

Por contraste con el agresivo optimismo del poema liminar, "Varios leones al crepúsculo lamen la corteza rugosa de la tortuga ecuestre" (67-69) cierra el libro con una nota más sombría al evocar la inexorable expansión del imperialismo occidental:

> En la desaparición de los malgaches
> en la desaparición de los mandarines de tela metálica fresca
> en la construción de granjas-modelo para gallinas elefantinas

en el renacimiento de la sospecha de una columna abierta al mediodía
5   en el agua telefónica con alambres de naranja y de entrepierna
en el alveolo sordo y ciego con canastas de fruta y pirámides encinta
        [gruesas como alfileres de cabeza negra
en la sombra rápida de un halcón de antaño perdido en los pliegues
        [fríos bajo un pálido sol de salamandras de alguna tapicería fúnebre
en el rincón más hermético de una superficie accidentada como el
        [rostro de la luna
en la espuma de la rabia del sol anochecido en el beso negro de la
        [histeria
10   en el lenguaje de albor de los idiotas o en el vuelo impecable de una
        [ostra desplazándose de su palacio de invierno a su palacio de
        [verano
entre colchones de algas ninfómanas y corales demente- precoces y
        [peces libres como el viento empecinado golpeando mi cabeza
        [nictálope

A medida que se impone, la cultura occidental va reduciendo el mundo a la uniformidad, aniquilando las culturas autóctonas representadas por los malgaches y los mandarines. El emblema de esa cultura tecnológica y de la perversión de lo natural que acarrea son las gallinas monstruosas criadas en las granjas-modelo del verso 3. El verso 7 pone de relieve el empobrecimiento del mundo causado por esta imposición de los valores culturales de occidente. La imagen de la "sombra rápida" trasmite el poder majestuoso del halcón que se lanza sobre su presa, y la del "sol de salamandras" evoca las grandes civilizaciones precolombinas de América, pero el halcón está fijado inmóvil en una tapicería bajo un sol que se ha vuelto pálido. Así se da a entender que en el mundo moderno sólo las piezas de museo quedan para recordarnos que hubo una época cuando los hombres vivieron en armonía con la naturaleza.

Dentro de este panorama las imágenes del hueco oscuro sugerido por el alveolo sordo y ciego del verso 6 y del rincón hermético del verso 8 insinúan que lo instintivo se ha visto obligado a retirarse ante el avance inexorable del racionalismo, que el último refugio de lo instintivo es el mundo interior del artista. Como en otros textos, la locura y el mar son aquí metáforas del subconsciente (vv. 10-11). Allí, como en la lengua de los idiotas, se da expresión a la verdad pura de lo irracional; allí se disfruta no sólo de la libertad natural de los peces, sino de una liberación de todo límite, una liberación representada por las ostras que, superando su inmovilidad innata, vuelan de una parte del océano a otra como reyes que mudan de residencia; allí se conoce la plenitud simbolizada por el lecho de amor formado por las algas que se mecen con gestos que se parecen a las caricias de ninfómanas y por los corales que construyen con la pasión febril de adolescentes; y allí también el poeta, su "cabeza nictálope" estimulada por los vientos de la pasión, percibe en la oscuridad verdades vivificadoras inaccesibles a la razón. Desgraciadamente, la postura del poeta despierta una reacción antagónica de parte de una sociedad basada en valores racionalistas y materialistas. En este texto, como en toda la obra de Moro, la antítesis día/noche corresponde a la oposición entre lo racional y lo irracional, y la imagen de la puesta del sol del verso 9 —donde el sol espumajea de rabia al ser envuelto por la oscuridad de la histeria y la locura— evoca el horror que experimenta la razón ante la irracionalidad, y sugiere que la actividad del poeta ha de suscitar la hostilidad de una sociedad que se siente amenazada por su culto de lo irracional. Por eso, en el título, la tortuga ecuestre, símbolo de las fuerzas del subconsciente que son el vehículo de la aventura poética, se encoge a la defensiva dentro de su caparazón ante la atención de los leones, los cuales representan el desconcierto y la potencial reacción violenta del orden dominante ante este ser extraño que es el poeta.

Sin embargo, el último verso del poema evoca la imagen de la amada, personificación de una superrealidad que alumbra el irracional mundo nocturno que es reino de la poesía:

> Una caballera desnuda flameante en la noche al mediodía en el sitio en
> [que invariablemente escupo cuando se aproxima el Angelus

Tales visiones le dan fuerzas para enfrentarse con la sociedad occidental y sus odiados valores, la razón simbolizada por el sol que al mediodía llega a su cenit, y la religión cristiana, representada por el Angelus ante el cual escupe con desdén. Así se da a entender que el poeta representa la última línea de resistencia frente al avance inexorable de la civilización occidental y sus valores deshumanizadores, y al terminar el libro con este gesto de desafío Moro se muestra dispuesto a seguir librando una solitaria campaña subversiva por una vida más auténtica.

III

PUROS E IMPUROS: POETAS DE LOS AÑOS 40 Y 50

1.   MARTÍN ADÁN, EXPLORADOR DE EXTRAMARES

Como ha señalado Alberto Escobar, los años 40 y 50 constituyen una etapa distintiva en la historia de la poesía peruana:[1]

> ...por primera vez, las promociones de esos años se hallan en la condición de *usuarios de una tradición*, de un juego de actitudes frente a la realidad y la lengua, y de una gama de sistemas de expresión que les son transferidas por los escritores que participaron en la definición [...] de la tradición poética contemporánea en el Perú.

Más que innovar, los poetas aparecidos en estos años aprovechan y consolidan las innovaciones de la generación vanguardista. No se trata de un defecto. Al contrario, en ello consiste el aporte de esta generación al desarrollo de la poesía peruana, porque en la historia cultural de un país hay momentos en que la consolidación es más importante que la innovación. En los años 40 y 50 la poesía peruana adquiere por primera vez una base sólida, porque mientras los avances vanguardistas fueron obra de unos pocos individuos de gran talento, estos años vieron la aparición de toda una generación de poetas de alta categoría, con los cuales la poesía peruana llegó a ser quizá la más rica de toda Latinoamérica. Además, consolidación no significa necesariamente conservadurismo. El hecho de que esta generación obrase dentro de una tradición ya establecida no impide que Carlos Germán Belli produzca una de las obras más originales de la poesía latinoamericana de tiempos recientes, ni que Jorge Eduardo Eielson y Alejandro Romualdo ensayen experimentos formales, ni que Pablo Guevara anticipe y prepare el camino para los poetas jóvenes de los años 60 y 70, ni que Javier Sologuren y Blanca Varela evolucionen, adaptándose al nuevo clima intelectual de los años 60 y 70 y produciendo su mejor poesía en esos años. Si la poesía de los poetas de los años 40 y 50 representa una consolidación de los avances de los vanguardistas, también demuestra un dinamismo que apunta hacia el futuro.

La tendencia predominante de los años 40 fue una llamada "poesía pura", una poética que da la espalda a la realidad circundante para refugiarse en el mundo atemporal de la literatura. Se trata, en efecto, de una versión de la poética iniciada por Eguren y practicada por Westphalen y Moro, la cual, como se ha visto, conceptúa la vocación literaria como un estilo de vida alternativo que acarrea el repudio del mundo circundante y de los valores imperantes y conceptúa la experiencia poética como un medio de acceder a otro espacio donde la vida alcanza una plenitud desconocida en el mundo cotidiano. Como en el caso de los poetas susodichos, esa poética puede ser interpretada como una respuesta a la alie-

---

1.   Alberto Escobar, ed., *Antología de la poesía peruana* (Lima, Peisa, 1973), I, p. 15.

nación existencial del hombre occidental, por un lado, y, por otro, a la insatisfacción del intelectual peruano ante la realidad socio-política del país.

El poeta más importante de esos años y el mayor representante de la "poesía pura" fue Martín Adán. Cronológicamente pertenece a la generación vanguardista, porque se dio a conocer como escritor a fines de los años 20 y sus primeras poesías, como su novela *La casa de cartón* (1929), fueron escritas en el estilo vanguardista. Pero con él se inicia la etapa posvanguardista, ya que posteriormente abandonó su poética juvenil a favor de una poesía que, aunque explota técnicas modernas, se basa en la disciplina y en un respeto por la tradición. No obstante, la postura artística a la cual Adán hubo de permanecer fiel está articulada en esa novela de su juventud, un "retrato del artista" donde el protagonista se retira del mundo de los hombres para vivir en el único mundo donde se siente a gusto, el mundo de la literatura, el mundo contenido dentro de las cubiertas del libro, la casa de cartón del título. En efecto, Adán dio la espalda a la sociedad para asumir íntegramente su vocación de poeta y, renunciando a su nombre propio (Rafael de la Fuente Benavides), adoptó un seudónimo en un gesto simbólico de su rechazo de una realidad por otra. De carácter neomístico, su poética conceptúa la poesía como una actividad solitaria dedicada a la búsqueda de una realidad que trascienda las limitaciones del mundo cotidiano y contingente, de manera que la experiencia poética se convierte en un medio para trasportar al poeta —y al lector— a otro nivel de la realidad donde la vida se vive más intensa y armoniosamente[2]. Así el título metafórico de su libro más importante, *Travesía de extramares,* define la poesía como un solitario viaje de exploración de los incógnitos territorios de la imaginación en busca de un inefable absoluto[3].

El momento de epifanía que es la meta de esta poética está celebrado en "Senza tempo. Affrettando ad libitum" (132), poema que representa un intento de lograr lo que el poeta mismo tiene por imposible —captar esa experiencia inefable en sus versos:

> Quo non adveniam?
> JUVENAL

> Cette morte apparent, en qui revient la vie,
> Frémit, rouvre les yeux, m'illumine et me morde
> VALERY

> — ¡Mi estupor… ¡quédateme… quedo… cada
> Instante!… ¡mi agnición… porque me pasmo!…
> ¡Mi epifanía! … cegóme orgasmo!…
> ¡Vaciedad de mi pecho desbordada!…

> —¡Básteme infinidad de mi emanada…
> Catástasis allende el metaplasmo!…
> ¡Que no conciba… yo el que me despasmo…

---

2. Además de los factores generales que explican esta poética, en el caso de Adán se puede relacionar con su situación personal como miembro de una distinguida familia venida a menos como resultado de los cambios sociales.

3. Aunque este libro no fue publicado hasta 1950, gran parte de los poemas habían aparecido antes en revistas y periódicos y en 1946 ganó el Premio Nacional de Poesía. Véase Martín Adán, *Obra poética*, ed. Ricardo Silva Santisteban (Lima, Edubanco, 1980). Todas las citas corresponden a esta edición.

Entelequia... testigo de mi nada!...
— ¿Mi éxtasi... estáteme!... ¡inste ostento
Que no instó en este instante!... ¡tú consistas
En mí, o seas dios que se me añade!...

— ¡Divina vanidad... donde me ausento
De aquel que en vano estoy... donde me distas,
Yo alguno!... ¡dúrame, Mi Eternidade!

Dos constantes del estilo de Adán saltan a la vista enseguida. En primer lugar, recursos conceptistas (vv. 2-4, 12-14) que sirven, como en la poesía mística, para expresar una experiencia trascendental que confunde nuestro acostumbrado modo de pensar. En segundo lugar, arcaísmos y palabras insólitas (agnición, catástasis, metaplasmo, entelequia) que comunican por su rareza el carácter extraordinario de esa experiencia y la dotan de una solemnidad apropiada. La predilección de Adán por la disciplina rigurosa del soneto tradicional es síntoma de un deseo de encerrar la emoción poética dentro de una forma de perfección clásica. El soneto presta un orden artístico al delirio poético y fija este momento fugaz a la manera de las figuras de la urna griega de Keats. Pero al mismo tiempo Adán logra comunicar el dinamismo de la experiencia poética y el delirio que provoca. Como señala el título —o, mejor dicho, la consigna que Adán, a la manera de los compositores musicales, pone a la cabeza del poema para guiarnos en la lectura—, este poema es una paradoja en cuanto se trata de un soneto sin un ritmo regular. Esta irregularidad rítmica crea un efecto de frenesí. El poema aparece como una serie de estallidos verbales, exclamaciones balbucientes arrancadas del poeta por el impacto emocional de esta experiencia. La aliteración y el encabalgamiento dan una sensación de urgencia (vv. 1-2), y esta urgencia se redobla en el primer terceto (vv. 9 -10), en el momento en que la experiencia llega a su clímax y empieza a decaer. Además, la advertencia de que se puede acelerar el poema a voluntad invita al lector a revivir la experiencia del poeta, a dejarse llevar por la emoción poética y a recrear el poema de la misma manera que un músico de jazz improvisa a base de una partitura. De este modo Adán logra la hazaña extraordinaria de encerrar el desorden dentro de una forma simétrica y el movimiento dentro de una estructura rígida.

Los epígrafes anuncian que éste va a ser un poema de epifanía, ya que las palabras de Juvenal sugieren una liberación de todo límite y las de Valéry una especie de muerte que da vida. El poema mismo empieza con un grito de asombro ante esta experiencia maravillosa. Luego una aliteración de *k* y *d* convierte en un balbuceo el primer verso donde el poeta pide con vehemencia que cada instante de su éxtasis se prolongue. El resto de la primera estrofa consta de una serie de paradojas: el poeta descubre su identidad auténtica ("agnición" es un término dramático que significa el reconocimiento de una persona cuya calidad se ignoraba), llegando al conocimiento de sí al perder conciencia en un pasmo místico; una armonía inefable se le manifiesta visiblemente en una epifanía al mismo tiempo que experimenta un orgasmo que le ciega; se siente purgado y colmado a la vez.

El poeta quiere contentarse con esta experiencia de liberación espiritual, esta sensación de que su alma ha emanado de él y anda libre por el infinito. Porque este momento representa el apogeo de su existencia ("catástasis" es un término retórico que señala el punto culminante del argumento de un drama, tragedia o poema épico) y trasciende la capacidad del lenguaje para expresarlo ("metaplasmo" es el nombre genérico de las figuras de dicción). Quiere contentarse con la experiencia misma sin sentir la necesidad de comprenderla intelectualmente. Quiere resistir la tentación a formular esta experiencia en conceptos, porque concebir pensamientos sería concebir el agente que la deshaga, sería devolverse de este desmayo místico a la realidad consciente. Quiere evitar todo lo que pueda disipar su éxtasis, porque representa la realización de su potencialidad ("entelequia" es un término filosófico para indicar la existencia realizada en contraste con la existencia meramente potencial) y pone de relieve la inautenticidad de su existencia cotidiana.

Las aliteraciones y el encabalgamiento del primer terceto crean el efecto de una súplica insistente. Al sentir que su éxtasis empieza a desvanecerse, el poeta ruega que esta experiencia prodigiosa (ostento) se quede, que se imponga con una insistencia que no mostró en el momento de manifestarse. No le importa el origen de su éxtasis, sea inspirado por Dios o generado por él mismo, sea algo fundado en su propio ser y que florece dentro de él o sea la deidad venida desde fuera para colmarle. Lo único que le interesa es que se quede para que siga gozando de él.

La última estrofa se basa en la paradoja. Durante un momento supremo el poeta trasciende la vanidad de su condición humana y se siente remoto de su ser terrestre, tan remoto que puede invocarse como "Yo alguno", algún desconocido indistinguible de la masa humana. Pero al sentir que la experiencia se desvanece, se da cuenta de que esta sensación de divinidad también es una ilusión vana y, en una última invocación desesperada, pide que este momento eterno perdure. La paradoja de esta invocación final subraya el carácter paradójico de la experiencia poética, una experiencia que es eterna por su calidad pero no por su duración. Después de escalar las alturas del éxtasis, el poeta se ve obligado a bajar a la tierra otra vez.

Es significativo que *Travesía de extramares* conste enteramente de sonetos, porque Adán sitúa su poesía en el contexto de una tradición establecida que continúa y renueva. Así por ejemplo, "Dolce affogato" (138) relabora una metáfora del papel del poeta que se remonta hasta la antigüedad griega. Platón, en su *Ion,* habla de los poetas como seres alados que "liban sus versos en fuentes de miel, en ciertos jardines y valles de las Musas, para traérnoslos a la manera en que lo hacen las abejas".[4] Aquí, en la primera estrofa, el éxtasis de la inspiración poética está conceptuado como la miel que sacia la sed de lo trascendente, pero como el poeta no ha logrado realizar sus ideales, su sed queda insatisfecha:

> —¿Y qué licor seré asaz dulce y fuerte!...
> ¡A sed así, que da y desdona vida!...
> ¡A ardicia y boca de voz desoída!...
> ¡A fuego que me abate y no me vierte!...
>
> — ¡Ay!... ¡que El me quiso loor de abeja en suerte
> De procurar a eterno fruición fida!...
> ¡Mas tímpano ... témpano ... mi medida ...!
> ¡Favo que obro y resulto, arte... muerte!...
>
> — ¡Ay!... ¡si no he sino poesía pura,
> De glabra miel y con senil friüra,

---

4.   Citado en Edmundo Bendezú Aibar, *La poética de Martín Adán* (Lima, Villanueva, 1969), pp. 103-04.

Que flujo de floraina envenena!...
— ¡Ay que no he de rendir más que tributo
En mano inmóvil, de panal enjuto,
Cuando Su sombra ahúme mi colmena!...

Así como el rol de la abeja en el plan divino consiste en recoger polen para convertirlo en miel, el papel del poeta está conceptuado aquí como el de glorificar a Dios captando visiones del infinito para eternizarlas en sus versos. Pero Adán se acusa de no haber creado sino una "poesía pura", un arte estéril cuyo sofisticado artificio no puede ocultar que ha sido incapaz de captar la belleza auténtica. Por eso, cuando la sombra de la muerte venga a ahumarlo de su colmena, su mano inmóvil —la mano que no ha podido asir el infinito y expresarlo en forma de poesía— no tendrá más tributo que rendir a Dios que el panal enjuto de un arte que es formalmente intrincado pero carece de verdadera poesía. A diferencia de la abeja, el poeta no ha pagado su deuda a Dios aprovechando los talentos de los que ha sido dotado.

Asimismo, en el primero de tres sonetos dirigidos a Alberto Ureta (87), quien está presentado como modelo del poeta que aspira a ser,[5] Adán vincula su poética con la tradición antigua que tenía al poeta por un vidente, un profeta, un intérprete de los dioses:

—Deidad que rige frondas te ha inspirado,
¡Oh paloma pasmada y sacra oreja!,
El verso de rumor que nunca deja
Huïr del seno obscuro el albo alado.

—Venero la flexión de tu costado
Hacia la voz de lumbre, el alta ceja,
El torcido mirar, la impresa queja
De mortal que no alcanza lo dictado...

—Sombra del ser divino, la figura
Sin término, refléjase en ardura
De humana faz que enseñas, dolorosa...

—¡Que ser poeta es oir las sumas voces,
El pecho herido por un haz de goces,
Mientras la mano lo narrar no ösa!

La primera estrofa presenta a Ureta como un sacerdote cuya "sacra oreja" es una antena que capta la voz de la deidad, y el éxtasis que experimenta cuando el espíritu divino entra en su alma se expresa mediante la metáfora de la paloma pasmada. Así como la presencia divina agita las hojas de los árboles y crea en el bosque una música susurrante, así también inspira al poeta una poesía callada, una poesía que no es sino un rumor, porque ese éxtasis no llega a expresarse sino que aletea dentro de su pecho como un pájaro enjaulado.

En el segundo cuarteto Adán rinde homenaje al maestro a quien observa en una acti-

---

5.   Alberto Ureta (1885-1966), poeta modernista, fue profesor de Adán en la Deutsche Schule de Lima.

tud de contemplación, el cuerpo vuelto hacia la voz alumbradora de la deidad, la ceja arqueada con asombro, la cara contraída de concentración, los labios formando la queja que sus versos han de registrar, una queja de impotencia ante la imposibilidad de expresar en palabras humanas el mensaje que el dios le dicta. Por eso la cara angustiada que muestra Ureta sólo refleja la sombra del rostro infinito de la deidad. En la última estrofa Adán explica que ésta es la naturaleza de la actividad poética. Al poeta se le concede el privilegio de conocer un delirio místico tan colmador que le deja incapaz de expresarlo. Si disfruta del goce de contemplar el infinito, también sufre la agonía de no disponer de un lenguaje capaz de traducir esa experiencia trascendental.

Dentro del concepto que Adán tiene de la poesía, el poeta no pretende tratar temas nuevos sino que retoma motivos consagrados que le han sido transmitidos por una tradición de siglos. Por eso, no sorprende que uno de los símbolos más importantes de su obra sea la rosa ni que *Travesía de extramares* incluya una secuencia de ocho sonetos dedicados a esa flor. Tales poemas parecen basarse en la teoría neoplatónica según la cual lo espiritual se manifiesta en lo material y los objetos del mundo sensible son cifras de las esencias del mundo ideal, de manera que, mediante la contemplación de aquéllas, el poeta, en ciertos momentos privilegiados, puede vislumbrar detrás de ellos las esencias arquetípicas de las cuales no son sino copias imperfectas. Así, la rosa, un símbolo consagrado de la perecedera belleza terrestre, es una cifra de la Rosa arquetípica, símbolo de la belleza absoluta y eterna, y en ciertos momentos el poeta logra percibir en la rosa real la presencia de la Rosa ideal, el arquetipo deslumbrante de cuya naturaleza aquélla participa pero del cual no es sino un reflejo pálido.

Así, en "Seconda Ripresa" (102), mientras el poeta contempla la rosa terrestre, la Rosa arquetípica parece emerger de ella:

> —Tornó a su forma y aire... desparece,
> Ojos cegando que miraban rosa;
> Por ya ser verdadera, deseosa...
> Pasión que no principia y no fenece.
>
> — Empero la sabida apunta y crece,
> De la melancolía del que goza,
> Negando su figura a cada cosa,
> Oliendo como no se desvanece.
>
> —Y vuelve a su alma, a su peligro eterno,
> Rosa inocente que se fue y se exhibe
> A estío, a otoño, a primavera, a invierno...
>
> —¡Rosa tremenda, en la que no se quiere!...
> ¡Rosa inmortal, en la que no se vive!...
> ¡Rosa ninguna, en la que no se muere!...

El empleo del verbo "desparecer", en vez del más corriente "desaparecer" sugiere no sólo que la Rosa desaparece de vista en el mismo momento de ser vislumbrada, sino que deja de ser mera apariencia, despojándose de su forma material y desvaneciéndose en el aire para volver a su forma verdadera de esencia intangible. Al presenciar esta metamorfosis, el poeta resulta cegado por el esplendor deslumbrante de la Rosa, porque lo que ha vislumbrado, aunque sólo fugazmente, es la belleza eterna y absoluta que inspira una pasión inmortal. Pero, puesto que la Rosa pertenece al mundo ideal, queda fuera del alcance del hombre, y por eso el verso 6 equipara las emociones del poeta con los sentimientos dulceamargos del amante que está obligado a adorar a la amada desde lejos. En efecto, la segunda estrofa establece un paralelismo entre la Rosa y una mujer astuta y coqueta que se hace más deseable haciéndose inaccesible, porque así como el amor crece con la frustración, así también la esquivez de la Rosa estimula el hambre que el poeta tiene de Ella. La Rosa juega con él de una manera tantalizadora: se niega a mostrarse pero prueba que no se ha desvanecido en la nada, dejando detrás de sí, en la flor real, su propio olor inconfundible, un olor que la caracteriza como una realidad inefable que puede ser intuida pero nunca poseída.

Las contradicciones aparentes del primer terceto señalan el carácter paradójico de la Rosa: ausente y presente a la vez, existe fuera del tiempo en su propia esfera espiritual y, sin embargo, lega algo de su naturaleza a la rosa terrestre, la cual, personificada como una muchacha inocente que se exhibe ingenuamente y queda expuesta al manoseo de las estaciones, no puede escapar a los estragos del tiempo. La letanía del terceto final insinúa que la belleza absoluta de la Rosa despierta un amor trascendental que va más allá de la pasión terrestre. Inmortal pero inexistente, la Rosa pertenece a la esfera de la eternidad fuera del mundo material, y haciendo eco de la paradoja mística de que hay que morir para vivir, los últimos versos sugieren que al contemplarla uno deja de vivir en el sentido corriente y llega a conocer la auténtica vida eterna.

La imposibilidad de poseer la Rosa es el tema de "Quarta ripresa" (104), donde está presentada como una flor exótica que florece eternamente en su propio elemento ideal pero que no puede sobrevivir en el mundo material:

> —La que nace, es la rosa inesperada;
> La que muere, es la rosa consentida;
> Sólo al no parecer pasa la vida,
> Porque viento letal es la mirada.
>
> —¡Cuánta segura rosa no es en nada!...
> ¡Si no es sino la rosa presentida!...
> ¡Si Dios sopla a la rosa y a la vida
> Por el ojo del ciego... rosa amada!...
>
> —Triste y tierna, la rosa verdadera
> Es el triste y el tierno sin figura,
> Ninguna imagen a la luz primera.
>
> —Deseándola deshójase el deseo...
> Y quien la viere olvida, y ella dura...
> ¡Ay, que es así la Rosa, y no la veo!...

La Rosa se manifiesta al hombre a veces, pero no puede ser convocada y aparece cuando menos se le espera. Además, el hombre sólo la vislumbra fugazmente, porque cuando quiere retenerla, la visión se extingue como una criatura consentida, sofocada por demasiada atención. Cuando se halla expuesta al viento letal de la mirada humana, la Rosa se marchita como cualquier flor terrestre y sólo puede florecer quedando oculta en su propia esfera espiritual.

La ambigüedad caracteriza los dos primeros versos de la segunda estrofa, los cuales permiten al menos tres interpretaciones posibles; 1) la rosa de la que estamos seguros, la rosa que miramos, no existe realmente, puesto que está destinada a marchitarse, y la única rosa que existe verdaderamente es la que se intuye pero que nunca se ve; 2) la rosa aparentemente segura e inviolada que miramos no tiene en realidad ninguna seguridad, porque solo está realmente segura la rosa que no se ve; 3) la rosa verdaderamente segura no existe en ninguna parte, porque somos conscientes de ella sólo como una presencia invisible que nunca se manifiesta a nuestra mirada. No hace falta decir que esta ambigüedad es intencionada, y las tres interpretaciones se complementan para reforzar la idea central de que la Rosa anhelada por el poeta florece sólo al quedar invisible a sus ojos. Esta idea se reitera mediante la imagen según la cual Dios da vida a la Rosa por el ojo del ciego, una imagen que aclara cómo puede ser vislumbrada aunque sigue siendo invisible. Porque aquí se equipara la Rosa con la vida, la vida auténtica de lo absoluto, y la imagen sugiere que se la percibe no con la vista sino con el ojo interior del espíritu.

En el primer terceto Adán parece atribuir sus propios sentimientos a la Rosa, de manera que Ella languidece en las tinieblas del no-ser pensando en él con ternura y triste porque no puede asumir forma material y mostrársele a la luz del día. Aunque está obligado a adorar la Rosa platónicamente desde lejos, el poeta reconoce en el último terceto que el deseo de poseerla es contraproducente y la aliteración áspera del primer verso da a la posesión el carácter de una violación brutal que profana el objeto deseado. Es sólo renunciando al deseo de poseerla que puede esperar contemplar la Rosa inmaculada de sus sueños. Así, la paradoja que atormenta al poeta es que la Rosa que añora es una rosa que nunca verá con ojos mortales, y la nota de patetismo con la que el poema termina se debe a la ambigüedad de las palabras finales, las cuales insinúan que tampoco llega a percibirla con el ojo interior del espíritu.

"Ottava ripresa" (108), el último de los sonetos a la Rosa, parece ser un comentario sobre los otros poemas de la serie, ofreciendo una perspectiva diferente de la adoptada en ésos:

> —No eres la teoría, que tu espina
> Hincó muy hondo; ni eres de probanza
> De la rosa a la Rosa, que tu lanza
> Abrió camino así que descamina.

> —Eres la Rosa misma, sibilina
> Maestra que dificulta la esperanza
> De la rosa perfecta, que no alcanza
> A aprender de la rosa que alucina.

> —¡Rosa de rosa, idéntica y sensible,
> A tu ejemplo, profano y mudadero,

El Poeta hace la rosa que es terrible!
—¡Que eres la rosa eterna que en tu rama
Rapta al que, prevenido prisionero,
Roza la rosa del amor que no ama!

Aquí Adán insiste en que la rosa cantada en su poesía no es una abstracción, sino una flor real, viviente, con espinas que pican. Tampoco forma parte de una jerarquía platónica de la belleza en la cual objetos terrestre reflejan arquetipos celestes, porque su espina es como una lanza que abre un camino que nos aleja del mundo perfecto de la Rosa ideal hacia el imperfecto mundo terrestre donde está arraigada. De hecho, la Rosa arquetípica no es nada más que la rosa terrestre con todas sus imperfecciones terrestres, la cual, a diferencia de la rosa ideal de la fantasía de los poetas, no ha aprendido a engañarnos con la ilusión de la belleza perfecta sino que nos enseña la falsedad de nuestros sueños, dificultando que abriguemos la esperanza de tal perfección. El primer terceto recalca que la Rosa no es sino una rosa, idéntica a cualquier otra rosa que se puede ver, oler y tocar. Es una flor terrestre y perecedera, sin nada sagrado ni celeste, y es esta belleza trágicamente efímera la que el poeta procura captar en sus versos. Porque paradójicamente la rosa terrestre es la rosa eterna. Un prisionero complaciente de sus encantos, el poeta embelesado toca en ella la rosa ideal, contemplando una belleza que está fuera del tiempo y experimentando una plenitud espiritual que sobrepasa las emociones humanas normales. Así, el poeta descubre la belleza eterna y absoluta en la efímera rosa terrestre y, a diferencia de los otros sonetos de la serie, éste da a entender que tal belleza se halla, no en alguna dimensión ideal, sino en el imperfecto mundo cotidiano mirado con ojos diferentes.

Hemos visto que al insertar su obra en una tradición Adán da la espalda al insatisfactorio mundo circundante para entrar en otra realidad de constantes eternas. Además, en la poesía encuentra una especie de patria sustitutiva formada por una comunidad de almas gemelas, porque al retomar motivos consagrados entabla un diálogo intertextual con los escritores que ya han tratado tales temas. Ya se ha señalado que una secuencia de tres sonetos está dirigida a Alberto Ureta. Además, todos los poemas llevan epígrafes y en total Adán cita a más de setenta escritores que entre sí abarcan toda la tradición cultural de occidente. Pero, sobre todo, *Travesía de extramares* constituye un diálogo, no con otro escritor, sino con un músico. Subtitulado *Sonetos a Chopin*, el libro está dedicado al gran compositor polaco, a quien ensalza como modelo artístico. En lugar de títulos convencionales, los poemas están encabezados por consignas de la composición musical y en algunos Adán dialoga directamente con el músico, mientras que otros van precedidos por alusiones a obras concretas que nos advierten que el soneto ha de leerse con relación a alguna pieza del maestro.

La figura de Chopin va vinculada a la analogía náutica que recorre el libro, porque si ésta define el arte como un viaje de exploración, el compositor, como modelo del gran artista, está representado como el piloto que guía al poeta en la aventura artística. Esta se inicia con "Leitmotiv" (93), donde el discípulo se presenta como un marinero todavía inexperto, a diferencia del maestro, quien aparece como un capitán que gobierna su nave con majestuosa habilidad:

—¡Ay, no la arboladura talantosa,
Ni el alentar la lona rehenchida!…

> ¡Mas yo...ya...mudo que tajó la boza!

En "Frase in polacca per piano" (114), en cambio, el discípulo ya empieza a emular al maestro en el dominio de su oficio. El título evoca el ritmo majestuoso de una polonesa del Opus 53 de Chopin, y la primera metáfora de los violines que bailan en el teclado sugiere el inicio de una ejecución musical, después de la cual la nave del poeta aparece y avanza majestuosamente a través del mar:

> —Pues en el piano rielan violines,
> Singlo...altamar...un punto, la mena...
> De mar amarga la sentina llena...
> El tope, con colgajos de confines...
>
> —Ni eché periplo o número a sinfines,
> Ni de mi borda dedos de sirena,
> Ni mi cantar hacia la proa ajena,
> Ni mi copa y ni mi beso en los delfines...
>
> —Guardéme, y no del goce, que deshace
> Cuanto el sueño carga bajo el ojo
> y el olvido carena de la pace.
>
> —Y sigo, por tü aire o por mi antojo,
> Norte de azul de la infinita frase,
> Qué habrá de anochecerme al despojo.

Como apunta Bendezú, esta primera metáfora es visual a la vez que auditiva, ya que evoca estrellas que relucen trémulas en el agua [6]. De la oscuridad así insinuada el poeta sale dirigiendo su nave por la alta mar hacia algún cabo distante. El agua salobre que llena el pantoque y las banderas rotas que ondean en el tope atestiguan que el viaje ha sido largo y difícil, pero aunque todavía está lejos de su destino, el poeta se jacta en la segunda estrofa de su intrépida resolución.

No se deja desanimar por la inmensidad ilimitada del océano, porque no se ha propuesto meramente circunnavegar el globo ni seguir una ruta fija y limitada, sino explorar lo desconocido hasta dar con la tierra que busca. Es tanta su dedicación a la misión emprendida que ni siquiera se ha dignado ahuyentar a las sirenas que intentaron seducirlo, porque nada puede apartarlo de su rumbo. Tampoco ha cedido a la tentación de desviar su nave hacia otros barcos en busca de compañía o dirección, porque prefiere su propia ruta a la trazada por otros y acepta la soledad como algo esencial a la persecución de su vocación poética. Tampoco ha desperdiciado su capacidad de deleitarse entregándose a las diversiones mundanas, representadas por los delfines juguetones, sino que ha buscado la embriaguez y la plenitud emocional en el retiro de su propia nave. Porque no son las cosas del mundo las que interesan al poeta y debe renunciar a los placeres y comodidades mundanos y abrazar la soledad para alcanzar el deleite mayor de la experiencia poética.

Pero si se ha guardado de todas las tentaciones que representan un peligro para su arte,

---

6.   Bendezú, p. 121.

el primer terceto afirma que no ha rehuído los riesgos inherentes a la búsqueda del éxtasis poético. Las imágenes náuticas de la carga que el sueño estiba por debajo del ojo y de la carena efectuada por el olvido, evocan la tranquilidad de los que viven sin arriesgar nada. Pero el poeta no puede compartir tal contento, porque el éxtasis poético que persigue exige que abandone una existencia cómoda y segura para arrostrar la vida con toda su crudeza. Por eso, prosigue su viaje en el último terceto. El mismo no está seguro si es la música de Chopin la que le inspira o si es simplemente su propio anhelo lo que le impulsa, pero el norte por el cual fija su rumbo es el ejemplo de la obra del gran compositor, la cual espera que le guíe hacia la "infinita frase", la forma artística que plasme una armonía cósmica que lo envolverá como el anochecer y le despojará de su identidad individual al absorberlo en el gran todo universal.

Por contraste con esta confianza optimista, "Quadratura subita in preludio" (199) registra el desánimo experimentado por el poeta al sentir que no está a la altura de los ideales que se ha propuesto, y aquí nuevamente Adán refiere su propia experiencia artística con referencia a Chopin al remitirnos a una pieza del Opus 28 que expresa semejante desánimo:

> —Qué, en sombra y fondo y denso como míos,
> Garrea, anclote de tu brazo y braza,
> Cuadratura de herrumbre y de sangraza
> Que arráncase de lumbre por bajíos.
>
> —¡Ay, adónde propósitos y bríos
> De seguro y mensura?... ¡que se rasa,
> Soz, ternura de arena... ¡que arpón pasa,
> Rozando y desliendo de natíos...
>
> — ¿A qué tu cuadratura, Mi Piloto,
> Mi grímpola, mi tumbo, mi arganeo?...
> ¿Mi constancia no es la de mi deseo?
>
> —¿Aferrarás con número y cadena
> Ni una onda mía de tu errar, ay, roto
> A fermata de olvido, goce, arena...

En la primera estrofa el compositor, el piloto con quien cuenta para guiarlo, aparece flotando a la deriva como él, sin poder hacer nada para remediarlo. Su imperfecto dominio de su oficio está simbolizado por el brazo de sangre podrida con el que toca el piano, y se establece un paralelismo entre éste y el ancla aherrumbrada de su nave, la cual se arrastra, revolviendo el fondo arenoso del mar. El ancla simboliza así los esfuerzos desesperados hechos por Chopin por asir el ideal a través de su arte, esfuerzos que fracasan y no logran sino iluminar las honduras del sufrimiento humano. En el segundo cuarteto el estar anclado seguramente se equipara con la armonía serena que es la meta del músico. ¿Qué es de aquellos bellos ideales ahora?, pregunta el poeta angustiado. Porque el ancla que se arrastra por debajo de la nave, raspando y deshaciendo la blanca arena como un arpón cuya función inherente es destruir, viene a simbolizar un arte que hiere poniendo al desnudo una realidad desordenada y caótica.

Los tercetos refieren la situación del propio Adán. ¿De qué le ha servido el derrotero que Chopin ha fijado para él con el ejemplo de su arte? ¿De qué le han servido su aventura poética, simbolizada por el oleaje (tumbo), y los materiales de su arte, representados por su equipo náutico? Porque si la constancia con la que ha perseguido su vocación ha estado al par de su deseo hambriento de lo absoluto, lo que ha logrado no ha correspondido a sus deseos. La última estrofa pregunta al compositor-piloto si puede suministrar un ancla que sujete la nave del poeta aún lo bastante para que resista los golpes de una sola onda, cuando su propia nave inutilizada flota a la deriva de manera que él mismo no conoce momentos de sosiego. Es evidente que se trata de una pregunta retórica. Porque si el piloto no puede sujetar su propia nave, es poco probable que pueda sujetar la del poeta. Si la música de Chopin expresa la desesperación de un hombre que se ha extraviado, Adán no puede contar con él para sacarle de los bajíos de su propia desesperación. Y, sobre todo, el poema insinúa que si un artista de la estatura de Chopin experimentó la frustración y la desesperación, entonces hay poca esperanza para el poeta que humildemente modela su arte sobre el suyo.

Este sentimiento de fracaso causado por su incapacidad para realizar sus altos ideales poéticos es quizá el tema principal del libro, y en algunos poemas lleva a Adán a meditar sobre la muerte y a abrigar la esperanza de que más allá de la tumba gozará de la vida auténtica que ha resultado tan esquiva en la tierra. Así, es significativo que el libro termine con "Volta subito" (141), poema que indica que el viaje de exploración lleva al poeta inevitablemente a la región de la muerte, puesto que su búsqueda del infinito sólo puede realizarse plenamente más allá de la tumba. Como anuncian los epígrafes, la muerte es anticipada con ilusión como la culminación de todo lo que Adán se ha afanado por alcanzar en la vida:

> ¡Oh muerte que das vida!
> FRAY LUIS DE LEON

> Now more than ever seems it rich to die
> KEATS

> —¡Compás de la Bogada de Caronte,
> Tú libérame ya de sutileza,
> Madre y caudal de lágrima que empieza
> En mí y no para ni en el horizonte!

> —¡Dame tú ceguedad con que yo afronte
> Rumbo infinible de vida y belleza!...
> ¡Y la mudez con que el eterno expresa!...
> ¡Y el mi cadáver la tu boza apronte!...

> —¡Más no discurra yo sobre la linfa,
> Ni rebusque ni finja, en haz o seno
> De insondable hora, nenúfar o ninfa!

> —¡De los ojos del muerto, mi mirada
> Paire en faceta a luz cristalizada
> y yo mire belleza así sereno!

En la primera estrofa la muerte está representada por Caronte, quien, en la mitología griega, trasporta las almas de los muertos a través la laguna Estigia a la región de la muerte. Evocando el ritmo de la bogada del mítico barquero, Adán pide que le libre de la sutileza que ha sido la plaga de su carrera artística, el intelectualismo excesivo que le ha causado penas sin fin, ya que es precisamente su falta de sencillez emocional la que le ha impedido captar, mediante la poesía, la realidad superior que anhela.

La segunda estrofa se basa en la paradoja, expresada ya en el epígrafe de Fray Luis, de que la muerte es la fuente de la vida auténtica. La belleza absoluta, invisible a los ojos humanos, y la armonía infinita, inexpresable para la lengua humana, están situadas en la oscuridad silenciosa más allá de la tumba. Por eso, el poeta pide que la muerte le despoje de sus facultades humanas y que le dote de la ceguedad para contemplar la belleza eterna y de la mudez para expresar el éxtasis callado inspirado por la armonía eterna. Tan ansioso está de embarcarse en este último viaje hacia el infinito, que quiere que su cadáver apresure al barquero soltando las amarras por él.

La metáfora náutica vuelve a aparecer en el primer terceto, donde el poeta se muestra cansado de la aventura artística que le hace recorrer las aguas del globo en busca de la belleza, la cual se manifiesta, como el nenúfar, en la superficie del mundo temporal o, como la ninfa, yace oculta por debajo de lo temporal en los fondos insondables de la eternidad, una belleza que su poesía sólo puede simular ya que la tarea de reproducirla en sus versos es superior a sus pobres fuerzas humanas. Por eso, añora estar más allá de la tumba donde, por los ojos del muerto que será, su mirada, como una nave parada en un mar cuya superficie aparece, a la luz del sol, tan lisa y deslumbrante como una piedra preciosa, puede detenerse en la contemplación serena de la belleza absoluta.

Al cerrar *Travesía de extramares*, "Volta subito" recoge y resume todos los temas que han recorrido el libro. Sería un error leer literalmente su evocación de una realidad ideal situada más allá de la tumba. Los tradicionales conceptos religiosos, como la retórica neoplatónica que Adán maneja en otros textos, son empleados aquí como metáfora poética. El poema, en efecto, es una reiteración de la insatisfacción del poeta con el mundo donde le toca vivir, una reafirmación de su búsqueda de un ideal que lo trascienda y un reconocimiento de que tal ideal difícilmente se alcanza en la tierra.

2. CRISIS DE LA "POESÍA PURA"

Entre los nuevos poetas que empezaron a publicar en los años 40 los mayores exponentes de la llamada "poesía pura" son Jorge Eduardo Eielson y Javier Sologuren. No carece de significado el hecho de que Eielson haya vivido en Europa desde 1949 y que durante mucho tiempo su obra fuese poco conocida en el Perú. Porque la suya es una poesía completamente desvinculada de la realidad nacional. Esta desvinculación se manifiesta en *Reinos* (1944), donde un ambiente pastoral, un léxico refinado y una predilección por recursos clásicos como el hipérbaton nos introducen en un espacio poético atemporal. "Parque para un hombre dormido", la expresión más clara de su poética,[7] presenta al poeta solitario en un inhóspito paisaje de invierno donde sufre la angustia de su condición humana,

---

7.   Jorge Eduardo Eielson, *Poesía escrita* (Lima, Instituto Nacional de Cultura, 1976), p. 60. Si no hay otra indicación, todas las citas corresponden a esta edición.

consciente de su soledad, su pequeñez, su vulnerabilidad en un mundo alienante. Sin embargo, en su propia conciencia posee el poder para levantarse por encima de su condición de débil mortal de carne y hueso. Su mente es capaz de absorber el mundo circundante, de apoderarse de él, de controlarlo y reorganizarlo, de crear orden del caos. Así, mediante la imaginación poética, el poeta se coloca al nivel de los dioses, convirtiendo la desolación en una armonía cósmica y captando para siempre en su arte —simbolizado por la estatua de mármol— este momento cualitativamente eterno:

> Cerebro de la noche, ojo dorado
> De cascabel que tiemblas en el pino, escuchad:
> Yo soy el que llora y escribe en el invierno.
>
> Palomas y níveas gradas húndense en mi memoria,
> Y ante mi cabeza de sangre pensando
> Moradas de piedra abren sus plumas, estremecidas.
> Aún caído, entre begonias de hielo, muevo
> El hacha de la lluvia y blandos frutos
> Y hojas desveladas hiélanse a mi golpe.
> Amo mi cráneo como a un balcón
> Doblado sobre un negro precipicio del Señor.
>
> Labro los astros a mi lado ¡oh noche!
> Y en la mesa de las tierras el poema
> Que rueda entre los muertos y, encendido, los corona.
> Pues por todo va mi sombra tal la gloria
> De hueso, cera y humus que se postra, majestuoso,
> Sobre el bello césped en los dioses abrasado.
>
> Amo así este cráneo en su ceniza, como al mundo
> En cuyos fríos parques la eternidad es el mismo
> Hombre de mármol que vela en una estatua
> O que se tiende, oscuro y sin amor, sobre la yerba.

Como Adán y Eielson, Javier Sologuren se revela en sus primeras poesías como un hombre que da la espalda al mundo real para entregarse a la contemplación solitaria en búsqueda de la realidad esencial. El título de su primer libro, *El morador* (1944), lo define como el habitante de una región al margen del mundo, una región que, conforme la imaginación poética despoja los objetos de su contingencia y descubre su esencia, se transforma en un reino de belleza absoluta fuera del tiempo. El poeta

> alcanza su motivo y su paisaje
> en la linde del mundo (en incipiente
> aventura del párpado yacente)

---

8.   Javier Sologuren, *Vida continua. Obra poética (1939-1989)* (Lima, Colmillo Blanco, 1989), p. 18. Todas las citas corresponden a esta edición.

viéndolo todo, y todo sin su traje.[8]

La perfección formal de los poemas, lograda mediante el manejo magistral de formas y métricas clásicas y mediante la exquisitez del lenguaje, refleja la perfección de esa realidad ideal. Un ejemplo típico es "El morador" (25) que crea una atmósfera de paz absoluta, una tranquilidad alejada del ajetreo y pasiones perturbadoras del mundo de los hombres:

> Resplandeciente umbela el sueño vierte
> entre perlas que el légamo detiene;
> en leve ascenso de la tez se cierne
> la tiniebla de seda de los peces.
>
> Desde esa fuente que silencia el quieto
> peso de la marea: caed, caed,
> lentos caed glomérulos, desiertos
> seres bermejos entre tenue verde.
>
> Ved perfectas arenas los reflejos
> de yedra en el silencio; sedimentos
> de trasparentes huesos en la piedra.
>
> Ved el entero helecho en las paredes
> de yacentes murciélagos, y ved
> que en ese pez el tiempo se nivela.

El paisaje está completamente controlado por la imaginación poética, la cual interviene en los primeros versos para reordenarlo y después, mediante imperativos, dirige las acciones de sus componentes. Se trata también de un paisaje donde las leyes del mundo cotidiano han sido abolidas, de manera que una fuente puede verter glomérulos y el silencio devolver el reflejo de la hiedra, un paisaje percibido como una armonía total en la cual el tiempo se detiene.

Otros poetas que cultivaron la "poesía pura" fueron Leopoldo Chariarse y Francisco Bendezú. Chariarse publicó su primer libro, *Los ríos de la noche,* en 1952 y su obra reunida, publicada en 1975, incluye dos libros más, *La cena en el jardín* (1972) y *Los sonetos de Spoleto* (1973). Temáticamente es un poeta de gama limitada, pero ostenta un gran virtuosismo y su obra se caracteriza no sólo por un progresivo perfeccionamiento de su técnica, sino también por una variedad de formas y estilos. Como Eielson, Chariarse se ha radicado en Europa y por lo general rehúye referencias geográficas e históricas, para introducirnos en un mundo que es literario y atemporal. De tono elegíaco, su poesía rememora un paraíso perdido en la forma de un idílico amor adolescente, siendo quizás "La cena en el jardín" la expresión más conmovedora de su sentimiento de pérdida ante su inexplicable expulsión de aquel paraíso juvenil.[9] El grueso de su obra consta de poemas amorosos dirigidos a una mujer anónima, la cual parece simbolizar un etéreo ideal de belleza y comunión, un ideal que ha podido vislumbrar brevemente, pero que le ha sido arrebatado, dejándolo

---

9.   Leopoldo Chariarse, *La cena en el jardín* (Lima, Instituto Nacional de Cultura, 1975), p. 23. Todas las citas corresponden a esta edición.

abandonado en la alienante realidad cotidiana. Algunos poemas contrastan la fugaz pleni-
tud del pasado con la desolación del presente, pero otros, como "El vacío" (72) , concep-
túan el idilio perdido como algo que ha quedado intacto, capaz de ser convocado y expe-
rimentado de nuevo por la imaginación poética a pesar de la separación de los amantes en
el tiempo y el espacio:

> Del vacío de la mirada surgen
> tus rasgos y un camino en la noche
>   por donde voy y vengo buscándote
> en las tinieblas vibra el olor de sándalo
> de tus cabellos y oigo tu voz
> y la inmensidad de tus ojos
> se abre ante mí creciente
>   con el dulzor de lejanos días
> y si de algo me sirvió el ser poeta
> si cada objeto se hizo instrumento en mis manos
> de música para alcanzar tu oído
>   fue a fin de que al fin vinieras
> tú que te acercas y alejas con el secreto
> de las palabras no dichas
> mi laúd y tu silencio

En la poesía escrita en Europa, un segundo tema principal se destaca en poemas como
"La búsqueda" (61), el del desarraigo y de un viajar inquieto en busca de algún ideal inefable.
Sin embargo, este ideal sigue siendo vinculado con la amada perdida y la búsqueda se
revela como otro intento de recuperar aquel paraíso perdido. La clave de toda la obra de
Chariarse se encuentra quizá en "Tithonus a la aurora" (195-97), el magnífico poema final
de *Los ríos de la noche*. Aquí el poeta se define como un hombre castigado por los dioses
por el pecado de querer ser más que un mero humano, condenado a ser atormentado eter-
namente por la imagen obsesionante de un ideal imposible, un ideal inspirado por su antigua
amada pero que ninguna mujer, ni siquiera ella, puede cumplir, un ideal demasiado abso-
luto para ser alcanzado en la tierra:

> Hace ya muchos años que vivo
> y que me duele tu mirada en los ojos [...]
> Pero tú me abandonas en brazos del viento
> que me envuelve en aromas nuevos
> a mí, el irremediablemente lejano,
> el sombrío y olvidado, de cuyos escombros se alimentan las horas
> como cuervos venidos para la venganza divina [...]
> Tú amas a los mortales. ¿Cómo puedes amarme
> a mí, que renuncié a su efímera condición adorable
> para hacerme un residuo de eterna servidumbre?

Francisco Bendezú se diferencia de los poetas mencionados hasta aquí, por ser un co-
munista comprometido que sufrió encarcelamiento y exilio como consecuencia de su
militancia política. Sin embargo, rehúye la política en su poesía. No es ningún accidente

que sus versos abunden en alusiones a las artes visuales, ni que su libro más importante, *Cantos* (1971), fuese publicado en una edición preciosa, que incluye cinco reproducciones en color de pinturas de Giorgio de Chirico[10]. Porque Bendezú conceptúa el arte como la creación de una realidad atemporal más allá de las imperfecciones del mundo ordinario. El poema que quizá mejor tipifica su obra es "Nostalgia de lo infinito" (67-68), una trasposición poética de una pintura de Chirico, en la cual la enumeración reiterativa traduce los esfuerzos del pintor —y del poeta— por sobrepasar los límites del mundo real para alcanzar el infinito:

> Más allá de la distancia
> más allá del polvo, más allá del cielo,
> tus banderolas deliran. Más allá del viento
> y la luna indescifrable de la nieve.
> Más allá de marismas azules y acuarios inundados.
> Más allá de las estatuas malheridas [...]
> Más allá del polen.
> Más allá de las cenizas.
> En la nada.

Una característica del estilo de Bendezú es el desarrollo de una metáfora mediante un esquema anafórico que intensifica su sentido. Otra es su predilección por un léxico recóndito, del cual su obra es un verdadero tesoro. Aquí, como en otros poemas, ambas se conjugan para crear una especie de encanto mágico que nos transporta de la realidad cotidiana a un reino de misterio y belleza. Al mismo tiempo, apuntan a otra afinidad con las artes visuales, porque ésta es una poesía que trata las palabras y las imágenes como objetos bellos que han de ser acariciados con amor y saboreados con placer.

El tema central de la obra de Bendezú es el anhelo de la mujer inalcanzable adorada desde lejos, un personaje recurrente que simboliza el ideal enunciado en "Nostalgia de lo infinito". Sin embargo, los poemas acusan una ambigüedad, en cuanto este personaje representa también la frustración amorosa. "Twilight" (49), que con triste nostalgia rememora un amor perdido, apunta a la intensa soledad y al hambre de un amor real que subyacen en esta poesía, y muchas veces se intuye un cansancio de vivir en el mundo de la imaginación poética. Esta ambivalencia da a la obra de Bendezú una nota de patetismo muy particular, como se puede apreciar en "Súplica" (55), donde el poeta pide desesperadamente que la mujer de sus sueños se materialice en el mundo real:

> ¡Oh, sal de los espejos,
> reverdece en las sábanas de lino,
> atraviesa los tabiques y los muros,
> aparécete de pronto en las más ciegas estancias
> o el balcón más desolado!

Pero si la "poesía pura" fue la tendencia dominante de los años 40 y seguía siendo

---

10. Francisco Bendezú, *Cantos* (Lima, La Rama Florida, 1971). Las citas corresponden a esta edición.

cultivada en los 70, esta poética hubo de entrar en crisis con el transcurso del período en cuestión. Por una parte, fue atacada y denunciada como un escapismo imperdonable por los partidarios de una poesía que se ocupara de la realidad social del país, y con el tiempo lo social hubo de cobrar una importancia cada vez mayor en la poesía de estos años, un proceso que se explica al principio por el fracaso de la breve experiencia democrática, la dictadura de Odría y la persecución de la izquierda, y después por una creciente politización de la sociedad peruana, primero como consecuencia de la "modernización" del país y posteriormente por influencia de la Revolución Cubana. Por otra parte, la mayoría de los poetas "puros" perdieron confianza en la poesía como medio de alcanzar una realidad trascendente a medida que el mundo que habían querido rechazar volvía a imponerse, y terminaron abandonando la búsqueda de una realidad alternativa en la literatura para testimoniar una aguda angustia existencial.

Así, la obra posterior de Adán está caracterizada por una incertidumbre metafísica cada vez más angustiada. Esta evolución corre pareja con un cambio de estilo, porque aunque los poemas conservan su intensidad emocional y su complejidad conceptual, Adán abandona la rigurosa disciplina de formas tradicionales por largos monólogos divagadores, y en lugar del lenguaje recóndito de antes opta por una expresión más directa de sus sentimientos. Esta nueva fase empieza con *Escrito a ciegas* (1961), una larga epístola poética en la cual procura asesorarse de su vida. Confiesa que ha perdido confianza en su poética anterior. Su vida como poeta estuvo dedicada a la búsqueda de una realidad superior, pero aunque la anhela todavía, ya no tiene fe en alcanzarla y por consiguiente la poesía se ha reducido para él a la expresión del dolor y de la frustración que la vida le causa:

> ¿Qué es la Palabra
> Sino vario y vano grito? (149)

Ha llegado a ver la vida como vacía y sin sentido, "una palabra más" en un mundo de "nadas acumuladas", un mundo que es "sombra apenas de apetito de algo" (146). En un tono de fatigado desengaño que la ironía salva de caer en la autocompasión, se presenta como un hombre que ya no cree en nada ni comprende nada y no hace sino seguir adelante como mejor pueda:

> No soy ninguno que sabe.
> Soy el uno que ya no cree
> Ni en el hombre,
> Ni en la mujer,
> Ni en la casa de un solo piso [...]
> No me preguntes más,
> Que ya no sé... (150)

La obra más importante de esta fase de la poesía de Adán es *La mano desasida (Canto a Machu Picchu)* (1964), un largo monólogo dirigido a la antigua ciudad incaica de Machu Picchu, en el cual discurre sobre los misterios de la condición humana. La estructura aparentemente informe corresponde a la de la vida misma. El poema fluye y refluye constantemente, estableciendo una serie de oposiciones entre lo pasajero y lo eterno, lo trascendente y lo contingente, y expresando actitudes conflictivas de ironía, euforia y desesperación, y hay una tensión constante en la oscilación entre afirmaciones positivas y expresiones de vacilación y duda. La paradoja y otros juegos conceptistas siguen siendo los recursos principales empleados por Adán para expresar complejos estados de ánimo. Al mismo tiempo, la enumeración reiterativa comunica el carácter apasionado de esta poesía y la interrogación reiterativa la urgencia con la cual el poeta busca sentido en un mundo confuso. Machu Picchu es un símbolo multifacético que en última instancia representa la vida en toda su complejidad. A veces la antigua ciudad incaica y la montaña en la cual esta construida parecen ser la representación de una sólida durabilidad que obliga al poeta a tomar conciencia de su mortalidad e insignificancia como ser humano; otras veces, las piedras de esta ciudad arruinada y abandonada asumen el aspecto de un monumento que atestigua el dominio de la muerte sobre la vida. A veces esta maravilla creada por el hombre parece representar la posibilidad de trascender las limitaciones de la condición humana, pero por otra parte sus ruinas reflejan la imperfección del hombre y la vanidad de toda empresa humana. Sin embargo, Machu Picchu ofrece esperanza y aliento al poeta en cuanto parece representar lo absoluto, parece ser una manifestación del infinito en la tierra, pero la imagen recurrente de "la mano desasida", la mano extendida en vano, indica que el infinito permanece más allá de su alcance, y en otras ocasiones Adán descarta a Machu Picchu como otra montaña más a la cual sus ilusiones han atribuido una trascendencia que no tiene, o rechaza la eternidad que representa por ser una negación inhumana de la vida. Sin embargo, Machu Picchu, con su aire de estar suspendido en la frontera entre la tierra y el infinito, parece contener la clave de la verdad absoluta. Pero esa verdad sigue siendo un misterio. Aunque el significado de la vida parece estar encerrado en estas piedras, el poeta nunca logra descifrarlo, porque Machu Picchu lo atormenta con la promesa de una revelación que nunca se realiza y, esperando una luminosa certidumbre, sólo encuentra la ambigüedad:

> Eres la duda cierta y la misma vida,
> Eres lo humano y macizo de cielo y nube,
> Eres lo infinito que se está,
> Y eres la palabra que huye. (244)

Así, en última instancia, Machu Picchu simboliza el enigma insoluble de la vida.

La última fase de la obra de Adán se caracteriza por un retorno al soneto en los libros *Mi Darío* (1966-67) y *Diario de poeta* (1966-73). Estos poemas siguen expresando el tema principal de su poesía, un apasionado anhelo de lo absoluto. Pero están dominados por la experiencia de la soledad y la desesperación y por una conciencia angustiada de la vanidad de la vida y la inevitabilidad de la muerte, y parece probable que Adán haya vuelto a la disciplina del soneto como un medio de imponer un orden al caos emocional que caracteriza esta última fase de su obra. Por lo general, los poemas no tienen el simbolismo denso de la poesía anterior, sino que más bien tienden a ser una expresión directa de su creciente angustia ante la vida, y su frustración y desengaño suelen expresarse mediante un léxico que destaca los aspectos banales y repugnantes de la vida diaria. Así, en "Rubén, todo es tragedia... "(367) el poeta expresa su fracaso espiritual mediante una imagen que representa su alma como un paria ebrio y degradado:

¡Todo tan simple y trágico, Rubén... el alma mía,
La que mea tal vez y golpea a otra puerta
Con el golpe redondo del ebrio que se guía!

Esta experiencia de fracaso va acompañada por una creciente incapacidad para comprenderse a sí mismo y para comprender el mundo que lo rodea y, como en "¡Sí, cuando cruel metal de gallo suena...! (446), por una creciente conciencia de que la sabiduría se limita a la aceptación de la muerte como la única verdad definitiva:

¡Ay, cuánto no sé nada y me abandono
A discurso de necio... de persona
Que dice que lo sabe, y desatina!...

¿Qué otro saber que de lección divina
De vivo que a su muerte se abandona...
Seña y paso de despaciosa ruina!...

Aunque de tono mucho menos intenso, la obra de Sologuren acusa una evolución parecida. Ya en *Otoño, endechas* (1959) una nota de angustia se infiltra en poemas como "No, todo no ha ser ceniza de mi nombre..." (67) y "Poesía (72), y esa nota se vuelve más pronunciada en *La gruta de la sirena* (1961), sobre todo en "Tema garcileño" (87) y "Te alisas, amor, las alas..." (91), y posteriormente en textos como "Dos o tres experiencias de vacío" (140). Lo mejor de su obra posterior, que revela no sólo un proceso de maduración artística sino además una asimilación de las nuevas tendencias poéticas de la época, son largos poemas meditativos en los cuales procura conciliar su deseo de armonía con las realidades perturbadoras que se imponen cada vez más a su visión optimista. "Recinto" (1967), que está construido a base de una metáfora prolongada, en la cual la excavación arqueológica simboliza los esfuerzos del hombre por descifrar el misterio de la vida y el secreto del más allá, conceptúa la vida y el arte como gobernados por el impulso a trascender las limitaciones humanas y a dar un significado duradero a la existencia mortal. La parte final del poema llega a una aceptación de la existencia como un ciclo interminable en el cual la vida y la muerte se alimentan una de otra, un ciclo cuya fuerza motora es el impulso susodicho y que, sin embargo, no hace sino repetirse continuamente sin sentido ni trascendencia. Esta cosmovisión se ve reflejada en la estructura circular del poema, cuyos últimos versos se hacen eco de los primeros, y en la enumeración caótica de la parte final, que reduce toda existencia al mismo nivel inconsecuente. Sin embargo, el poeta acepta este estado de cosas con una ecuanimidad tranquila, y si sus palabras finales suponen un reconocimiento del sinsentido de su vida y de su poesía, implican también una voluntad de seguir abrazando ambas con un entusiasmo que no disminuye:

porque todo es origen

nuestro polvo nuestro oro
el crujiente muerto y vivo
hacinamiento de las hojas
el brazo tendido hacia la vida
las aguas hostiles de la charca [...]

> las cien mil hojas secas
> y el estar decidido
> a extraer de ellas el poema
> y todo oscilando
> rodando
> circulando (103-04)

Pero es en la obra de Eielson donde esta crisis de la llamada "poesía pura" se ve más clara e intensamente. Desde el principio su poesía se caracteriza por una nota de vulnerabilidad, por la sugestión de que el artista moderno se ve cada vez más marginado en un mundo donde el arte va dejando de tener pertinencia. *Reinos* está dominado por la pesadilla de un mundo en vías de destruirse y por un presentimiento de que los reinos donde rige el poeta están amenazados de extinción. Así, "Reino primero" (59), una versión moderna del mito de Adán y Eva, está ambientado, no en el paraíso, sino en un mundo asolado, como si maldecido por la ira de Dios:

> Sobre los puros valles, eléctricos sotos,
> Tras las ciudades que un ángel diluye
> En el cielo, cargado de heces sombrías y santas,
> El joven oscuro defiende a la joven.
> Contemplan allí al verde, arcaico Señor
> De los cedros, reinar furtivo en sus telas,
> Guiar la nube esmeralda y sonora del mar
> Por el bosque, o besar los abetos de Dios,
> Orinados por los ángeles, la luna y las estrellas:
> Manzanas de amor en la yedra de muerte
> Ve el joven, solemnes y áureos cubiertos
> En la fronda maldita, que un ciervo de vidrio estremece.
> La joven, que nada es ya en el polvo sombrío,
> Sino un cielo puro y lejano, recuerda su tumba,
> Llueve e irrumpe en los brazos del joven
> En un rayo muy suave de santa o paloma.

Esta visión de un mundo asolado refleja la horrífica desvastación causada por la Segunda Guerra Mundial, cuyo barbarismo socavó la fe del poeta en el futuro de la civilización occidental. Al cernerse sobre el mundo las nubes polvorientas de la destrucción, el antiguo señor del bosque —el espíritu pagano de la vida— ya no reina sino furtivamente, y la pareja humana vive aterrada y a la defensiva. El poema termina con una afirmación de la vida cuando la pareja arquetípica se rebela contra la condición que el mundo le impone, buscando la salvación en un amor mutuo, y, como hemos visto en "Parque para un hombre dormido", otros poemas conceptúan el arte como otro de los medios por los cuales el hombre procura imponerse a las fuerzas del caos y de la muerte. Sin embargo, al cultivar una poesía conscientemente anacrónica, Eielson parece ser consciente de que está luchando contra la corriente y que, como los dioses paganos de la antigüedad, las artes tradicionales como la poesía están en vías de convertirse en reliquias históricas, sin pertinencia en el mundo moderno. En este sentido es significativa la alusión al antiguo dios del bosque, porque vincula el mundo clásico, cuya tradición cultural ha sido heredada por el poeta, con los valores humanos que se ven arrollados por el barbarismo del siglo XX y que, sin embargo, representan la única esperanza para la humanidad.

En sus dos libros siguientes, *Antígona* (1945) y *Ajax en el infierno* (1945), Eielson retoma mitos clásicos para hacer un comentario crítico sobre la civilización occidental contemporánea. La primera de estas largas prosas poéticas alterna evocaciones de la antigüedad y de la época moderna para establecer una analogía entre la guerra de los Siete Jefes contra Tebas y la Segunda Guerra Mundial, una analogía en la cual las enfermeras que atienden a los soldados muertos en el campo de batalla vuelven a vivir la experiencia de Antígona, a quien le tocó enterrar a su hermano Polinices. De esta manera, el mito clásico apunta a una continuidad en la historia humana, dando a entender que a pesar de siglos de "progreso" los hombres no han aprendido nada de los errores del pasado sino que persisten en provocar nuevas catástrofes. Pero al mismo tiempo la analogía involucra un contraste, destacando que el progreso tecnológico ha acrecentado el horror de la guerra al aumentar la capacidad del hombre para causar estragos:

> Tras un mundo en ruina, columnas truncas y caídos bloques, bajo bombas y llanto, nieblas de cólera sobre los verdes prados. Carnicería y gloria. Sobre el morral vacío y la galleta antigua, sobre las botas níveas, enterradas, y el plato de comida, Antígona augusta ¿habéis visto a Polinices cien mil veces, sin tregua, sepultado? (92)

El segundo texto retoma el mito de Ajax, centrándose en la demencia que lo llevó a masacrar las ovejas del ejército griego bajo la ilusión de que eran enemigos. Este acto de locura viene a ser una metáfora de la degeneración de los nobles héroes de la antigüedad en los sangrientos carniceros de la guerra moderna. Así, mientras vive su pesadilla, el ex-héroe es consciente de haber deshonrado a la casta guerrera y se siente reprochado por Palas, la diosa de la guerra, por haber abandonado los usos de antaño:

> Para vergüenza de Aquiles y Príamo, él, cuyo nombre habían coreado las multitudes en Troya y Salamina, bajo los Arcos del Sol y de la Luna, habría de quedarse allí, abandonado por todos, con aquella sangre infame manándole casi en el oído [...]
> Palas había estado constantemente al pie suyo [...]
> El tiempo no había pasado para ella. El la sentía acusándolo por su cambio de vida, por sus nuevos dioses, por su bigote pequeño y sus pantalones manchados. (99)

Los libros posteriores, sobre todo *Habitación en Roma* (1951-54), acusan una creciente angustia existencial ocasionada por la alienación que Eielson experimentó en la Europa de la pos-guerra. En Roma vio de cerca el espectáculo de la miseria humana y conoció las peripecias de la diaria lucha por la vida, todo lo cual lo llevó a tomar conciencia de cómo el hombre vive en un nivel animal, dominado por necesidades y apetitos físicos. Reflejando esta experiencia, su poesía adopta un tono más confesional, una estructura más libre, un estilo más simple y directo, un lenguaje más coloquial y menos literario. Todo eso se ve ejemplificado en "Azul ultramar" (184 - 87), donde su situación personal está vinculada con la de la capital italiana. Dirigiendo un ruego al antiguo dios del Mediterráneo, el poeta le pide que le otorgue una vida que sea más que la mera existencia física y que devuelva a Roma su antigua gloria como centro cultural y espiritual del mundo. Aquí nuevamente Eielson recurre a la antigüedad clásica como norma para valorar un mundo moderno que se ha equivocado de rumbo. La vida más auténtica que añora está identificada con los valores humanitarios de la tradición clásica, pero la Roma que fue y todo lo que representó están sepultados bajo una metrópoli moderna que plasma el materialismo desalmado del capitalismo occidental de mediados de siglo:

> mediterráneo ayúdame
> ayúdame ultramar
> padre nuestro que estás en el agua
> del tirreno
> y del adriático gemelo
> no me dejes vivir
> tan sólo de carne y hueso […]
> haz que amanezca nuevamente
> esta ciudad que es tuya
> y sin embargo es mía […]
> esta ciudad con casas
> con restaurantes
> con autómoviles
> con fábricas y cinemas
> teatros y cementerios
> y escandalosos
> avisos luminosos
> para anunciar a dios con insistencia
> con deslumbrantes criaturas
> de papel policromado
> que devoran coca-cola
> bien helada
> con espantosos remates
> de vestidos usados
> sexo y acción
> heroísmo y pasión
> technicolor por doquier
> con elegantes
> señores que sonríen y sonríen
> y operarios que trabajan y trabajan
> con miserables avenidas
> que huelen a ropa sucia […]

En "Poema para leer de pie en el autobús entre la Puerta Flamínea y el Tritone" (175-81) Eielson llega a experimentar la inutilidad de escribir poesía. Convencido de la vanidad de una vida que nunca trasciende la elemental rutina diaria, ya no tiene nada que ofrecer a sus lectores. Lo único que le queda es el pertinaz anhelo de alcanzar una realidad superior a la que el mundo le proporciona:

pero de nada sirve
de nada sirve escribir
siempre sobre sí mismo
o de lo que no se tiene
o se recuerda solamente
o se desea solamente
yo no tengo nada
nada repito
nada que ofreceros
nada bueno sin duda
ni nada malo tampoco
nada en la mirada
nada en la garganta
nada entre los brazos
nada en los bolsillos
ni en el pensamiento
sino mi corazón sonando alto alto
entre las nubes
como un cañonazo.

Una característica de la poesía posterior de Eielson es el intento de superar las limitaciones del lenguaje mediante la experimentación formal. "Solo de sol" (147), por ejemplo, explota el sonido para crear un juego de asociaciones, y "Poesía en forma de pájaro" (156) es una escultura verbal que explota la potencialidad visual del texto. Esta experimentación parece haber sido acompañada por una progresiva pérdida de confianza en el lenguaje escrito como medio de expresión, una crisis ejemplificada por "escribo algo…" (234), el último poema de *Mutatis mutandis* (1954):

escribo algo
algo todavía
algo más aún
añado palabras   pájaros
hojas secas   viento
borro palabras nuevamente
borro pájaros   hojas secas   viento
escribo algo todavía
vuelvo a añadir palabras
palabras otra vez
palabras aún
además pájaros   hojas secas   viento
borro palabras, nuevamente
borro pájaros   hojas secas   viento
borro todo por fin
no escribo nada

La carrera poética de Eielson terminó efectivamente con este libro. Porque aunque continuó su experimentación formal con otros cinco poemarios, son obras ligeras y posteriormente abandonó la poesía para dedicarse por completo a las artes visuales. La publicación en 1983 de *Noche oscura del cuerpo* no constituye una ruptura de su silencio poético, ya que los poemas, escritos en un estilo y un tono parecidos a los de *Habitación en Roma*, parecen datar de los años 50. Parodiando el misticismo de San Juan de la Cruz, el libro nos revela a un poeta atrapado en la noche oscura del nihilismo existencial, frustrado en su anhelo de unión sexual y de comunicación verbal, y convencido de que vivir y escribir no son sino formas de masturbación.

> Galopando entre el jardín
> > Y el baño de mi casa
> La masturbación se aprende
> Mirando y mirando la luna
> Abriendo y cerrando puertas
> Sin darse cuenta que la entrada y la salida
> > > Nunca han existido
> Jugando con la desesperación
> > Y el terciopelo negro
> Mordiendo y arañando el firmamento
> Levantando torres de palabras
> > > De palabras
> > > De palabras
> > > De palabras
> > > De palabras
> O dirigiendo el pequeño pene oscuro
> Posiblemente hacia el alba
> O hacia un disco de mármol tibio y mojado
> > > O en el peor de los casos
> Hacia una hoja de papel
> > Como ésta
> Pero escribiendo tan sólo la palabra
> > > Luna
> En una esquina
> Y sobre todo
> Haciendo espuma de la noche a la mañana
> Incluidos sábado y domingo[11]

3.   A OTRA COSA: LA POESÍA SOCIAL ˏ

Hemos visto que la llamada "poesía pura" entró en crisis a medida que los autores que la cultivaban perdían confianza en esa poética. También fue atacada por los partidarios de una poesía de compromiso social. Ya existía una larga tradición de poesía social en el Perú, y la frustración de las esperanzas democráticas con la caída de Bustamante y la

---

11.   Jorge Eduardo Eielson, *Noche oscura del cuerpo* (Paris, Altaforte, 1983), p. 19.

inauguración de un régimen represivo la reavivaron, provocando un auge de poesía de este tipo, representada sobre todo por un grupo de poetas —Gustavo Valcárcel, Alejandro Romualdo, Juan Gonzalo Rose y Manuel Scorza— que sufrieron exilio durante la dictadura de Odría. Denunciando a los "poetas puros" por cerrar los ojos ante la realidad sociopolítica del país, los nuevos poetas sociales abogaron por una poesía que denunciara la injusticia y predicara valores revolucionarios y que fuese así instrumento del cambio político. Así Manuel Scorza, en "Epístola a los poetas que vendrán", hace una apología de la poesía de su generación, argumentando que en los tiempos que corren sería una grave irresponsabilidad que la poesía se ocupara de sus temas tradicionales y que en todo caso la lucha por la libertad y justicia es más digna de ser cantada que la tristeza del individuo:[12]

> Tal vez mañana los poetas pregunten
> por qué no celebramos la gracia de las muchachas;
> quizá mañana los poetas pregunten
> por qué nuestros poemas
> eran largas avenidas por donde venía la ardiente cólera.
>
> Yo respondo, por todas partes se oía el llanto,
> por todas partes nos cercaba un muro de olas negras.
> ¿Iba a ser la poesía
> una solitaria columna de rocío?
>
> Tenía que ser un relámpago perpetuo.
>
> Yo os digo:
> mientras alguien padezca,
> la rosa no podrá ser bella;
> mientras alguien mire al pan con envidia,
> el trigo no podrá dormir;
> mientras los mendigos lloren de frío en la noche,
> mi corazón no sonreirá.
> Matad a la tristeza, poetas.
> Matemos a la tristeza con un palo.
> Hay cosas más altas
> que llorar el amor de tardes perdidas:
> el rumor de un pueblo que despierta,
> eso es más bello que el rocío.
> El metal resplandeciente de su cólera,
> eso es más bello que la luna.
> Un hombre verdaderamente libre,
> eso es más bello que el diamante.
>
> Porque el hombre ha despertado,
> y el fuego ha huido de su cárcel de ceniza
> para quemar el mundo donde estuvo la tristeza.

---

12. Manuel Scorza, *Poesía incompleta* (México, UNAM, 1976), pp. 15-16. Es de notar que la versión original de este poema (1955) ha sido sustancialmente modificada.

Pero quien mejor expone la nueva poética social es Alejandro Romualdo. Romualdo ya se había ganado una reputación como un buen poeta dentro de la línea de la "poesía pura", pero "A otra cosa", el poema liminar de *Poesía concreta* (1952), anuncia su ruptura no sólo con su poética anterior, sino con el tipo de poesía que predominaba en el Perú por aquel entonces. Reaccionando con impaciencia ante el aislamiento instrospectivo y el pesimismo angustiado de sus colegas poetas, remeda la famosa sentencia de muerte pronunciada al modernismo por el mejicano Enrique González Martínez, para invitarles a salir al mundo real y a superar su alienación participando en la lucha por crear una sociedad mejor:[13]

> Basta ya de agonía. No me importa
> la soledad, la angustia ni la nada.
> Estoy harto de escombros y de sombras.
> Quiero salir al sol [...]
>
> Déjense de sollozos y peleen
> para que los señores sean hombres.
> Tuérzanle el llanto a la melancolía.

Una de las estrategias de Romualdo fue destacar la Rosa de Adán como emblema de la "poesía pura" para definir su propia poética en contraposición a ella. Así como Adán en sus sonetos a la Rosa entabla un diálogo intertextual con los poetas anteriores que habían tratado este motivo consagrado, Romualdo en su soneto "Poética" (184-85) parodia el conceptismo y los juegos de palabras de su compatriota para clasificar la "poesía pura" como una evasión intelectual de la realidad:

> La rosa es esta rosa. Y no la rosa
> de Adán: la misteriosa y omnisciente.
> Aquella que por ser la Misma Rosa
> miente a los ojos y a las manos miente.
>
> *Rosa, de rosa en rosa, permanente,*
> así piensa Martín. Pero la cosa
> es otra (y diferente) pues la rosa
> es la que arde en mis manos, no en mi mente.
>
> Esta es la rosa misma. Y en esencia.
> Olorosa. Espinosa. Y rosamente
> pura. Encendida. Rosa de presencia.
>
> La Rosa Misma es la que ve la gente.
> No es la que ausente brilla por su ausencia,
> sino aquella que brilla por presente.

---

13. Alejandro Romualdo, *Poesía íntegra* (Lima, Viva Voz, 1986), p. 83. Todas las citas corresponden a esta edición.

No obstante, en la práctica los poetas sociales no lograron producir una obra que alcanzara el nivel de la de los "poetas puros" que tanto criticaron. Por lo general, la poesía social de estos años presenta una visión simplista del mundo, una visión cuya ingenuidad hubo de ser demostrada por la marcha de la historia. Y precisamente porque tiende a declamar actitudes fijas, carece de la complejidad, tensión, profundidad y dinamismo de la poesía de César Vallejo, su modelo principal. Estilísticamente, acusa la influencia de Vallejo y Neruda, a veces de una manera tan obvia y mal asimilada que la crítica llegó a ver la influencia de Vallejo en la poesía peruana como algo nefasto. Además, tiende a sacrificar preocupaciones formales a la expresión de un mensaje y como consecuencia adolece a menudo de deficiencias artísticas, cayendo en la diatriba estridente o en efusiones optimistas. Sumamente sintomático en este respecto es el hecho de que un libro de Scorza se titule *Las imprecaciones*.

Pero, si en conjunto la poesía social no llega a igualar la calidad de la "poesía pura", también debe reconocerse que tuvo sus grandes aciertos. Justamente, los poetas sociales de mayor talla son artistas que dominan su oficio, moldeando la materia prima de su visión social para darle una expresión estéticamente eficaz. Tal es el caso de Juan Gonzalo Rose, quien, si en su primera etapa era culpable a veces de caer en la declamación, elaboró después un tipo de poesía social más sofisticado. Así "Huayno del uru" una de las prosas poéticas de *Las comarcas* (1964), comunica toda la tragedia social representada por la migración del campo a la ciudad, dramatizando la vivencia traumática de sus protagonistas:[14]

> Del lugar ya te fuiste, Valicha. ¿Cómo te encontrarás? A la ciudad te fuiste, donde hasta los guagos tienen boñiga en el corazón. Ahí, Valicha ay qué sera de ti.
>
> Y yo acá solo. Volatinero de las tinieblas, la blanca luna no me sacude. Y hasta Toribio, el amable, no me saluda [...]
>
> El misti, como a ovejita, te encerrará. El pelo, te cortará. Sucia amanecerás. Como los ríos cuando se enferman, así serás. En las chicherías molerás maíz. "Qué lindo culo", te dirán, mi mamacita, señorita. Y los soldados del regimiento con sus espuelas te pisarán, te harán sangrar como a ovejita. Chancro tendrás [...]
>
> Ya no más mi paloma, la que conmigo lloraba. Ya no más mi gorrioncito que se asustaba. Ya no serás mi lorochay, mi lorochay con ojos de oro. Ya no jalaré tu cordoncito. Ya no tendré de tu fineza. Ya no, Valicha cruel. Ya no serás mi tordo lindo. Triste no más he de seguir. Soltero no más seré.
>
> Desde esa noche, malditos estamos, Valicha. Para nosotros, ya la tórtola no cantará, ni la yerba crecerá y aun por los caminos de la muerte iremos solos, llorando como quecllos asustados y sin podernos encontrar.
>
> Ya para nunca, jamás nunca, Valicha.

Y en *Informe al Rey y otros libros secretos* (1969), siguiendo el ejemplo dado por el joven Antonio Cisneros en *Comentarios reales* (1964), Rose adopta la persona de un nuevo Gua-

---

14. Juan Gonzalo Rose, *Obra poética* (Lima, Instituto Nacional de Cultura, 1974), pp. 133-36. Todas las citas corresponden a esta edición.

mán Poma de Ayala para ofrecer al mundo otra "nueva crónica", una historia alternativa que desmitifica la vida peruana. "Fe, esperanza y caridad" (238-39), por ejemplo, cuestiona irónicamente los beneficios que el cristianismo ha aportado al país:

> Aquí, mi Rey, se ven por todas partes
> monasterios e iglesias
> bellamente tallados [...]
> ¿Dónde se alzan los templos
> del idólatra, del que no tuvo tiempo
> para pensar en su alma
> porque sus tripas eran
> más vacías de carne
> que el sagrado misterio?

Semejante preocupación formal caracteriza la obra de Alejandro Romualdo. A veces la influencia de Vallejo resulta demasiado visible, sobre todo en sus primeros libros sociales, pero a través de su carrera Romualdo ha demostrado una voluntad de experimentación en una búsqueda de formas que plasmen su visión social. Su gran dominio del oficio se ve en "Canto coral a Túpac Amaru, que es la libertad" (116-16), poema cuya aparente trasparencia es el resultado de complejos procedimientos, los cuales erigen a la figura histórica de Túpac Amaru en un símbolo convincente de la lucha social y crean un ritmo de letanía que traduce su fe en el inevitable triunfo de la revolución:

> Lo harán volar
> con dinamita. En masa,
> lo cargarán, lo arrastrarán. A golpes
> le llenarán de pólvora la boca.
> Lo volarán:
>   ¡y no podrán matarlo! [...]
>
> Querrán volarlo y no podrán volarlo.
> Querrán romperlo y no podrán romperlo.
> Querrán matarlo y no podrán matarlo.
>
> Al tercer día de los sufrimientos,
> cuando se crea todo consumado,
> gritando ¡libertad! sobre la tierra,
> ha de volver.
>   Y no podrán matarlo.

Si este poema funciona sobre todo a base del ritmo, también se vale de efectos espaciales que apuntan a una dirección que Romualdo hubo de seguir después, ya que en su obra posterior explota la tipografía y la disposición espacial del texto para crear un contrapunto de voces. Así, "Mapa del Perú". (219), de *En la extensión de la palabra* (1974), confronta dos textos que representan dos tradiciones y dos experiencias culturales. Por una parte, la cultura hispánica dominante está representada por fragmentos del célebre poema colonial, "Discurso en loor de la poesía" (1608) de Clarinda, cuya retórica culta, llena de referencias mitológicas, elogia las sublimes bellezas de la poesía, citando como una de sus varias funciones la celebración de gloriosas proezas guerreras; por otra parte, la cultura de los vencidos está representada por una canción popular quechua, que emplea un lenguaje más concreto para expresar las reivindicaciones del campesinado indio que a lo largo de los siglos ha tenido que sufrir las exacciones de los colonizadores españoles y sus descendientes:[15]

(De canto	a canto)
El verso con que Homero eternizaba	
lo que del fuerte Aquiles escribía	Chimpa runakuna
y aquella vena con que lo cantaba	ancha sua runakuna
quisiera que alcanzaras Musa mía	maymi pillko toroy kanchu
para que en grave y sublimado verso	maymi qosne vacay kanchu
cantaras el loor de la Poesía	Chimparunakuna
que ya que el vulgo rústico perverso	ancha sua runakuna
procura aniquilarla tú hicieras	maymi pillko toroy kanchu
su nombre eterno en todo el Universo	Maymi qosne vacay kanchu
Y vosotros Pimpleides cuyo coro	"Entregay entregay
habita el Helicón: dad largo paso	oveja faltaptinqa
y abridnos en favor	tarukawan yapaspa
vuestro tesoro	vicuñawan yapaspa"

Tú celebras los hechos	*las proezas*
de aquellos Chimpa runakuna	
ancha sua runakuna	*que por las armas*
y venturas	*alcanzaron*
honores	
y riqueza ("Entregay entregay	
oveja faltaptinqa	
tarukawan yapaspa	
vicuñawan yapaspa")	

Y dime oh Musa	
	maymi pillko toroy kanchu?
	maymi qosne vacay kanchu?
quién de aquí adelante	
de la poesía viendo la excelencia	
no la amará con un amor constante?	

De esta forma el poema inserta la "poesía pura" de tiempos modernos en una larga tradición que se remonta hasta el primer siglo de la Colonia, ya que desde sus inicios la cultura

---

15. Los versos en quechua reproducen una canción popular de los pastores de ganado. La traducción literal es: "Hombres de la otra orilla/ hombres todos muy ladrones/ ¿dónde está mi toro negro perdido¿/ ¿dónde está mi vaca ploma perdida?/ Entrega entrega/ si falta una oveja/ añade un venado/ añade una vicuña."

hispánica trasladada al Perú se revela como la cultura de una élite dominante, cuyos artistas han colaborado en la explotación de los oprimidos o justificándola o creando un arte etéreo que hace caso omiso de ella.

Asimismo, "Coral a paso de agua mansa" (220) es una especie de trasposición poética de la procesión del Señor de los Milagros, que se vale del montaje y del contrapunto de voces para dar una imagen desmitificadora de "Lima la horrible". Los distintos lugares que el poema recorre cobran una dimensión simbólica, y la ironía del poeta desenmascara la religión como baluarte de un sistema basado en la miseria de las mayorías y contrapone a la tradicional fe cristiana del pueblo peruano un nuevo espíritu de lucha nacido de la desesperación:

> LETICIA   (Dios
> vive: un barrio
> en sombra y una cruz
> eléctrica: ¡*Vive*
> *dios!*)
>
> *"DESAMPARADOS"*
>
> ¡*Tierra*
> *o muerte Avancen*
> *hermanos!*

Por otra parte, se destacan entre la poesía social de estos años poemas en los cuales la temática social cobra mayor impacto por estar arraigada en la experiencia personal. Así, por ejemplo, los versos más notables de Gustavo Valcárcel no son sus textos directamente políticos, sino poemas como "Carta a Violeta", [16] una epístola de amor dirigida a su esposa, la compañera y sostén de su militancia política:

> Ven pronto, cielo junto al cielo,
> surca calles, vuela plazas,
> sube corriendo los pisos de nuestra altísima pobreza.
> Aquí te espero, en esta cama vieja,
> que tanto tiene de mí,
> de tus sueños cercanos, de tus cartas lejanas,
> de nuestros desvelos por los compañeros
> los presos del Perú y el mundo
> los perseguidos del Perú y el mundo
> los explotados del Perú y el mundo.
>
> Ven pronto, estrella y mar, música terrestre
> aquí te espero y mientras llegas
> empezaré a amar el porvenir
> hecho luz entre tus ojos

---

16.   Gustavo Valcárcel, *Sus mejores poemas* (Lima, Perú Nuevo, 1960), pp. 82-85.

> pan en las manos de los niños
> leche en tus senos, ala en tu voz,
> verso en tu cuerpo, rayo en tus labios,
> eternidad en tu grito de gran madre,
> rosa roja en tu pasión de comunista
> y alba en todo lo tuyo que me estoy llevando al sueño.
>
> Escribiéndote duermo, camarada,
> seguro de que, al despertarme, juntos
> gozaremos el resto de la lucha
> tomados de la mano hasta que caiga yo
> hasta que quepen mis huesos en la tierra nuestra
> hasta que mi sangre se despeñe en ti
> río incabable, vida, vida…

Asimismo, Juan Gonzalo Rose, que a través de su carrera cultivó igualmente la poesía social y poesía personal, combina ambas en la conmovedora "Carta a María Teresa" (63-65), una epístola dirigida a su hermana menor en la cual procura hacerle entender los motivos que lo llevaron a la militancia política que hubo de causar tanta pena a su madre:

> Para ti debo ser, pequeña hermana,
> el hombre malo que hace llorar a mamá […]
>
> Mas una tarde, hermana,
> te han de herir en la calle
> los juguetes ajenos;
> la risa de los pobres
> ceñirá tu cintura
> y andando de puntillas
> llegará tu perdón.

En la obra posterior de Rose se nota una creciente preocupación por la muerte. Así, en "Escribano en la balanza" (261-62), de *Informe al Rey y otros libros secretos,* hace un recuento de su vida. El poeta/cronista reconoce la vanidad de sus actividades socio-literarias, ya que sus poemas/informes han caído en el vacío, ignorados por el Rey —el orden establecido— a quien iban dirigidos. Este sentimiento de fracaso está intensificado por el reconocimiento de que detrás del Rey se esconde el tiempo, el verdadero tirano que gobierna la vida de los hombres, y que, como todo lo humano, su obra ha de caer en el olvido. Pero el poeta se niega a aceptar la derrota y con un gesto de desafío insiste en que, a pesar de la indiferencia de las autoridades y la acción destructora del tiempo, sus palabras han de perdurar como mensaje de resistencia a un orden social injusto y como testimonio del triunfo del hombre sobre el tiempo mediante la creación artística:

> ¿Quién habrá de escucharlos, Rey
> Artero,
> cuando las horas huecas

> alarguen a mis pencas sus hocicos?
> Nadie.
> Nadie.
> Pero entre los aperos de tus largos veranos,
> ¡oh Rey del Exterminio!, seguirás
> encontrando mis mensajes:
> éste es mi oficio.

En este magnífico poema el tema social adquiere una fuerza inusitada porque está enfocado como un aspecto del drama existencial del poeta y va enriquecido por las emociones propias de éste.

Además de estos aciertos y a pesar de las limitaciones que hemos apuntado, la poesía social ejerció una influencia positiva, en cuanto llevó al primer plano un área de la experiencia peruana que ya no se podía ignorar. Por otra parte, aunque la "poesía pura" hubo de continuarse con Chariarse y Bendezú, por lo general iba perdiendo vigencia el tipo de poesía que daba la espalda al mundo para ocuparse de su propia realidad alternativa. Y, hacia fines de la década de los 50, aparecieron otros poetas que hubieron de superar la dicotomía entre "poesía social" y "poesía pura", creando una obra que no sólo combina la expresión de vivencias personales con una preocupación social, sino que enfoca la situación personal del poeta en el contexto del proceso histórico-social. Entre ellos se destacan Wáshington Delgado y Pablo Guevara.

Wáshington Delgado cultiva una poesía de tonalidad menor, una poesía meditativa, reposada, comedida y superficialmente sencilla. Sin embargo, esa tonalidad expresa, de manera mucho más convincente que la diatriba en la cual incurre tanta poesía social, el drama del intelectual de izquierdas alienado en un país social y políticamente atrasado. Es significativo que dos libros de Delgado se titulen *El extranjero* (1956) y *Destierro por vida* (1970), porque en toda su obra subyace la vivencia de sentirse un exiliado en su propio país, ya que el Perú nunca ha sido para él una verdadera patria con la cual pueda identificarse. Así, en "El extranjero", revisa la historia y las tradiciones nacionales en busca de algún valor positivo que le devuelva su fe patriótica, pero en el pasado de su país no encuentra nada digno de respeto que le ofrezca esperanza para el futuro: [17]

> Pregunto por mi patria
> y mi esperanza busca una palabra, el nombre
> de una ciudad antigua, de una calle pequeña,
> de una fecha de victoria o desolación [...]
>
> Si toda esperanza surge del pasado
> nada en verdad poseo...

La poesía de Delgado tiende a oscilar entre dos polos. Por una parte, reconociendo, como lo hace en "El ciudadano en su rincón" (153), que no es sino otro hombre más de la

---

17. Wáshington Delgado, *Un mundo dividido* (Lima, Casa de la Cultura del Perú, 1970), p. 52. Todas las citas corresponden a esta edición.

calle, impotente para cambiar la sociedad, llega a un *modus vivendi* con su medio, instalándose en su rincón para vivir su vida como mejor pueda, esforzándose por ser una persona decente, cultivando sus actividades intelectuales y artísticas, y aprovechando los momentos de felicidad que la vida le proporciona. Gran parte de su obra consta de una poesía privada, en la que medita sobre el sentido de la vida. "La condición humana" (161) y "Necesidad de la vida y el sueño" (162) expresan el hastío de vivir una existencia absurda, sin trascendencia, pero en otros poemas, como "Apice de la hermosura" (72) y "Dioses" (75), Delgado encuentra placer y sentido en las cosas humildes y elementales, a las que los hombres no suelen prestar importancia pero que dan a la vida su encanto y la hacen digna de vivirse. Y "El alba y el agua" (177), "Serenidad" (187) y "Los amores humildes" (202), como los demás poemas de *Parque* (1965), celebran las distintas facetas de la naturaleza gozadas en un parque urbano, un oasis de paz y belleza en medio del ambiente alienante de la gran ciudad.

Sin embargo, esta reclusión en su mundo privado no le satisface, y en "Poema moral" (146) Delgado reconoce que, al optar por aislarse y por cultivar una poesía sin riesgos, ha optado por la misma línea cómoda que el resto de la sociedad y que, en efecto, ha vendido su alma a las clases dirigentes y colaborado en la perpetuación de un orden social injusto. "Monólogo del habitante" (225-26) es un examen de conciencia, al final del cual reconoce la esterilidad de su vida como hombre y como poeta, renuncia al aislamiento y sale a unirse con sus semejantes en la lucha por construir un mundo nuevo:

> Qué inútil es
> la soledad y qué inútil el amor
> ciego, individual y melancólico,
> refugiado en los parques, hundido en los versos
> de Bécquer o arrinconado en una cama
> tan inútil como el amor, como la soledad [...]
>
> Mi habitación de nada sirve.
> La posteridad me espera en la calle.
> Mi monólogo ha terminado.

El otro polo de su obra, por consiguiente, es una poesía social que denuncia la injusticia y expresa su adhesión a la lucha de clases, a veces en un tono de seriedad moral, a veces, como en "Las buenas maneras" (155) y "Sabiduría humana" (157), empleando una ironía irreverente para desenmascarar los valores que apuntalan el sistema dominante. Así, "Historia del Perú" (160) desmitifica la historia nacional, definiéndola como "veinte palabras/ que nada dicen", y en "Los pensamientos puros" (154) pide cuentas a los representantes del orden establecido, anunciando el inminente día del desquite. Reflejando el espíritu de optimismo que se extendió por toda Latinoamérica en la época de la Revolución Cubana, varios poemas expresan sus esperanzas de un futuro redimido, pero esas esperanzas fueron burladas por acontecimientos posteriores como el fracaso de los movimientos guerrilleros de los años 60, y Delgado fue demasiado realista para abrigar ilusiones falsas. Así en "Canción del amante de la libertad" (231) se resigna tristemente a la frustración de sus sueños de un mundo liberado.

Hay que subrayar que estos dos tipos de poesía —la privada y la social— no corresponden a distintas fases de la obra de Delgado sino que coexisten. En parte, son expresiones igualmente válidas de diferentes lados de su personalidad. Pero, más que eso, revelan dos actitudes contradictorias ante la vida pública, una de reclusión desilusionada, otra de compromiso apasionado. El dilema moral e intelectual de un hombre atraído hacia dos direcciones a la vez está tratado en "Pluralidad de los mundos" (227-28). Por una parte, el poeta se presenta como una persona que da la espalda a la sociedad para vivir en el mundo más satisfactorio de los libros, siendo su justificación su escepticismo total respecto a la capacidad del hombre para cambiar el curso de la historia:

> Leo los libros de Marx y sé
> que la historia se repite
> y es una farsa
> como para llorar.
> Los retratos acaricio
> de mis hijos que han de morir
> en medio de los nuevos basurales.

Por otra parte, el ejemplo heroico dado por los que luchan y mueren para transformar la sociedad pone de relieve la esterilidad de su propia actividad intelectual:

> En las montañas, los hombres
> mueren y combaten,
> yo enciendo un cigarrillo y lo reparto
> entre cincuenta mundos
> sin sentido.

Ningún otro poeta peruano ha expresado como Delgado la tensión entre el deseo apasionado del cambio socio-político y el reconocimiento de que tales esperanzas eran un espejismo en las condiciones que prevalecieron en los años 50 y 60. "Globe Trotter" (232-34) cierra su obra reunida con una conclusión desesperada, presentando al poeta como un peregrino perdido en un desierto del cual no encuentra salida. Sin embargo, aunque reconoce que los varios caminos que ha recorrido no llegan a ninguna parte y que lo único que ha logrado es agregar sus "pequeñas tristezas" al "dolor de los siglos" (207), se obstina en "Poema arbitrario" y "Difícil soneto" en creer en el futuro por ser lo único que le queda:

> Vivo para mañana y eso es todo.
> Y eso no es nada. Y, sin embargo, es
> la única luz que alumbra este soneto. (221)

De los poetas del 50 el que más influencia ejerció en las generaciones posteriores fue Pablo Guevara. En su obra se pueden notar ciertas constantes. Así, uno de sus primeros poemas, la elegía "Mi padre, un zapatero", de *Retorno a la creatura* (1957), rinde homenaje al humilde artesano que fue su padre, y "Los sapos" y "Las tortugas", como otros poemas de *Los habitantes* (1965), establecen un contraste entre la inocencia del mundo natural y los vicios de la ciudad. Toda la obra de Guevara es, en efecto, una reivindicación de las virtudes humanas del hombre común y corriente en contraposición al egoísmo despiadado de los que detentan el poder, y de los instintos naturales en contraposición a los códigos deshumanizadores que rigen en la sociedad.

Como se puede apreciar en *Los habitantes* y *Crónicas contra los bribones* (1967), parece haber ejercido una influencia decisiva sobre Guevara su estadía en Europa a fines de la década de los 50. Como consecuencia de esa experiencia, llegó a comprender cómo el destino del individuo está determinado por procesos histórico-sociales. Porque en las grandes ciudades del viejo continente se encontraba en el centro de una civilización que había impuesto al mundo sus valores, sus instituciones y su estilo de vida, una civilización basada en la persecución insensata de riqueza y poder, en la rapacidad egoísta y el dominio cruel, y le parecía que esa civilización no sólo había causado incalculables privaciones y sufrimientos a los débiles e indefensos, sino que había sofocado y distorsionado el desarrollo de la personalidad humana. Así, "Oh Babilonia, oh Babilonia" evoca la larga historia de violencia y rapiña que es la otra cara de la gran cultura de occidente, y "Los burgueses son bestias" expresa la tristeza y la indignación de un hombre que no llega a explicarse cómo un sistema tan obviamente absurdo e inhumano puede haber persistido a través de los siglos:[18]

> Oh mundo de la necesidad,
> ¿eres acaso inmortal?
> "Los burgueses son bestias,
> los burgueses son bestias",
> lo digo cada día, pero es
> por los ejércitos del mundo
> que el Orden Burgués supervive.
>
> Nunca lo dejé de saber,
> nunca lo dejé de saber,
> pero debo poder enfrentarme
> al rinoceronte que bufa
> en Place Vendôme desde 1871
> —año de derrota de la Comuna—,
> a través de las mareas
> que ascienden y descienden,
> ¡años de la crueldad y la estupidez!

En contraposición, el arte está visto como una afirmación de la vida en poemas como "Giotto" y en otros los amantes están representados como librando una campaña de resistencia en defensa de los valores humanos. Pero son, sobre todo, las simples virtudes del hombre común las que inspiran en Guevara esperanza y fe en la humanidad. Así, "Nietos y abuelos" contrapone a la piratería mediante la cual los aventureros capitalistas acumulan sus ganancias, el apacible contento con el cual unos pescadores humildes regresan a casa al terminar la jornada:[19]

---

18. Pablo Guevara, *Los habitantes* (Lima, La Rama Florida, 1965). Las páginas están sin numerar.

19. Pablo Guevara, *Crónicas contra los bribones* (Lima, Milla Batres, 1967). Las páginas están sin numerar.

Sé que a estas horas caminan por las calles penetrantes del
 [arenque,
hacia las costas del hogar más tierno, tras la difícil pesca
[...] enseñan a mi corazón
—cansado a veces— modestia, sencillez,
confianza en voces, enseñan al inclemente
ganada paz en dignidad y no el silencio
después de las matanzas, al perderse de armadas
mortalmente triunfales, bajo ardores de cañones
nunca calmos de banqueros, mercaderes
e histéricos burgueses: *gentil uomini,*
todos unos caballeros ávidos de sangre.

Bajo la influencia de la poesía anglo-sajona y de acuerdo con la tendencia de la poesía de los años 60 y 70, Guevara hubo de abandonar el concepto del poema como una unidad estilística cerrada, a favor de un poema más abierto, de estructura más libre y que incorpora diversos discursos y tonos, una evolución que se nota sobre todo en *Hotel del Cuzco y otras provincias del Perú* (1972).[20] Aquí Guevara enfoca la realidad de manera más directa y si la sección central del libro reanuda su ataque contra los valores e instituciones de la civilización occidental, esto sirve para situar el caso peruano en un contexto global. Las otras dos secciones presentan un contraste entre las provincias y la capital. En "La mazamorra morada" el típico dulce limeño del título se convierte en símbolo de la molicie malsana del temperamento criollo, que a través de los siglos ha aceptado la injusticia social con pasividad, distrayéndose en las diversiones y en la religión. Evocando el subdesarrollo urbano típico del tercer mundo, el poema personifica a Lima como una joven retrasada que vive en la miseria y está incapacitada para llevar la vida plena representada por el amor y cuyos ocasionales falsos embarazos simbolizan una promesa de progreso que nunca se realiza:

PERO EN EL UNIVERSO
Lima sigue siendo la Tarda o la Tarada,
la pequeña macrocefálica con deficiente circulación
a pesar de las Avenidas del Dictador, General o Burgomaestre,
una joven desahuciada para el Amor [...]
La Tarda se arrastra,
se corre la paja, menstrúa unas veces,
otras veces no y se piensa que va a dar a luz
un vástago hermoso y justiciero, pero no pasa nada... (71)

Por contraste, en "Hotel del Cuzco" (15-25) la antigua capital de los incas, antes el "ombligo del mundo", está vista como la cuna de la revolución venidera, cuya vanguardia inconsciente son los indígenas humildes y sufridos, que nunca han aceptado la cultura dominante y obstinadamente se aferran a sus usos y costumbres mientras esperan el día cuando recu-

---

20. Pablo Guevara, *Hotel del Cuzco y otras provincias del Perú* (Lima, Instituto Nacional de Cultura, 1972). Las citas siguientes corresponden a esta edición.

peren lo suyo. Convencido de la necesidad de derrocar el orden establecido mediante una revolución auténticamente popular, Guevara celebra los movimientos guerrilleros de los años 60 en "Los ecuestres" (12-13). Aquí, los guerrilleros están representados como los descendientes modernos de los hunos, quienes, en contra de la versión consagrada, están vistos como los héroes de una historia alternativa, la historia del hombre común y de su lucha contra los órdenes sociales injustos impuestos por los poderosos:

> Llegaron al punto
> en que se volvió a demostrar
> que lo habitual y lo cotidiano
> *es la Historia*
> y que vahos, sudores, llagas, imprecaciones,
> pies como globos, diarreas, caídas, maldiciones
> a través de muchos kilómetros sin testimonios
> *son la Historia,*
> *otra Historia,*
> y destruyeron el Imperio Romano
> y su injusta *PAX.*

4. CARLOS GERMÁN EN BÉTICA NO BELLA

De los poetas que aparecieron en los años 50, la figura más destacada es, sin duda, Carlos Germán Belli. "Cepo de Lima" apunta a la vivencia central de su obra, la frustración de vivir atrapado en el medio alienante de la sociedad peruana.[21] Aquí se nos presenta como un hombre derrotado y desmoralizado y explica que es porque los que tienen la desgracia de nacer en Lima se encuentran atrapados en un cepo que inexorablemente los va aplastando:

> Por tu cepo es, ¡ay Lima!, bien lo sé,
> que tanto cuna cuanto tumba es siempre
> para quien acá nace, vive y muere.

Pero a diferencia de otros poetas de la época, Belli es apolítico por temperamento y se limita a poetizar su propia situación, el drama banal de un humilde miembro de la clase media que lucha por subsistir como mejor pueda. Durante varios años Belli trabajó como funcionario del Estado y su poesía expresa la humillación y la frustración de un pobre empleado acosado por problemas económicos, que se siente esclavo de un desmoralizador oficio rutinario, que se encuentra en condiciones que le niegan la posibilidad de realizar su potencial humano, y que no ve delante de sí otra perspectiva que años de trabajo mal remunerado.

Así, "Los bofes" (75) representa el trabajo burocrático como un estado de esclavitud, traduciendo el tedio y la desmoralización de la rutina burocrática en imágenes de penoso trabajo manual y agotamiento físico. El primer verso junta la expresión coloquial "botar

---

21. Carlos Germán Belli, *El pie sobre el cuello* (Montevideo, Alfa, 1967), p. 87. Si no hay otra indicación, todas las citas corresponden a esta edición.

bofes" con un hipérbaton clásico que pudiera ser de Góngora, y la incongruencia entre el giro majestuoso y la idea expresada subraya la humillante servidumbre del poeta:

> Estos que hoy bofes boto mal mi grado,
> tamaños montes cuando me jubile,
> como mil dejaré al fin (¡ja, ja, ja!
> bofes, ¡ja, ja, ja! bofes nunca más);
> y redimido así de bofes ya
> hacia la huesa iré con talares alas,
> antes que tornen mala vez de nuevo
> amos viles a donde mí con priesa,
> a llenarme el vacío cuerpo y liso,
> para que luego luego, mal mi grado,
> bote yo otras mil nuevas asaduras.

Lo que da eficacia a estos versos es el empleo de una expresión figurada en un sentido literal: en el trabajo el poeta ha echado bofes a tal punto que, cuando se jubile, habrán formado montes y su cuerpo se habrá vaciado de sus entrañas. Pero su regocijo ante esta liberación futura es viciado en seguida por la sospecha inquietante de que los patrones son capaces de recoger sus entrañas y de colocárselas nuevamente en el cuerpo para que siga trabajando para ellos. Es sólo en la muerte, nos dice, donde puede estar seguro de escaparse de sus fatigas.

En "Ras con ras" (90) el humilde funcionario toma su revancha imaginándose lo que la muerte tiene guardado para los jefes que lo tiranizan. Reducidos todos al mismo nivel, tanto los cadáveres de los poderosos como los de los humildes han de servir de alimento para "los delicados estómagos" de los elementos:

> Los cuerpos en la tumba parejos al fin yacen,
> y a pulpa reducidos, rallados, machacados
> y en jalea aun trocados ídem por ídem ya,
> para los delicados estómagos del aire.

La fantasía vengativa del poeta elabora esta visión y goza pensando que la muerte será un infierno donde los amos, tiranizados por los elementos, han de sudar eternamente para proveerlos de comida. De esta forma los jefes conocerán de primera mano la misma esclavitud a la que han sometido a sus subordinados en la vida:

> Pues los jefes hoy día, inmóviles ayer,
> gordas gotas rebosan en las arcas del éter,
> igual a trompicones de acá para acullá,
> y en el vivo retrato de sus subordinados
> para siempre trocándose bajo el talón del aire.

Como se ve, la temática de esta poesía es banal. Su expresión, en cambio, es sumamente original, porque Belli ha desarrollado un estilo muy personal, que conjuga elementos derivados de la poesía española del Siglo de Oro —imágenes clásicas; un vocabulario arcaizante; una sintaxis desconcertante caracterizada por el hipérbaton y la elipsis; el empleo frecuente de epítetos reiterativos; una predilección por el endecasílabo y el heptasílabo— y una temática, imágenes y un léxico modernos. En sus mejores poemas el resultado es una poesía emocionalmente cargada y artísticamente lograda, en la cual lo personal adquiere un valor universal y la crítica social resulta más eficaz que en la mayor parte de la poesía directamente política de la época.

La obra de Belli entraña una cosmovisión bastante parecida a la de Vallejo, una visión de un mundo cruelmente competitivo, donde los fuertes dominan y para el cual se siente mal armado. Así, "Poema" (78) representa el nacer como una catástrofe y evoca la aprensión con la que el feto sale del vientre materno a un mundo frío e inhóspito, donde los débiles están condenados a ser castigados por su debilidad:

> Frunce el feto su frente
> y sus cejas enarca cuando pasa
> del luminoso vientre
> al albergue terreno,
> do se truecan sin tasa
> la luz en niebla, la cisterna en cieno;
> y abandonar le duele al fin el claustro,
> en que no rugen ni cierzo ni austro…

Los últimos versos introducen un elemento inesperado, aduciendo, como otro motivo más de la aprensión del feto, que, después del trama del parto, corre el riesgo de

> …verse aun despeñado
> desde el más alto risco,
> cual un feto no amado,
> por tartamudo y cojo o manco o bizco.

La imagen del exterminio del niño deforme da a entender que la vida es implacablemente cruel con los débiles y que el que nace con algún defecto está destinado a sufrir por ello en el curso de su existencia. Porque no sólo la vida le perjudica de entrada, sino que después lo castiga por las deficiencias que ella misma le ha infligido.

En una serie de poemas Belli ve en la invalidez de su hermano Alfonso, paralítico desde nacimiento, la prueba de que la vida es esencialmente injusta en cuanto caprichosamente favorece a algunos y perjudica a otros. "A mi hermano Alfonso" (76) emplea una de sus imágenes predilectas —la del cepo— para simbolizar la enfermedad que inmoviliza a su hermano y lo deja arraigado a la tierra como una ostra:

> Pues tanto el leño cuanto el crudo hierro
> del cepo que severo te avasalla,
> unidos cual un órgano se encuentran
> desde el cuello hasta las plantas,
> no sólo a flor de cuero,
> mas sí en el lecho de tu propio tuétano,
> que te dejan cual ostra

a la faz del orbe así arraigado;
y el leve vuelo en fin
que en el cerúleo claustro siempre ejerce
el ave más que el austro desalada,
¿cuándo a ti llegará?,
mientras abajo tú en un aprisco solo
no mueves hueso alguno
ni agitas ya la lengua
para llamar al aire;
pues en el orbe todo viene y va
al soplo de la vida,
que pródigo se torna
para muchos y a no más otros pocos
áspero, vano o nada para siempre.

Comparando la parálisis de Alfonso con la libertad del pájaro que vuela a voluntad por los cielos, el poeta denuncia la injusticia de que se niegue a unos pocos desgraciados como su hermano la facultad de movimiento de la que gozan todas las demás criaturas. Porque, sin esta facultad, que tanto como el aire es el "soplo de la vida", Alfonso no puede realizarse como humano sino que está condenado a la condición de un vegetal.

Lejos de atenuar las injusticias inherentes a la vida, la sociedad retratada en la poesía de Belli las refleja y las acentúa. En "Segregación N° 1" (15) el Perú se ve, a través de los ojos de un niño, como un país donde los pobres se refugian bajo tierra mientras que arriba una pequeña clase privilegiada lo posee todo, dirige todo en beneficio propio y goza de todas las ventajas de la riqueza y del poder:

Yo, mamá, mis dos hermanos
y muchos peruanitos
abrimos un hueco hondo, hondo
donde nos guarecemos,
porque arriba todo tiene dueño,
todo está cerrado con llave,
sellado firmemente,
porque arriba todo tiene reserva:
la sombra del árbol, las flores,
los frutos, el techo, las ruedas,
el agua, los lápices,
y optamos por hundirnos
en el fondo de la tierra,
más abajo que nunca,
lejos muy lejos de los jefes,
hoy domingo,
lejos muy lejos de los dueños,
entre las patas de los animalitos,
porque arriba
hay algunos que manejan todo,

> que escriben, que cantan, que bailan,
> que hablan hermosamente,
> y nosotros rojos de vergüenza,
> tan sólo deseamos desaparecer
> en pedacititos.

El niño explica que él y los suyos se ven obligados a guarecerse bajo tierra porque la tierra y cuanto está sobre su superficie pertenecen a otros y no hay sitio para ellos; se refugian allí también para escapar de la tiranía de los amos, cuyo poder se extiende por todas partes; y finalmente se esconden bajo tierra para ocultar de los ojos despreciativos de los ricos elegantes y refinados la vergüenza de su pobreza e incultura. El mundo subterráneo es, por lo tanto, una metáfora de la desvalidez, el avasallamiento y la humillación que son la herencia de los pobres. La eficacia del poema se debe sobre todo a la perspectiva ingenua del niño, que no comprende por qué el mundo adulto permite las injusticias e insensateces que él percibe tan claramente. Su perplejidad ofendida e impotente es la del poeta mismo.

Varios poemas establecen un contraste entre las privaciones y frustraciones sufridas por el poeta y la opulencia y bienestar de que gozan la clases privilegiadas. Así, "Por el monte abajo" (104) expresa su envidia de esos seres afortunados que, favorecidos por las ventajas que son propias de su clase, prosperan sin esforzarse, como si el destino les hubiera entregado el universo entero para que saciaran todos sus apetitos:

> Cuán fácil otros van a más sin pena,
> centuplicando el tono así boyantes,
> como si de ellos fuere el sino sólo
> el alma y cuerpo a tutiplén llenar
> con aire, fuego y agua.

El carácter competitivo de la sociedad se expresa mediante la metáfora del monte en cuya cumbre se conquista no sólo el premio del bienestar económico sino sobre todo la independencia para realizarse como persona. Los privilegiados alcanzan las alturas sin dificultades, pero, por más que lucha por subir, el poeta va rodando por el monte abajo hasta llegar al irrisorio reino subterráneo que es la herencia humillante de los pobres:

> En tanto que los otros raudo suben,
> a la par a este feudo nos venimos,
> a derribarnos en sus hondos antros
> que así tal vez el horroroso cetro
> del deterioro habremos.

Puesto que el orden social no hace sino reflejar las injusticias fundamentales de la vida, Belli puede establecer un paralelismo entre la condición física de su hermano Alfonso y su propia condición social, un paralelismo que ya ha sido señalado por Javier Sologuren: "La invalidez de aquél va a extenderse analógicamente a otra condición diferente —la pobreza— coincidentes ambas en un punto común: el duro sometimiento, el avasallamiento, la servidumbre"[22]. Así, "A la zaga" (76) iguala a los dos hermanos en su destino común:

22.   Javier Sologuren, *Tres poetas, tres obras. Belli-Delgado Salazar Bondy* (Lima, Instituto Raúl Porras Barrenechea, 1969), p. 14.

> ... pasando los años me he quedado
> a la zaga, ¡oh hermano!, y ya a tu par,
> codo a codo, pie a pie, seso a seso,
> hoy me avasallan todos...

Como la parálisis de Alfonso, la servidumbre económica del poeta es una condición que le impide llevar una vida libre y plena y que lo condena a ser dominado y manipulado por los demás.

Es que, como su hermano, el poeta no ha sido dotado con las cualidades necesarias para triunfar en la vida. En "Una desconocida voz..." (45), por ejemplo, se presenta como un hombre que ha nacido defectuoso y, aunque por milagro ha podido sobrevivir, su deficiencia le incapacita para la conquista de la buena vida que es el monopolio de los fuertes:

> Una desconocida voz me dijo:
> "no folgarás con Filis, no, en el prado,
> si con hierros te sacan
> del luminoso claustro, feto mío;"
> y ahora que en este albergue arisco
> encuéntrome ya desde varios lustros,
> pregunto por qué no fui despeñado,
> desde el más alto risco,
> por tartamudo o cojo o manco o bizco.

"Sextina del mea culpa" (105) identifica esta deficiencia como la falta de un sentido práctico, la cual lo condena al fracaso en una sociedad competitiva:

> desde que por primera vez mi seso
> entretejió la malla de los hechos,
> con las torcidas sogas de la zaga,
> [...] cautivo yazgo hasta la muerte [...]
>
> De los oficios y el amor en zaga,
> por designio exclusivo de mi seso,
> me dejan así los mortales daños.

La palabra "zaga", que Belli suele emplear con predilección, define la lucha por la vida como una carrera en la cual él se rezaga tras los demás hombres. Su fracaso lo atribuye a la incapacidad de su inteligencia para dominar los problemas prácticos del vivir. El raciocinio está representado como un proceso de tejer los hechos en una malla, pero para esta tarea el cerebro lento y torpe del poeta no dispone de los hilos delicados que hacen falta sino de pesadas sogas, que además se tuercen y se enredan, de manera que la única red que consigue tejer es la que lo aprisiona en una posición de inferioridad social.

Hasta sus inclinaciones artísticas son un lastre, porque en un mundo competitivo no tienen ningún valor material y, más bien, lo inhabilitan para la lucha por la vida. Por eso, en "Epigrama II" (98) Belli se desespera de la posibilidad de librarse de la miseria simbolizada por los piojos que pululan por su cuerpo y que no sólo se alimentan de su carne sino que devoran su ser interior:

> ¿Cuál mano, Marcio, cuál peine
> arrojará alguna vez
> de tu cabelludo cuero
> tantas arraigadas liendres?
> Pues tus piojuelos engullen
> no el polvo de las afueras,
> ni de tu cuero la grasa,
> sino la clara primicia
> de las mil lecturas varias,
> que en ti, Marcio, de los libros
> por tus ojos hasta el buche
> del insecto pasar suele,
> confinándote a la zaga.

Al desgraciado poeta le parece que todos los libros que ha leído y toda la cultura que ha adquirido no sirven sino para alimentar sus piojos, es decir, para agravar su miseria. Porque en una sociedad que concede poca importancia a la cultura, los conocimientos intelectuales y el amor a la literatura resultan inútiles y hasta perjudiciales, rebajando al hombre de letras al último peldaño de la escala social.

Mientras Vallejo expresa su insuficiencia ante la vida mediante la persona poética del niño indefenso, la persona que adopta Belli es la del eterno perdedor, el pobre desgraciado a quien le toca ser intimidado y pisado por otros más fuertes que él y quedar mirando con triste envidia mientras se llevan los premios en los cuales había puesto el corazón. En la carrera de la vida siempre es él quien queda rezagado:

> … postrero en todo he llegado. (93)

> … inmóvil yazgo siempre en zaga. (106)

Rumiando sus desgracias, llega a sentir que es el último y el más bajo, el más humilde y el más miserable de la especie humana, y que es la víctima de una conspiración urdida por la humanidad entera:

> pienso yo muchas veces,
> que entre sí hayan pactado
> desde su edad primera,
> para prevaler sobre mí no más,
> el extraño, el amigo o el hermano. (56)

Se ve como el "más avasallado de la tierra" (73), sufriendo "cual casi nadie en este crudo siglo" (104), y señalado para desempeñar las tareas más arduas y humillantes:

> … de abolladuras ornado estoy
> por faenas que me habéis señalado
> tan sólo a mí y a nadie más ¿por qué? (67)

Una de sus técnicas más características —la de rematar una enumeración con un elemento inesperado— subraya este sentido de postergación abyecta. Es tanta su inferioridad que le pisotean hasta los que no han nacido todavía:

> hoy me avasallan todos y amos tengo
> mayores, coetáneos y menores,
> y hasta los nuevos fetos por llegar. (79)

Tan bajo se halla en la escala social que hasta sus piojos y su prole aún no empollada son más que él y queda

> ....a la zaga,
> no sólo del piojo, no,
> mas sí de sus huevecillos. (98)

Esta obsesiva e hiperbólica insistencia en presentarse como el más humillado y avasallado de los hombres corresponde quizá a un concepto de la poesía como una catarsis, un medio de purificarse del dolor que la vida le causa al poeta. En el fondo es por medio de la poesía como Belli se acomoda a la vida.

Esa poesía es altamente estilizada, manejando un discurso que, al repetirse de poema en poema, establece una red intertextual y crea su propio universo poético. Las bases de ese discurso son un lenguaje arcaizante, una métrica clásica e imágenes y figuras retóricas características de la poesía española del Siglo de Oro, los cuales sirven para crear una versión moderna del mundo pastoril de Garcilaso de la Vega y otros poetas españoles de los siglos XVI y XVII. El poeta, en efecto, se nos presenta como un pastor que cuida su rebaño en el valle; los personajes que pueblan su poesía llevan nombres clásicos como Marcio, Anfriso, Filis; su mundo está regido por dioses mitológicos; y la felicidad está conceptuada en términos paganos y bucólicos como un alegre retozar en las praderas. Además, siguiendo las convenciones de la poesía pastoril, el tono de los poemas suele ser elegíaco.

Pero si la obra de Belli supone una constante alusión intertextual a la gran poesía española del Siglo de Oro, funciona sobre todo a base de un contraste irónico. Mientras los pastores de Garcilaso y los demás poetas de su época podían darse el lujo de lamentar las penas del amor, el pastor peruano se lamenta en un nivel mucho más básico, quejándose de las dificultades de subsistir en un medio inhóspito, y en este sentido el mundo pastoril de Belli viene a ser un símbolo poético del Perú visto como un país que sigue siendo esencialmente feudal. Una referencia a la famosa neblina limeña —el "neblinoso valle de mi cuna" (96)— lo identifica como el valle de Lima, y está representado como una tierra fría, árida e inhóspita donde el poeta-pastor es el siervo de crueles señores feudales, "los amos". Como señala Sologuren, dos imágenes recurrentes traducen esta "vivencia del avasallamiento". [23] La del pie sobre el cuello expresa la humillante subyugación del poeta quien se postra bajo el pie de su amo:

> con el chasis yo vivo de mi cuello
> bajo el rollizo pie del hórrido amo (80)

---

23. Sologuren, p. 21.

La del cepo traduce la condición de servidumbre en la que se encuentra atrapado desde el día de su nacimiento:

> ... en el globo sublunar yacía,
> en los cepos cautivo
> del neblinoso valle de mi cuna. (96)

La frase "globo sublunar" es un circunloquio que recuerda la tendencia de Garcilaso, Luis de León y otros poetas del Siglo de Oro a rehusar expresiones vulgares, pero apunta también al contraste irónico que subyace a la obra de Belli. Si, por un lado, se evoca la distancia que separa la tierra de las esferas celestes, por otro se insinúa que en el caso del poeta peruano tal distancia va más allá de lo platónico, porque, puesto que el valle donde el poeta-pastor se halla esclavizado está envuelto por la neblina, los cielos ni siquiera pueden verse, y así se da a entender que la cotidiana lucha económica lo absorbe de una manera tan absoluta que las preocupaciones espirituales y la posibilidad de trascendencia quedan excluidas de su vida.

Esta implícita oposición entre dos mundos se hace explícita mediante la evocación de Bética como contrapunto del valle de lágrimas feudal donde vive el poeta-pastor peruano. Bética es una verdadera arcadia, una tierra verde, fértil y placentera, donde "el félice bético pastor" (65) vive en libertad y abundancia y goza de amores idílicos. Pero es un país que el poeta sólo puede conocer en la imaginación, puesto que la realidad que le toca vivir es otra. Su tierra es una "Bética no bella" (67), "un vasto campo mustio/ de pan llevar ajeno" (90), donde vive "a la orilla fiera/ del Betis que me helaba" (89), un torrente helado que se parece más al Leteo que al manso Betis que riega la arcadia mítica (79). Allí se ve esclavizado por "crudos zagales" que le privan de la libertad para escribir, bailar y copular (67), y nunca ha podido saborear los placeres paganos a que se entrega el "bético pastor":

> nosotros... no vamos
> por el valle gritando:
> ¡que viva el vino!, ¡que viva la cópula! (47)

Como símbolo poético, Bética funciona a dos niveles. Al evocar la antigua Andalucía, el *beatus ille* de los poetas del Siglo de Oro, representa un ideal, siendo un compendio de los deseos del poeta, de sus sueños de libertad y realización personal, pero en última instancia sirve como un recurso negativo, subrayando por contraste su frustración y las imperfecciones del mundo en que vive. Por otro lado, al evocar el escenario de la gran poesía del Siglo de Oro, contrasta las preocupaciones espirituales que podían permitirse los poetas españoles, los representantes de la Europa imperialista y desarrollada, con las de un escritor del tercer mundo, que vive agobiado por los problemas de la subsistencia.

Hay, además, un anacronismo en esta "Bética no bella" que es el Perú de Belli, en cuanto se encuentra dentro de este arcaico mundo pastoril todo el mecanismo de una sociedad urbana moderna, una anomalía que refleja el desarrollo desigual de muchos países del tercer mundo, donde el progreso suele coexistir con el atraso. Por lo tanto, se da la paradoja de que el Perú feudal aparece también como una sociedad moderna, regida por impersonales leyes económicas que reducen al hombre a una pieza en la gran máquina socio-económica. Para simbolizar estas imperiosas fuerzas económicas Belli instala como divinidad suprema de su mundo poético a un personaje inventado, Fisco, el dios de las ganancias, a quien el hombre ofrece el sacrificio de su trabajo con la esperanza de merecer su munificencia, y de esta manera la sujeción del hombre moderno a dictados económicos está representada como un culto a un tiránico dios pagano. Así, el poeta se postra ante el altar de Fisco, pero el dios recibe su ofrenda con desdén:

> Tal cual un can fiel a su dueño sólo,
> así a tus plantas por la vil pitanza
> que dan tus arcas, cuán cosido vivo,
> año tras año.

> Pues por el monto destos bofes míos,
> migas me lanzas como si no humanos
> fuéramos yo, mi dama y mis hijuelas,
> mas sólo hormigas. (97)

En estos versos frases coloquiales como "pitanza" y "bofes" alternan con palabras arcaizantes como "plantas", "destos", "dama" etc., para crear una compleja interacción entre lo antiguo y lo contemporáneo. Tal interacción apunta a una continuidad en la historia humana, insinuando que, a pesar de los cambios y progresos efectuados a lo largo de los siglos, el hombre moderno se halla tan impotente como los antiguos ante las poderosas fuerzas que gobiernan la vida sin que él las pueda comprender ni controlar. Por otro lado, señala una oposición entre la antigüedad y la época moderna, porque mientras el discurso arcaizante tiene el efecto de ennoblecer la vivencia referida al revestirla de la dignidad asociada con la literatura clásica, el lenguaje coloquial funciona en el sentido contrario, envileciendo esa vivencia mediante la vulgarización. Lo que queda insinuado es un contraste entre un pasado heroico, cuando los hombre vivían con dignidad, y un presente mezquino, dominado por la neurótica ansiedad por solucionar el diario problema económico.

Asimismo, las lonjas de "¡Abajo las lonjas!" (47) representan un sistema comercial inhumano que desconoce todo valor que no sea económico:

> ¡Oh Hada Cibernética!,
> cuándo de un soplo asolarás las lonjas,
> que cautivo me tienen,
> y me libres al fin
> para que yo entonces pueda
> dedicarme a buscar una mujer
> dulce como el azúcar,
> suave como la seda,
> y comérmela en pedacitos,
> y gritar después:
> "¡abajo la lonja del azúcar,
> abajo la lonja de la seda!"

El azúcar y la seda que se venden allí llevan al poeta a soñar con la dulzura y la suavidad de la mujer, con la ternura que anhela, pero se ve privado de esa ternura porque es el esclavo del trabajo exigido por un sistema que explota al individuo como ente productor y no toma en cuenta sus necesidades humanas. Por eso pide la destrucción de las lonjas y del espíritu comercial que representan, y entregándose a la fantasía, se complace en imaginar un futuro liberado en el que satisface su hambre de amor y baila con refocilación triunfante entre los escombros del sistema que detesta.

Así como opone a su cruel mundo feudal la arcadia mítica de Bética, Belli crea el Hada Cibernética como contrapunto de Fisco. Una personificación de la tecnología futura que ha de librar al hombre de la esclavitud del trabajo, este personaje desempeña en su poesía el papel del hada buena de los cuentos infantiles. Un día ha de bajar a la tierra para redimir al hombre y el poeta espera con impaciencia la llegada de este nuevo Mesías:

> ¡Oh Hada Cibernética!, ya líbranos
> con tu eléctrico seso y casto antídoto,
> de los oficios hórridos humanos. (62)

En una visión profética evoca un porvenir en que, liberado por el Hada Cibernética, se realiza como persona. Símbolos de este estado futuro son sus manos, que ya no cumplen mecánicamente las tareas del amanuense sino que trascriben alegremente los versos dictados por su inspiración poética, y su cuerpo, que ya no se duele de frustración sino que goza del sosiego que sigue la realización del acto sexual:

> Oh Hada Cibernética
> cuándo harás que los huesos de mis manos
> se muevan alegremente
> para escribir al fin lo que yo desee
> a la hora que me venga en gana
> y los encajes de mis órganos secretos
> tengan facciones sosegadas
> en las últimas horas del día
> mientras la sangre circule como un bálsamo a lo largo
>   [de mi cuerpo (32)

Como Bética, el Hada Cibernética es un símbolo poético que funciona a dos niveles. Por una parte, es un vehículo para expresar el anhelo de liberación y realización personal, proyectado esta vez hacia un futuro mítico, pero como es otro Godot que nunca llega, sirve como recurso negativo para destacar la condición de triste servidumbre vivida por el poeta. Por otra parte, viene a ser un símbolo de la modernización. Si la economía representada por Fisco constituye un anacronismo en el mundo pastoril, el hecho de que esté personificada como una divinidad antigua sugiere que también es anacrónica a nivel de la realidad socio-política. En este sentido "¡Abajo las lonjas!" es un poema sumamente significativo, porque las lonjas, por su asociación con el sistema mercantil del imperialismo, evocan la imagen de una economía atrasada y dependiente. Por eso, el Hada Cibernética puede ser interpretada como símbolo de un proceso modernizante que incorpore al Perú al mundo desarrollado y lo libere del atraso tercermundista, pero como ser mítico que nunca se materializa viene a representar los frustrados anhelos de una sociedad subdesarrollada.

Los mejores poemas de Belli se basan en una tensión entre lo vulgar y lo noble, entre lo moderno y lo antiguo, entre dos perspectivas contradictorias sobre la cotidiana lucha económica del humilde empleado de clase media. En "Cupido y Fisco" (103) esta tensión se refleja en el mismo título, que junta a Cupido, una auténtica deidad de la mitología clásica, y Fisco, una deidad apócrifa inventada por el poeta:

> El sol, la luna y el terrestre globo
> recorrí cuánto arriba abajo ansioso,
> del ara en pos de los antiguos dioses
> Cupido y Fisco.
>
> Asaz temprano comenzó este caso,
> cuando bisoño era y tener quería
> un cuerpo y alma de mujer en casa,
> y un buen salario.
>
> Ya por doquiera perseguí cual loco
> mañana, tarde, noche a bella Filis,
> mas mis hocicos su desdén cuán fiero
> restregó siempre.
>
> Ya letra a letra el abecé retuve,
> que a la pirámide del torvo Fisco
> presto lleváronme, y de cuyas bases
> salir no puedo.
>
> Ahora, en fin, en la madura, ahora,
> ¡ay!, ¿por qué migas en amor y paga,
> si desde tiempo yo a Cupido y Fisco
> cosido yazgo?

El poema consta de cinco estrofas sáficas que estructuran la vivencia referida en una forma simétrica al estilo clásico: las dos primeras estrofas se refieren a Cupido y Fisco, la tercera y la cuarta se ocupan de ellos por separado, y la última los reúne otra vez; un corto verso final remata cada estrofa. Al mismo tiempo un léxico arcaizante —"en pos de", "asaz", "doquiera", "cual", "fiero", "torvo", "presto", "yazgo", etc.— y giros típicos de la gran poesía española del Siglo de Oro— el circunloquio "terrestre globo"; el hipérbaton "del arca en pos de"— revisten esa vivencia de la nobleza asociada con la antigüedad clásica. Y de acuerdo con el tono así creado, la primera estrofa enfoca la vida del poeta bajo una luz heroica, presentándolo como un peregrino que ha atravesado el universo en busca del templo de los dioses del amor y de las ganancias. Además, la enumeración de los planetas en el primer verso, reforzada en el segundo por la expresión "cuánto arriba abajo", da a esta peregrinación un carácter épico y nos hace pensar en los Caballeros de la Mesa Redonda que anduvieron por el mundo en busca del Santo Graal. De esta manera, la lucha del hombre mediano por conquistar una vida decente se eleva a la categoría de una epopeya, tan heroica a su manera como las aventuras de los caballeros andantes de otros tiempos. La segunda estrofa, en cambio, subvierte esta versión de la vida del poeta mediante un lenguaje vulgar y coloquial que refiere su historia escuetamente en términos prosaicos. Aquí la búsqueda épica de la primera estrofa se ve reducida a anhelos banales —lo que el poeta siempre ha deseado, en efecto, es una mujer propia que le proporcione la felicidad doméstica y un sueldo que le permita vivir con cierta comodidad—, los cuales reflejan los horizontes limitados del hombre mediano en el sistema socio-económico imperante.

De hecho, el poema oscila constantemente entre los dos polos delineados en las primeras estrofas. Así, en la tercera estrofa, el poeta refiere su búsqueda del amor en términos que evocan la poesía neo-platónica de Garcilaso y Herrera, presentándose como el infatigable pretendiente de una amada inasequible que lo repulsa altaneramente, pero el noble lustre que esta versión da a su vida amorosa queda desvirtuada por la imagen del desdén que recibe en los hocicos como si fuera un animal, porque sugiere, por un lado, que es su pobreza de humilde empleado lo que le merece el desprecio de las mujeres y, por otro, que su amor supuestamente desinteresado no es sino la lascivia frustrada. Asimismo, la cuarta estrofa representa las desgracias del poeta como la explotación del talento artístico e intelectual al equiparar su servidumbre con la de los artesanos que trabajaban para adornar las tumbas de los Faraones. Pero a su vez esta versión de su trabajo burocrático se ve subvertida por un implícito contraste y por la ambigüedad de la metáfora de la pirámide. En efecto, a diferencia de los artesanos del antiguo Egipto, que dejaron constancia de su talento al legar su arte a la posteridad, él desempeña un oficio rutinario que carece de trascendencia, y la pirámide de Fisco en cuyas bases se encuentra atrapado no es sino una parodia de los magníficos monumentos de los Faraones, siendo una variante del monte como metáfora de la sociedad competitiva que lo condena a la postergación. La última estrofa completa la simetría estructural del poema, ya que la relación de la búsqueda emprendida por el poeta (estrofas 1 y 2) y de la frustración de esa búsqueda (estrofas 3 y 4) termina ahora con una clásica queja contra la mala fortuna. Esta estructuras plasma la vivencia del poeta en una forma noble, pero al mismo tiempo crea una impresión de encierro que refleja la situación en que el poeta se halla atrapado, y es significativo que el sentido de espacio y movimiento comunicado por la primera estrofa dé lugar en la última a un sentido de clausura e inmovilidad. Así, la progresión del texto resulta positiva y negativa a la vez, porque si por un lado lleva el poema a una conclusión artísticamente satisfactoria, por otro lleva a una situación sin salida.

Uno de los textos que mejor ejemplifican la obra de Belli es "Contra el estío" (94), un poema que refiere la derrota del poeta en la lucha por la vida, representada como un "empinado monte" (v. 2) en cuya cima se recogen los frutos del éxito:

> Así tras de asir yo de la cuna a la tumba,
> por cuestas y laderas del empinado monte,
> la cruz de los sudores,
> ya atrás dejar quisiera el horrísono paso
> 5   del humano feliz que en tu ara no derrama
> sudorípara glándula.
>
> Para vasallo tal la buena estrella velas,
> y aun la cima del monte en vano codiciada,
> entre tus áureos rayos,
> 10   como dádiva eterna que opulenta persiste
> en el crudo aquilón y los rígidos hielos
> de ajenas estaciones.

> Entre tanto del fisco bajo el severo ceño,
> gordas gotas botando por razón de tus dardos,
> 15 mal heme asalariado,
> o a la zaga de Filis en lustros más que nunca,
> que sólo por secuaz tuyo el feliz tal vez
>   su corazón conquista.
>
> Pues nunca tornes más, y al otoño cosido
> 20 déjame juntamente de una vez para siempre,
>   de cuyo dulce seno
> de amarillejas hojas yo deseo tan sólo
> hacia el Leteo, en fin, suavemente partir,
>   ¡ea inflamado estío!

El poeta protesta por el hecho de que su vida entera haya sido una constante lucha penosa por escalar el monte de la vida, una lucha inútil ya que en la madurez se encuentra tan lejos de la cumbre como en su infancia. Los sinónimos reiterativos —"por cuesta y laderas" (v.2)— dan a entender que cada vez que trepa una cuesta se ve frente a otra, de manera que la cima codiciada queda siempre fuera de su alcance (v.8). En realidad la única progresión que está destinado a conocer es la que lo lleva hacia la muerte a medida que envejece en el trabajo, y la asonancia que confunde "cuna" con "tumba" (v.1) insinúa que los años entre infancia y muerte no son sino un paréntesis en el que la vida nunca se asume plenamente. Porque, lejos de ayudarle a alcanzar el bienestar que anhela, sus labores mal remuneradas más bien le estorban, puesto que la obligatoria rutina diaria le impide buscar la satisfacción personal en otras actividades más agradables y más fructíferas. Por lo tanto, el trabajo resulta una carga pesada, una cruz que tiene que llevar a cuestas y que le imposibilita para el ascenso, y el monte viene a ser un calvario donde sufre un martirio (v.3). Se trata, claro está, de un martirio muy diferente de la pasión de Cristo, ya que no ha de obrar ninguna redención. Más bien, como Sísifo, el poeta se ve condenado a luchar interminablemente por subir el monte con su carga y a no llegar nunca a la cumbre.

En cambio, el "humano feliz" que tiene la buena fortuna de estar libre del peso del trabajo —la frase sugiere irónicamente que el infeliz poeta no es humano, que el trabajo lo ha despojado de su dignidad de hombre y lo ha reducido a la categoría de una bestia de carga— puede correr a paso ligero hacia la cumbre. Los pasos que el poeta oye encima de él lo atormentan —el áspero adjetivo "horrísono" traduce acústicamente la sensación desagradable que producen en su oído— porque ponen de relieve su propia frustración al señalar que otro ha alcanzado la meta que él anhela en vano. Condenado a estar siempre a la zaga en esta carrera hacia la cumbre, no puede huir de la mofa humillante de esos pasos sino en la muerte y por eso quisiera que su existencia llegara a su fin para así librarse para siempre de una vida de trabajo inútil (vv. 1,4).

El estío es, con la metáfora del monte, el principal elemento alegórico del poema. Es a la vez una metáfora de la juventud y una personificación que combina de una manera muy original tras ideas asociadas tradicionalmente con el calor veraniego —el bienestar, la pasión y el sudor. El estío aparece primero como una deidad que otorga a los hombres el bienestar, visto como un estado de plenitud opulenta (v. 10). Después, el "inflamado estío" (v. 24) excita las pasiones de los hombres y despierta en ellos el deseo del bienestar que ofrece. Finalmente, el estío exige que los hombres suden bajo un sol caluroso para ganar sus favores. Así, con la esperanza de obtener el bienestar, el poeta ofrece a la deidad el sacrificio de su trabajo, derramando su sudor en el ara del estío (vv. 5-6). Pero a pesar de su sacrificio, el dios le niega sus favores, mientras que los confiere al humano feliz que es su hijo predilecto, aunque éste no haya hecho nada para merecerlos. Si la lucha del poeta por escalar el monte recuerda el mito de Sísifo, la conducta caprichosa del dios estío lo relaciona con el Dios del Antiguo Testamento, quien, de una manera igualmente arbitraria, acepta el sacrificio de Abel y rechaza el de Caín. Así, mediante alusiones implícitas a dos grandes mitos de nuestra cultura, la injusticia sufrida por el poeta se inserta en un contexto cósmico, como parte de una injusticia eterna y universal.

El sol, la estrella de la buena fortuna, corona el monte de la vida, emitiendo calor y bienestar, pero también oculta la cima de los ojos del poeta, deslumbrándolo de manera que no puede mirar hacia arriba. De este modo el estío maneja los rayos del sol para defender sus favores —aquí el verbo "velar" tiene también el sentido secundario de "vigilar"—, los cuales guarda para su favorito. Y no sólo otorga a éste el don divino del bienestar sino que se lo otorga a perpetuidad, como un estado de gracia que le ha de sustentar por toda la vida. Aquí el aquilón, un viento helado que es un motivo recurrente en la mitología personal de Belli, evoca los rigores del invierno como metáfora de la vejez, mientras que el verano simboliza la vida plena asociada con la juventud. De esta manera, se da a entender que, mientras que al poeta no le aguarda sino una vejez miserable, el favorito del dios estío seguirá gozando de la buena vida hasta el fin de sus días.

Mientras el humano feliz goza con los favores del estío, el poeta trabaja y suda bajo un sol caluroso por un sueldo miserable (vv. 13-15). A diferencia de otros textos, éste representa al fisco —personificación de las imperiosas leyes económicas— no como el dios de las ganancias, sino como un capataz cruel —la aliteración "severo ceño" subraya acústicamente su crueldad— que agobia al poeta con trabajo y paga sus servicios con una miseria. La imagen que representa los rayos del sol como dardos que pican tiene dos sentidos complementarios: por un lado, el deseo del bienestar suscita la ambición del poeta y le impulsa a luchar por conseguirlo, pero por otro lado el trabajo resulta un tormento. Así la aliteración "gordas gotas" destaca el esfuerzo penoso que tal trabajo supone, mientras que la ambivalencia del sustantivo "gotas" —se trata de gotas de sudor, pero la referencia a los dardos insinúa que podrían ser de sangre— refuerza la idea de tortura. Además, como en este mundo competitivo los únicos que consiguen conquistar el corazón de las mujeres son los favoritos del estío, o sea, los que la vida favorece con el éxito económico, Filis —la bella dama de sus sueños— se le vuelve cada vez más inaccesible a medida que se estanca en la pobreza (vv. 16-18), y el sustantivo "lustros" pone de relieve la distancia que lo separa del amor anhelado.

De este modo, el "inflamado estío" hace sufrir al poeta al despertar en él deseos y ambiciones juveniles que no puede realizar. Harto de luchar en vano, quiere librarse de tales deseos y pide al estío que lo deje para nunca volver, porque ya no anhela sino el sosiego y la resignación de la vejez que lo llevará tranquilamente hacia la muerte, la cual espera como una liberación. Así, el otoño, metáfora de la vejez, está personificado como un personaje maternal y protector en cuyo seno se halla reposo, y el poeta quiere ser cosido a él como el niño está unido a la madre por el cordón umbilical. Si la imagen de las "amarillejas hojas" caídas de los árboles expresa el avance de los años, también evoca la paz que lo acompaña, en cuanto forman un lecho que ofrece descanso. Finalmente, la alusión al Leteo de la mitología clásica representa la muerte como un apacible viaje por río, y las consonantes suaves de los últimos versos —l, ll, s, y, j— crean una impresión de paz, la paz que el poeta espera encontrar por fin al final de la vida.

Como otros textos que hemos visto, el poema se basa en una tensión entre dos visiones contradictorias de la cotidiana lucha económica. Por un lado, maneja una serie de recursos para crear un tono clásico que da cierta majestad a la vivencia referida. Así, personajes y motivos mitológicos, sean auténticos o de la invención del poeta —el dios estío, el fisco, Filis, la buena estrella, el aquilón, el Leteo—, el hipérbaton —"del fisco bajo el severo ceño" (v.13), "por secuaz tuyo el feliz" (v.17), "al otoño cosido/déjame" (vv. 19-20)— y los epítetos reiterativos —"empinado monte" (v.2), "áureos rayos" (v.9), "severo ceño" (v.13)— ayudan a dar la impresión de que nos encontramos ante un texto del Siglo de Oro. Tropos consagrados como las metáforas del monte y de las estaciones insertan la experiencia del poeta en una larga tradición literaria. Además, la forma de la composición —consta de cuatro estrofas de seis versos cada una; predomina el tetradecasílabo, pero el tercer y el sexto verso de cada estrofa son heptasílabos— tiene cierta simetría clásica. En efecto, el mecanismo principal consiste en trasladarnos del mundo contemporáneo a un mundo mitológico de la antigüedad clásica, sacando la vivencia del poeta de su contexto histórico para situarla en un plano mítico. Así, el poeta se convierte en otro Sísifo y, como Caín, se ve rechazado por la deidad. De esta manera, la cotidiana lucha económica cobra la grandeza de la eterna lucha del hombre contra potencias adversas y el pobre empleado se transforma en protagonista de la epopeya humana.

Pero a pesar de su clasicismo, el lector nunca deja de ser consciente de que se trata de un poema moderno. Frases feas o prosaicas como "horrísono paso" (v.4), "sudorípara glándula" (v. 6), "mal heme asalariado" (v. 15) son elementos discordes que rompen el tono clásico. En este mundo de la antigüedad el fisco es un personaje anacrónico inventado por el poeta para simbolizar las modernas fuerzas económicas. Además, el poema sugiere asociaciones no sólo con mitos antiguos sino también con motivos modernos. Así, la situación del poeta en los versos 4-5 y 16-18 evoca un patético personaje de la cultura popular de nuestros tiempos: el pobre infeliz que siempre sale perdiendo y que pierde a la novia frente a un rival rico, guapo y viril. Se podría decir que éste es un texto que se burla de sus propias pretensiones. El poeta coloca su vivencia en el plano del mito, pero siempre volvemos a la situación real. El poema tiene la majestad de una composición clásica, pero somos conscientes de una incongruencia entre la expresión y la situación expresada, una incongruencia que subraya la mediocridad de ésta. Si, por una parte, el poema dignifica la cotidiana lucha económica al presentarla como una noble lucha contra la adversidad, por otra la reduce a la mezquina e intrascendente rutina que es.

En su poesía más reciente Belli sigue cultivando el mismo estilo, pero sin embargo *Canciones y otros poemas* (1982) representa una notable evolución en su obra.[24] No sólo los poemas tienden a ser más largos, más discursivos, más meditativos, sino que abandonan la temática social para asumir un carácter netamente metafísico. Todo el libro está dominado por un deseo obsesivo de poseer un mundo que el poeta siente escapársele de las manos a medida que envejece. Este deseo se manifiesta en poemas de carácter erótico, como "Cuando el espíritu no habla por la boca", donde el trato sexual está conceptuado como la forma más auténtica de autoexpresión y comunión:

---

24.   Carlos Germán Belli, *Canciones y otros poemas* (México, Premià, 1982). Las citas que siguen corresponden a esta edición.

Que el espíritu no habla por la boca,
de aquel que adora a dama como diosa,
y sale afuera al aire plenamente,
del corazón abajo por el monte
para retornar al mujeril seno
hasta los extramuros de la carne,
donde su imperio anuncia
con más empeño que con la palabra;
y asido de las alas del delirio,
de súbito remonta
el más allá del cielo deleitoso
cuando el alma, ¡oh Dios!, por la boca no,
mas por el falo hablando eternamente. (51-52)

"El ansia de saber todo" da voz a su anhelo de penetrar el misterio de la vida y de descubrir alguna certeza absoluta que no sólo dé significado y plenitud a los años que le quedan, sino que le asegure la bienaventuranza en el más allá. Su deseo es

… enterarse de todo de una vez:
cuál es la fuente y cuál es el Leteo,
y en qué punto del universo azul
la inalcanzable ninfa será hallada
(aún no vista por la mente obtusa);
y antes de oír atónito
el ruin ruido del río tenebroso,
por último saber
si el amor que acá empieza en cuerpo y alma,
en tal estado seguirá en la muerte. (8-9)

Otros poemas discurren sobre la naturaleza y el significado de la actividad poética. Así, "Asir la forma que se va" celebra la creación artística como una afirmación de la vida, en cuanto la forma estética es algo intrínsecamente deleitoso, y como una expresión del deseo humano de aferrarse a la vida frente a la muerte, en cuanto representa un intento de dar una forma duradera a lo que inevitablemente se nos escapa:

Aferrémonos a ella, como nos aferramos a nuestra forma corporal, ante el
embate del tiempo, ante la aproximación de la ineludible muerte. (7)

En "La canción inculta" Belli se consuela con la idea de que la poesía confiere una especie de inmortalidad, puesto que seguirá siendo leída por generaciones futuras:

pues se perpetuará
no en los infolios deleznables todos,
mas en algunas otras
almas que no han nacido todavía,
y le abrirán su seno por entero. (31)

El argumento que Belli presenta en este verso es válido no sólo en términos generales, sino también en el caso de su propia poesía. Porque no sólo se ha forjado una voz personal que lo distingue de los demás poetas hispano-hablantes de su época, sino que su manejo magistral del lenguaje y del ritmo trasmuta una temática limitada y hasta banal en una poesía del significado universal y duradero.

5. UNA VOZ FEMENINA: BLANCA VARELA

Entre los primeros poetas coloniales que establecieron las bases de la poesía de lengua española en el Perú figuraron dos mujeres, Clarinda y Amarilis, las respectivas autoras del "Discurso en loor de la poesía" (1608) y la "Epístola a Belardo" (1621). No obstante, el hecho de que ambas poetas se valieran de seudónimos para ocultar su identidad apunta a la subordinación de la mujer en la sociedad peruana, y en la poesía, como en las demás áreas de la vida pública, la presencia femenina ha tendido a ser esporádica y de poco peso. Por eso, la aparición de Blanca Varela en los años 50 marca un hito en las letras nacionales. Varela se destaca, sobre todo, por la calidad de su obra, que sobrepasa la de la mayoría de los poetas masculinos de la época. Al mismo tiempo, escribiendo a partir de su experiencia como mujer, habla con una voz profundamente femenina y, como señala David Sobrevilla, "sus versos difícilmente podrían haber sido escritos por un poeta varón".[25] En efecto, aunque su obra se ocupa sobre todo de la condición humana, la visión del mundo que nos proporciona es esencialmente la de una mujer.

Algunos de sus poemas refieren una vivencia específicamente femenina. "Casa de cuervos", por ejemplo, expresa los complejos sentimientos de la madre cuyo hijo se independiza.[26] En la primera estrofa lo absuelve de responsabilidad hacia ella, reconociendo su propia deficiencia como madre:

> porque te alimenté con esta realidad
> mal cocida
> por tantas y tan pobres flores del mal
> por este absurdo vuelo a ras de pantano
> ego te absolvo de mí
> laberinto hijo mío

La dieta indigesta que se acusa de haber suministrado a su hijo es una metáfora de la defectuosa realidad que lo ha obligado a vivir al traerlo a un mundo que nunca llega a satisfacer los apetitos espirituales del hombre. En efecto, la vida que le ha trasmitido no es sino la absurda existencia de una humanidad que se esfuerza vanamente por alzar el vuelo por encima del pantano originario, quedando frustrados sus intentos de trascender su animalidad esencial.

A continuación la poeta reconoce que ni él ni ella tienen la culpa de un distanciamiento que es una etapa inevitable en el ciclo humano:

25. David Sobrevilla, "La poesía como experiencia: una primera mirada a la *Poesía reunida* (1949-1983) de Blanca Varela", *Kuntur*, 2 (1986), p. 58.

26. Blanca Varela, *Canto villano: Poesía reunida, 1949-1983* (México, Fondo de Cultura Económica, 1986), pp. 163-65. Todas las citas corresponden a esta edición.

> no es tuya la culpa
> ni mía
>   pobre pequeño mío
> del que hice este impecable retrato [...]
> tu náusea es mía
> la heredaste como heredan los peces
>   la asfixia
> y el color de tus ojos
> es también el color de mi ceguera
> bajo el que sombras tejen
>   sombras y tentaciones
> y es mía también la huella
> de tu talón estrecho
>   de arcángel
> apenas posado en la entreabierta ventana
> y nuestra
>   para siempre
> la música extranjera
> de los cielos batientes

La invocación "pobre pequeño mío" expresa el afecto y compasión aprensiva de la madre por el hijo que quiere abrirse su propio camino y que ella conceptúa todavía como un niño vulnerable. Pero expresa también la comprensión de una adulta que ve su propia experiencia repetirse en el hijo hecho a su imagen. Así como éste ha heredado los rasgos físicos de la madre, también ha heredado su insatisfacción ante la vida, su náusea ante esta realidad indigesta que es la condición humana. Este determinismo físico y psíquico se destaca mediante el juego que identifica "ojos" con "ceguera", dando a entender que así como madre e hijo comparten el mismo color de los ojos, también comparten la misma visión negativa de la vida. Pero el hijo también ha heredado de la madre su "talón de arcángel", el impulso de librarse de las limitaciones de su condición humana por la "entreabierta ventana" que da acceso a una realidad trascendente. Así, el doble oxímoron de los últimos versos citados da a entender que ambos comparten la misma insaciable hambre de una armonía cósmica ("la música... de los cielos") que resulta inalcanzable ("extranjera") en un universo conflictivo y caótico ("batientes"). Por eso, la madre comprende perfectamente la actitud del hijo que pretende librarse de las condiciones impuestas desde la infancia para forjarse una vida propia a la medida de sus aspiraciones personales.

No obstante, se siente destrozada al verse abandonada:

> ahora leoncillo
>   encarnación de mi amor
> juegas con mis huesos
> y te ocultas entre tu belleza
> ciego sordo irredento
>   casi saciado y libre
> como tu sangre que ya no deja lugar
> para nada ni nadie

Las invocaciones "leoncillo" y "encarnación de mi amor" expresan nuevamente el afecto materno por este joven que ha sido el foco de su vida emocional. Pero la primera lo representa también como el macho joven que quiere afirmar su masculinidad, mientras que la segunda insinúa que se ha hecho fuerte a fuerza de devorarla a ella, nutriéndose del amor que ella le brindaba. Ahora que se ha saciado y se siente lo suficientemente fuerte como para valerse por sí mismo, juega con los huesos de la madre que ha devorado. Es decir, la hace sufrir con la inconsciente crueldad de los animales, quitándole su razón de ser al despojarla del papel materno que le proporcionaba un sentido de valor e identidad, porque luciendo el orgullo del macho suficiente, ya no necesita de ella y se queda sordo y ciego ante sus demandas emocionales.

Por eso, la quinta estrofa representa a la poeta como una mendiga emocional, hambrienta de las migajas de atención que el hijo se digna tirarle:

> aquí me tienes como siempre
> dispuesta a la sorpresa
>   de tus pasos
> a todas las primaveras que inventas
> y destruyes
> a tenderme —nada infinita—
>   sobre el mundo
> hierba sobre ceniza peste fuego
> a lo que quieras por una mirada tuya
>   que ilumine mis restos

Vive constantemente a la expectativa de su inesperado regreso al nido familiar, pendiente de los momentos de felicidad cuando su presencia hace que su vida florezca nuevamente, pero el corto verso anticlimático que sigue la referencia a las primaveras inventadas por el hijo da a entender que lo normal es que éste defraude las expectativas maternas por sus prolongadas ausencias. La frase clave de esta estrofa es "mis restos", la cual indica que la poeta ha dejado de tener una existencia verdadera al perder al hijo en el cual ha invertido todo su ser. Por eso, se declara dispuesta a hacer cualquier cosa y a humillarse servilmente para merecer el premio de una mirada suya que devuelva la vida a lo que queda de la mujer que antes fue.

A pesar de la actitud comprensiva que la poeta había manifestado en las primeras estrofas, explica en la última que el amor materno es de tal naturaleza que resulta imposible conformarse con la independencia filial y que como consecuencia la madre sufre la doble impotencia de no poder retener a su hijo y de no poder dejar de necesitarlo:

> porque así es este amor
> que nada comprende
>   y nada puede [...]
> así este amor
> uno solo y el mismo
>   con tantos nombres
> que a ninguno responde
> y tú mirándome

>   como si no me conocieras
>   marchándote
>   como se va la luz del mundo
>   sin promesas
>   y otra vez este prado
>   este prado de negro fuego abandonado
>   otra vez esa casa vacía
>   que es mi cuerpo
>   a donde no has de volver

Su amor es a la vez indivisible y capaz de asumir múltiples formas, pero la suerte que le toca es que el hijo la mire como si fuese una desconocida y que la deje abandonada en un mundo sin luz y sin esperanza. El poema termina con la imagen de la casa que ha quedado vacía con la partida del hijo, una imagen que es a la vez literal y una metáfora del vacío interior experimentado por la madre que ha perdido su razón de ser. Esta imagen final aclara el sentido del título: la casa/cuerpo que fue el hogar del hijo se halla habitada ahora por cuervos que devoran a la poeta, por un sentimiento de abandono que roe su ser. El título, en efecto, es un juego de palabras que nos remite al antiguo refrán "Cría cuervos y te sacaran los ojos", y el poema expresa las emociones de una madre que, a pesar de su comprensión a nivel intelectual, se siente víctima de la ingratitud del hijo que ha criado con amor.

"Vals del Angelus" (86-87) está dirigido a Dios, increpándolo por la condición injusta que ha impuesto a la mujer:

>   Ve lo que has hecho de mí, la santa más pobre del museo, la de la última
>   sala, junto a las letrinas, la de la herida negra como un ojo bajo el seno iz-
>   quierdo.
>   Ve lo que has hecho de mí, la madre que devora a sus crías, la que se
>   traga sus lágrimas y engorda, la que debe abortar en cada luna, la que sangra
>   todos los días del año.

Tanto el título como la primera estrofa evocan el modelo de la mujer que ha imperado en la cultura católica. El título nos remite al Angelus, que celebra la humilde sumisión con la que la Virgen María aceptó el destino de madre decretado por Dios: "El Angel del Señor anunció a María que ella concebiría del Santo Espíritu. 'He aquí la esclava del Señor: hágase en mí según tu palabra'. " Asimismo, la metáfora del museo evoca toda una tradición de pintura religiosa que representa a la mujer como una santa sufrida y abnegada que acepta sus sufrimientos como la voluntad de Dios. El poema, en efecto, es una especie de contrapartida del Angelus. A diferencia de María, la poeta protesta contra el destino que Dios ha dictado para ella. Se rebela contra la imagen de mujer sumisa a la cual le toca conformarse, una imagen que la condena a la subordinación y la despoja de amor propio, haciéndole sentir que su lugar es "la última sala, junto a las letrinas". La base de su queja es que el Dios Criador le haya negado una existencia autónoma, condenándola a una vida determinada por su condición sexual. Devora metafóricamente a sus crías en cuanto vive la vida a segunda mano, a través de su familia, y no sólo le toca soportar los inconvenientes físicos de ser mujer sino que sufre las penas de la servidumbre sacrificada que su sexo le impone: así, el ceugma "se traga sus lágrimas y engorda" insinúa que el deterioro físico que sufre tras los partos no es sino el signo exterior de un silencioso sufrimiento interior, y la oposición "cada lunes/todos los días del año" da a entender que junto con la menstruación tiene que soportar diariamente la hemorragia de su identidad ocasionada por su falta de amor propio.

El texto acusa una ambigüedad fundamental, en cuanto delata una confusión entre el determinismo biológico y el condicionamiento social. Si por un lado Dios está evocado como el Criador que ha condenado a la mujer a la postergación, por otro se insinúa que el Dios varón del cristianismo ha sido inventado por los hombres para justificar el dominio que les otorga su sexo. Así, las estrofas siguientes lo conceptúan como una versión celeste del macho agresivo que afirma su masculinidad mediante la conquista y dominio de las mujeres y los débiles:

> Así te he visto, virtiendo plomo derretido en las orejas inocentes, castrando bueyes, arrastrando tu azucena, tu inmaculado miembro, en la sangre de los mataderos. Disfrazado de mago o proxeneta en la plaza de la Bastilla —Jules te llamabas ese día y tus besos hedían a fósforo y cebolla. De general en Bolivia, de tanquista en Vietnam, de eunuco en la puertas de los burdeles de la plaza México.
>
> Formidable pelele frente al tablero de control; grand chef de la desgracia revolviendo catástrofes en la inmensa marmita celeste.

Aquí la poeta cuestiona la arrogancia del hombre, poniendo en tela de juicio el poder de esta divinidad omnipotente hecha a imagen suya. Lo denuncia como un mero pelele sin control efectivo sobre el mundo que supuestamente gobierna, y lo representa como un cocinero cuyas confecciones resultan desastrosas para la humanidad. Como tal, es la imagen del macho dominante que, en realidad, es el esclavo de sus impulsos sexuales y cuya desenfrenada agresividad ocasiona estragos sin fin.

A continuación, la hablante lírica invoca a Dios, no ya como un ser sobrenatural, sino como personificación del varón que se porta como si fuese un dios. No obstante del carácter irrisorio de su poder, éste sigue ejerciendo su tiránico dominio, reduciendo a la mujer a la condición de dócil esclava. Así, estableciendo un paralelismo entre la condición femenina y la de las víctimas de la tiranía política engendrada por la agresividad masculina, la poeta se representa como prisionera en una cámara de tortura:

> Aquí estoy por tu mano ineludible cámara de tortura, guiándome con sangre y con gemidos, ciega por obra y gracia de tu divina baba.
>
> Mira mi piel de santa envejecida al paso de tu aliento, mira el tambor estéril de mi vientre que sólo conoce el ritmo de la angustia, el golpe sordo de tu vientre que hace silbar al prisionero, al feto, a la mentira.
>
> Escucha las trompetas de tu reino. Noé naufraga cada mañana, todo mar es terrible, todo sol es de hielo todo cielo es de piedra.

Como las dictaduras políticas, el reino del hombre-Dios está calificado como un orden que no ofrece ningún aliciente ni esperanza y donde a la mujer se le niega la oportunidad de realizarse como persona. Por eso, la poeta se queja de que el aliento del hombre, más que hacerla florecer, haya tenido el efecto de marchitar su piel y que su vientre, más que símbolo de la realización de su feminidad, sea emblema de la esterilidad de una vida subordinada a las exigencias del hombre. Se da a entender que el hombre ha podido someterla porque, como un hábil torturador, ha sabido explotar su punto débil, la sexualidad que la hace cómplice de su propia opresión. En efecto, la mujer no toma conciencia de su condición, porque ha quedado "ciega por obra y gracia de tu divina baba", y si la frase es irónica en cuanto satiriza las pretensiones de superioridad del orgulloso macho en su trato con la mujer, también apunta a la ineludible verdad de que él la sabe manipular despertando y satisfaciendo sus deseos sexuales. Así, el tambor de su vientre resuena al ritmo dictado por él, que sabe hacerle olvidar su triste condición al engendrar la ilusión de una falsa plenitud con el feto que engendra en sus entrañas.

Aun así, este Dios-hombre u hombre-Dios no se da por satisfecho, sino que a la mujer le exige más que la mera servidumbre:

> ¿Qué más quieres de mí?
> Quieres que ciega, irremediablemente a oscuras deje de ser el alacrán en
> su nido, la tortuga desollada, el árbol bajo el hacha, la serpiente sin piel, el que
> vende a su madre con el primer vagido, el que sólo es espalda y jamás frente,
> el que siempre tropieza, el que nace de rodillas, el viperino, el potroso, el que
> enterró sus piernas y está vivo, el dueño de la otra mejilla, el que no sabe amar
> como a sí mismo porque siempre está solo. Ve lo que has hecho de mí. Pre-
> destinado estiércol, cieno de ojos vaciados.

Quiere que deje de ser una víctima servil y cobarde que vive obsesionada con sus desgracias y sumida en el papel de mártir, que deje de ser una criatura abyecta que no inspira más que desprecio. Y como colmo de injusticia e hipocresía, lo exige siendo él el responsable de su situación, siendo él quien la ha dejado ciega, sin otra perspectiva que su condición de sierva. En efecto, el nacer mujer la ha predestinado a ser "estiércol", "cieno", primero en cuanto vive dominada por la carne, por los instintos de su sexo, y segundo en cuanto le toca ser considerada una criatura sin ningún valor en un mundo regido por los hombres.

No obstante, éste es un texto que se subvierte a sí mismo. Por un lado, el título pone la protesta de la hablante lírica al nivel de las quejas lloronas del vals criollo, que para Varela representa una barata sensiblería sin autenticidad, y el servilismo masoquista que ostenta insinúa que las mujeres colaboran en su propia desgracia por su pasividad y su vocación de martirio. Por otro lado, la lacónica estrofa final introduce otra perspectiva:

> Tu imagen en el espejo de la feria me habla de una terrible semejanza.

Remitiéndonos a la primera estrofa, opone la metáfora de la feria a la del museo de cuadros religiosos, y así implícitamente rechaza la tradicional visión religiosa de un mundo divinamente ordenado para sugerir la de un mundo absurdo y sin sentido. Además, mientras el texto deifica al hombre, esta última estrofa lo humaniza, reduciéndolo al mismo nivel que la mujer. En efecto, al ver la imagen del hombre reflejada en el espejo distorsionante de la feria, la hablante lírica vislumbra una semejanza que no había sospechado antes. Es decir, al considerar al hombre en el contexto de un mundo donde ya no imperan los antiguos absolutos, toma conciencia de su común humanidad, se da cuenta de que tanto como la mujer el hombre es esclavo y víctima de su sexualidad y vive insatisfecho con la condición que ésta le impone.

Como ya hemos apuntado, Varela se ocupa sobre todo de la condición humana. A través de sus varios libros su cosmovisión sigue una misma línea, pero encuentra una expresión artística cada vez más lograda, debida en parte a un proceso de maduración y en parte a la asimilación de las nuevas corrientes estéticas. La nota dominante de su poesía es una insatisfacción rebelde con las condiciones de la vida. Con una mezcla de tristeza e ironía, su implacable lucidez desgarra el velo de las ilusiones cómodas para descubrir las feas verdades que oculta. Al mismo tiempo, como se ha visto en "Vals del Angelus, esta lucidez no la deja caer en fáciles posturas de autocompasión, sino que la obliga a reconocer el carácter contradictorio del mundo y de los seres humanos, a cuestionar y criticar sus propias actitudes y a enfrentar la vida honestamente.

La inconformidad de Varela se manifiesta en una relación ambigua con el medio peruano. Así, en "Puerto Supe" (15-16) el balneario donde pasó los veranos de su infancia está evocado como un espacio mítico, donde gozaba de la felicidad atemporal de la niña que vive en plena armonía con el mundo natural:

> Está mi infancia en esta costa,
> bajo el cielo tan alto,
> cielo como ninguno [...]
> Están mis horas junto al río seco,
> entre el polvo y sus hojas palpitantes,
> en los ojos ardientes de esta tierra
> adonde lanza el mar su blanco dardo.
> Una sola estación, un mismo tiempo
> de chorreantes dedos y aliento de pescado.
> Toda una larga noche entre la arena.

Pero, por otro lado, está recordado como el ámbito de la adolescencia, cuando empezaba a rebelarse contra las restricciones del medio y buscaba independizarse para llevar una vida propia:

> Allí destruyo con brillantes piedras
> la casa de mis padres,
> allí destruyo la jaula de las aves pequeñas,
> destapo las botellas y un humo negro escapa
> y tiñe tiernamente el aire y sus jardines.

También está identificado con la perturbadora vida interior de la adolescente que, queriendo ser adulta, sufre asedios de angustia ante un mundo amenazante:

> Aquí en la costa escalo un negro pozo,
> voy de la noche hacia la noche honda,
> voy hacia el viento que recorre ciego
> pupilas luminosas y vacías,
> o habito el interior de un fruto muerto,

> esa asfixiante seda, ese pesado espacio
> poblado de agua y pálidas corolas.

Por eso, las reminiscencias de la poeta resultan contradictorias. Puerto Supe representa la costa peruana donde están sus raíces y con la cual se siente emocionalmente identificada, pero al mismo tiempo es una metáfora de su insatisfacción con la vida y de su sentido de insuficiencia ante ella:

> Aquí en la costa tengo raíces,
> manos imperfectas,
> un lecho ardiente en donde lloro a solas.

"No sé si te amo o te aborrezco", la poeta se dirige a Lima al comienzo de "Valses" (77-85), al volver a su país tras una larga ausencia en los Estados Unidos. El texto establece un contrapunto de vivencias, constando de una secuencia de seis pasajes líricos que exploran su relación con su ciudad natal y de cinco prosas intercaladas que rememoran sus experiencias en Nueva York. En las secciones neoyorquinas tanto la prosa como el tono lacónico traducen su distanciamiento emocional de un mundo que no es suyo. En cambio, el lirismo de las secciones limeñas expresa su identificación emocional con su tierra nativa. En este sentido es significativo que el primer verso esté pronunciado como si fuese dirigido a una persona y que, como señala el título, el núcleo del poema sea una secuencia de cantos en los que que la poeta delata su ineludible limeñismo incurriendo en el sentimentalismo característico del vals criollo.

De hecho, la etapa neoyorquina está evocada como una especie de paréntesis en el que la poeta era una mera espectadora de la vida de otros. Ahora reanuda su propia vida al reintegrarse al medio con el cual su ser está íntimamente ligado. Como una amante que se reconcilia con su pareja tras una separación, regresa a Lima con el ánimo de recomenzar desde cero, y así procura redefinir su relación con su ciudad natal, plasmando una imagen positiva de ella:

> …es terrible comenzar nombrándote
> desde el principio ciego de las cosas
> con colores con letras y con aire.

En efecto, las dos primeras secciones limeñas están construidas alrededor de una metáfora del parto, porque la Lima que encuentra a su regreso es una creación suya, nacida de su afán de que sea la verdadera patria que siempre ha anhelado:

> Naces como una mancha voraz en mi pecho
> como un trino en el cielo
> como un camino desconocido.

Los tres símiles representan Lima como una promesa, como la primera pincelada de un cuadro, como un trino de pájaro que da vida a un cielo desierto, como un camino que da acceso a otra dimensión existencial. Pero se trata de una promesa que no se cumple y en la estrofa siguiente las esperanzas cifradas en Lima se desvanecen ante la triste realidad:

> Mas luego retrocedes te agazapas
> y saltas al vacío
> y me dejas al filo del océano
> sin sirenas en torno
> nada más que el inmundo el bellísimo azul
> el inclemente azul
> el deseo.

Aquí la metáfora del suicidio se entrecruza con la del pájaro marítimo que abandona el nido, de manera que se evoca simultáneamente una vida truncada y la desolación de la madre que pierde a su hijo. Al mismo tiempo, el paisaje de la costa peruana sirve como imagen de un mundo donde el ideal, representado por el azul del cielo, es inalcanzable. Así, el rencuentro con Lima no sólo resulta decepcionante en sí, sino que viene a simbolizar la eterna frustración de la condición humana.

Por eso, la tercera sección limeña representa la costa peruana como un paraíso corrompido:

> Hedores y tristeza
> devorando paraísos de arena
> sólo este subterráneo perfume
> de lamento y guitarras
> y el gran dios roedor
> y el gran vientre vacío.

Aquí la ubicua música del vals plasma una tristeza corrosiva que impregna el ambiente, atacando la felicidad de raíz. Los dos versos paralelos que rematan la estrofa se basan en un doble oxímoron en el que las connotaciones positivas de los sustantivos quedan anuladas por los adjetivos, y de esta manera se insinúa que las leyes existenciales que imperan en Lima son la duda que socava la fe de los hombres y la insatisfacción de una vida frustrada. A continuación una serie de preguntas expresa la angustiada perplejidad de la poeta ante su inexplicable expulsión del paraíso. Rememora el pasado, intentando explicarse cómo y cuándo la duda la infectó para destruir su felicidad para siempre:

> ¿Dónde nací
> en que calle aprendí a dudar
> de qué balcón hinchado de miseria
> se arrojó la dicha una mañana
> dónde aprendí a mentir
> a llevar mi nombre de seis letras negras
> como un golpe ajeno?

Desde entonces lleva el nombre Blanca como emblema de la ficción en la que se ha convertido su vida, esforzándose por mantener una ilusión de felicidad para soportar la angustia existencial que se ha apoderado de ella.

Como "Puerto Supe", la cuarta sección limeña evoca por contraste el paraíso que fue la costa peruana en su infancia, cuando todavía se relacionaba instintivamente con el mundo y aún no había empezado a cuestionarlo. Rememora un momento de epifanía cuando el espectáculo de una pareja besándose le produjo un sentimiento de fusión panteísta con un mundo bello y armonioso:

> Siempre amé lo confieso
> tus paredes aladas transparentes
> con enredaderas de campanillas
> como en Barranco cuando niña
> miraba una pareja besarse bajo un árbol.
>
> [...] yo era todo a un tiempo
> el árbol la caricia
> la sombra que ocultaba el rostro de los amantes
> y la tarde abriéndose como una fruta otoñal [...]
>
> El minuto era eterno.
> ¡Qué misteriosas voces!
> ¿Por qué cantaban entonces?

La quinta sección limeña da otra imagen positiva de la capital peruana. Introducida por un verso de un viejo vals —"*En tu recuerdo vivo*"— , esta sección refiere sus nostálgicas evocaciones de su tierra desde su exilio en Estados Unidos. Aquí, en efecto, la poeta mira Lima con los ojos de un amante cuya pasión crece con la ausencia y que idealiza a la amada desde la distancia:

> Desde lejos bajo el cielo del alma
> donde nacen palabras que el amor ilumina
> desde allí acostumbraba a cubrirte de joyas
> hiriendo tu invisible descolorido seno
> con mis dardos de fuego [...]
> imaginando tu risa
> el alba frente al puerto
> las gaviotas tu bienvenida
> el sol recién nacido
> y los viejos perfumes del mar.

El lenguaje poético deja claro que la Lima evocada corresponde a una necesidad emocional de ella. Como indica la frase "bajo el cielo del alma", se trata de un paisaje soñado, porque así como el amante se complace en adornar a la amada con joyas, su nostalgia reviste su ciudad natal de una belleza nacida de su fantasía. Así, sus recuerdos toman la forma de un idílico paisaje costeño donde todo es luz y belleza. Además, así como el amante se complace en pensar que su amor ha de ser correspondido, ella se hace la ilusión de que su regreso a Lima será una verdadera vuelta al hogar, que su tierra la acogerá risueña y con los brazos abiertos, reintegrándola a un mundo con el cual se siente identificada y donde ha de estar a su gusto.

En la última sección tales ilusiones se ven frustradas por la realidad que le espera a su regreso. En lugar de integrarse a un paisaje luminoso, la poeta se halla atrapada en el "vértigo gris" de Lima, frase que evoca a la vez el bullicio y contaminación de una urbe moderna y la deprimente neblina que se cierne sobre la capital peruana, y la fervorosa declaración amorosa de la sección anterior se transforma aquí en una confusa reacción de identificación y rechazo:

> Hoy prisionera en tu vértigo gris
> dentro de ti
> no sé si te amo o si aborrezco
> el rosa exangüe de tu carne
> tu degollado resplandor
> el río de ojos muertos que jamás te posee
> su polvorienta melodía de guijarros
> el verano de frutas corrompidas
> tus llagas sin cubrir
> el negro milagro de tu frente
> hinchado de vacío
> mendiga que me acosas con el corazón en los dientes
> acusándome del crimen cometido en sueños.

Estos versos evocan la imagen de una ciudad subdesarrollada del tercer mundo, donde la otra cara del atraso material es una vida que nunca llega a realizarse. Símbolo de este subdesarrollo es el Rímac, un río seco que recorre la ciudad sin aportarle vida, y la perenne frustración de cuanto promete florecer en ese medio está insinuada por una serie de oxímorones —"rosa exangüe", "degollado resplandor", "frutas corrompidas"— donde sustantivos de implicación positiva son anulados por adjetivos negativos. Nuevamente la relación afectiva de la poeta con su ciudad se manifiesta en la personificación de ésta, pero la amada de la sección anterior se transforma ahora en una mendiga harapienta y pestilente que inspira repugnancia y que, sin embargo, ejerce un chantaje emocional sobre ella, despertando un complejo de culpa por los sentimientos poco caritativos que abriga en su interior.

Por eso, al procurar definir su relación con Lima, la poeta recurre a términos contradictorios:

> No sé si te amo o te aborrezco
> porque vuelvo
> sólo para nombrarte desde adentro
> desde este mar sin olas
> para llamarte madre sin lágrimas
> impúdica
> amada a la distancia
> remordimiento y caricia
> leprosa desdentada
> mía.

Por un lado, se dirige a Lima en tono recriminatorio, reprochándole el no haber correspondido a lo que esperaba de ella. La representa como una madre inepta y desvergonzada que ha malogrado su propia vida y descuidado a sus hijos y que sólo es posible querer estando lejos de ella. Pero, por otro lado, el hecho de que Lima esté representada como una madre apunta a una dependencia emocional por parte de la poeta, a una necesidad sicológica de creer en ella e identificarse con esta ciudad tan poco digna de su afecto. Su repudio de esta madre impúdica siempre termina provocando una contradictoria reacción de compungido cariño, y el anticlimático verso final contrarresta el impacto peyorativo de los epítetos anteriores para proclamar una ilógica adhesión emocional a Lima la horrible.

Otros poemas versan sobre la condición humana en forma más general. En "Auvers-sur-Oise" (110-12), por ejemplo, el epónimo pueblo francés donde se suicidó el pintor holandés Vicent Van Gogh viene a ser una metáfora del alienante mundo moderno. El poema va dirigido a Van Gogh, quien encarnaba la contradicción del hombre moderno, en cuanto vivía en un mundo desacralizado por el progreso científico y filosófico sin poder librarse del condicionamiento religioso de siglos. Así, Varela lo representa como un hombre que busca acceso a una casa cerrada, símbolo de lo absoluto de lo cual se siente desconectado:

> Nadie te va a abrir la puerta. Sigue golpeando.
> Insiste.
> Al otro lado se oye música. No. Es la campanilla del teléfono.
> Te equivocas.
> Es un ruido de máquinas, un jadeo eléctrico, chirridos, latigazos.
> No. Es música.
> No. Alguien llora muy despacio.
> No. Es un alarido agudo, una enorme, altísima lengua que lame
> [el cielo pálido y vacío.
> No. Es un incendio.

El tercer verso evoca el ideal que pretende captar en su pintura: una armonía cósmica representada por la música o, al menos, la comunicación humana, simbolizada por el teléfono. Pero en seguida se entabla un diálogo entre la poeta y el pintor en el que la voz de ella expresa las dudas que lo asedian a éste. Aquí el poema evoca la otra cara del arte de Van Gogh, el cual nos muestra el perenne sufrimiento humano y los males ocasionados por la revolución industrial, y se da a entender que la realidad desmiente el ideal anhelado. Es más, la metáfora del incendio que remata la estrofa insinúa que la única certeza absoluta es la muerte, que implacablemente va consumiendo la vida.

La segunda estrofa retoma el motivo de la exclusión, representando al pintor como una persona que busca acceso a un espacio donde quede revelado el secreto de la existencia. Aquí la imagen central es la del gusano ante la manzana que ofrece alimento:

> Sé el gusanito transparente, enroscado, insignificante.
> Con tus ojillos mortales dale la vuelta a la manzana, mide con
> [tu vientre turbio y caliente su inexpugnable redondez.
> Tú, gusanito, gusaboca, gusaoído, dueño de la muerte y
> [de la vida.
> No puedes entrar.
> Dicen.

Pero se trata de una imagen doblemente negativa, porque por un lado evoca la manzana de la ciencia, la fruta prohibida al hombre, y por otro no sólo destaca la insignificancia de éste sino que insinúa que, como él mismo corrompe el ideal que busca, nunca puede alcanzarlo.

Adoptando un tono paternalista e irónico, Varela sabotea la postura de Van Gogh al mismo tiempo que aparenta identificarse con ella. Así, el último verso de la primera sección cuestiona la sabiduría convencional que se conforma con las limitaciones humanas, y la segunda anima al pintor a persistir en su búsqueda con la esperanza de triunfar a la larga. Aquí se entrecruzan dos imágenes —la del animal que soporta los rigores del invierno con la expectativa de gozar de la abundancia al llegar la primavera, y la de la evolución de las especies que supone el eventual dominio de la existencia por la humanidad:

> Tal vez en primavera.
> Deja que pase esta sucia estación de hollín y lágrimas hipócritas.
> Hazte fuerte. Guarda miga sobre miga. Haz una fortaleza de
>   [toda la corrupción y el dolor.
> Llegado el tiempo tendrás alas y un rabo fuerte de toro o de
>   [elefante para liquidar todas las dudas, todas las moscas,
>   [todas las desgracias.

Pero a continuación Varela desarrolla el motivo de la evolución para destacar la contradicción que el pintor personifica:

> Baja del árbol.
> Mírate en el agua. Aprende a odiarte como a ti mismo.
> Eres tú. Rudo, pelado, primero en cuatro patas, luego en dos,
>   [después en ninguna.
> Arrástrate hasta el muro, escucha la música entre las   piedrecitas.
> Llámalas siglos, huesos, cebollas.
> Da lo mismo.
> Las palabras, los nombres, no tienen importancia.
> Escucha la música. Sólo la música.

En efecto, Van Gogh ejemplifica el contrasentido de una humanidad que ha bajado de los árboles para ir dominando el mundo pero se resiste a aceptar las consecuencias de ese proceso. Es que la evolución ha hecho al hombre consciente de su propia insignificancia, de manera que se desprecia al ver su reflejo en el agua, y el progreso que significa el andar en dos pies ha destrozado la antigua base de su existencia al escindir su relación con la naturaleza. Por eso, Van Gogh, satirizado como un hombre moderno que da la espalda a la modernidad, quiere invertir la marcha de la evolución y regresar a la condición primitiva de reptil para recobrar una hipotética armonía perdida.

La tercera sección sugiere que el hombre crea su propio infierno por su incapacidad para aceptar el mundo tal como es:

> A lo mejor eres tú mismo el tren que pita y se mete bajo tierra rumbo al
> infierno o la estrella de chatarra que te lleva frente a otro muro lleno de espejos

y de gestos, endiablados gestos sin dueño y tú tras ellos, solo, feliz propie-
tario de una boca escarlata que muge.

Como emblema de la era industrial, el tren simboliza la perenne insatisfacción que empuja
al hombre a dominar la naturaleza, mientras la estrella de chatarra representa la ilusión de
trascendencia que persigue incansablemente. Pero el tren lo conduce a la alineación, ale-
jándolo del mundo que pretende dominar, y al perseguir su estrella da siempre contra el
muro de sus limitaciones, el cual viene a ser un espejo que refleja su impotencia para
trascender su condición de animal humano.

Por eso, Varela insta al pintor a acomodarse a la realidad terrestre, sin querer domi-
narla y sin exigirle absolutos. Adoptando una perspectiva femenina, equipara el mundo
con la mujer, que se resiste a ser dominada y que sólo corresponde a los deseos del hombre
en momentos propicios:

Pega el oído a la tierra que insiste en levantarse y respirar.
Acaríciala como si fuera carne, piel humana capaz de conmoverte, capaz de
[rechazarte.
Acepta la espera que no siempre hay lugar en el caos.

El último verso citado da a entender que el mundo proporciona aislados momentos de
epifanía que compensan lo que por ellos se ha esperado, pero la ironía del segundo miem-
bro del verso deja bien claro que tales epifanías no han de interpretarse como manifesta-
ciones de una armonía cósmica. Así, la poeta recomienda una postura relativista que
reconozca la no-existencia de verdades absolutas y acepte las limitaciones de la condición
humana:

Acepta la puerta cerrada, el muro cada vez más alto, el saltito,
[la imagen que te saca la lengua.
No te trepes sobre los hombros de los fantasmas que es ridículo caerse
[de trasero with music in your soul.

Reiterando este mensaje, la cuarta sección evoca el derrumbe de la cosmovisión tra-
dicional ocasionado por el pensamiento evolucionista. En efecto, el hombre moderno ya
no puede considerarse un ángel caído que aspira a recuperar un cielo perdido, sino que
tiene que resignarse a ser un mero humano a la deriva en un planeta cuya continua reno-
vación representa una burla de su insignificancia:

Porque ya no eres un ángel sino un hombre solo sobre dos pies
[cansados sobre esta tierra que gira y es terriblemente joven
[todas las mañanas.

Así, el verso siguiente señala que la armonía y el caos no tienen existencia objetiva fuera
de la conciencia del hombre:

Porque sólo tú sabes que hay música, jadeos, incendios,
[máquinas que escupen verdades y mentiras a los cuatro

[vientos, vientos que te empujan al otro lado, a tu hueco en
[el vacío, a la informe felicidad del ojo ciego, del oído
[sordo, de la muda lengua, del muñón angélico.

El verso se centra en la metáfora de los vientos. Por un lado, ésta da a entender que el hombre sigue dominado por el impulso a buscar el "hueco en el vacío", un absoluto que no existe, y una serie de oxímorones insinúa que lo que lo empuja a perseguir una vaga felicidad que ni siquiera sabe formular es su conciencia de ser incompleto, su condición síquica de sentirse ángel desprovisto de las facultades para llegar a los cielos. Por otro lado, se sugiere que tales esfuerzos son vanos, pues los conceptos de lo auténtico y lo inauténtico son insustanciales construcciones humanas que se desvanecen en el aire.

El último verso resume el sentido del poema para luego modificarlo. La enumeración inicial evoca la evolución del hombre, un animal que ha ido superándose hasta culminar en el artista extraordinario que fue Van Gogh, pero enseguida se señala que la obra del pintor holandés estaba basada en una ficción, en la negación de su condición de animal evolucionado:

Porque tú gusano, ave, simio, viajero, lo único que no sabes es
[morir ni creer en la muerte, ni aceptar que eres tú mismo tu vientre
[turbio y caliente, tu lengua colorada, tus lágrimas y esa música loca
[que se escapa de tu oreja desgarrada.

No obstante, las últimas palabras del poema constituyen un encomio de Van Gogh, porque, con todo, éste produjo una "música loca" por su "oreja desgarrada", un arte que si no capta el orden cósmico que pretendía, expresa la indomabilidad del espíritu humano. Así, tras señalar las contradicciones de Van Gogh, Varela también incurre en la contradicción, celebrándolo como ejemplo de un inconformismo que ella comparte a pesar de la lucidez que le impide creer en cualquier forma de trascendencia.

"Camino a Babel" (144-53) representa la búsqueda de un sentido existencial como un viaje que nos conduce al absurdo. En las primeras secciones la poeta se presenta como un alma inquieta, ansiosa de comunión con un alma gemela, para luego negar la posibilidad de tal comunión, pues el sueño de un ideal espiritual que dé un sentido a la vida no es sino una ilusión reconfortante, semejante a los ritos con los que el hombre primitivo pretendía ahuyentar su terror a la nada:

si yo encontrara un alma como la mía

eso no existe
pero sí la musiquilla dulzona y apocalíptica
anunciadora del contoneo atávico
sobre el hueco y el tembladeral

En efecto, el hombre no es sino un animal evolucionado, que vive dominado y esclavizado por los instintos carnales, y los versos siguientes evocan el destino de la mujer, que, una vez despertada su sexualidad, está condenada a ser prisionera de ella:

            y la carne dormida
                        sobresaltada
            mar perseguido mar aprisionado mar calzado
            con botas de 7 leguas
            7 colores 7 colores 7
            cuerpo arcoiris
            cuerpo de 7 días y 7 noches
            que son uno
            camaleón blanco consumido en el fuego
            de 7 lenguas capitales

El símbolo del mar es ambivalente, ya que representa, por un lado, la sexualidad femenina, ajustada a los ritmos de la naturaleza, y, por otro, la individualidad, manifestada por las emociones interiores. Se insinúa que, al responder al cortejo amoroso del hombre, la mujer pierde la libertad individual para vivir a través de su cuerpo, llevándolo como botas pesadas que estorban el libre movimiento a medida que lo luce como atractivo sexual. Por eso, Varela parodia las idealizaciones que otorgan trascendencia al amor humano. Si el numeral 7 —numeral místico por excelencia— está reiterado a manera de un ensalmo mágico, no apunta sino a la implacable tiranía de los dictados de la especie, que sacrifican al individuo en aras de una perpetua reproducción sin ton ni son. Así, la alusión a las 7 lenguas capitales evoca la historia bíblica de la Torre de Babel y da a entender que, pensando levantarse a las alturas de lo trascendente mediante el trato amoroso, la pareja humana no hace sino colaborar en un absurdo sinsentido.

A continuación Varela formula la respuesta lógica a esta tiranía biológica. Dado que nuestra animalidad es una constante ineludible, la sabiduría consiste en someterse a ella para sacar el mejor partido que se pueda:

            cuerpo orilla de todo cuerpo
            pentagrama de 7 notas exactas
            repetidas constantes invariables
            hasta la consumación del propio tiempo
            ergo
            1   detén la barca florida
            2   hunde tu mano en la corriente
            3   pregúntate a ti mismo
            4   responde por los otros
            5   muestra tu pecho
            6   da de tu mar al sediento
            7   olvida
                        amén

Parodiando las Siete Moradas de Santa Teresa de Avila, estos versos satirizan las pretensiones de los místicos al sugerir que lo mejor que se puede esperar de la vida es el alivio reconfortante proporcionado por el trato sexual. Pero al mismo tiempo Varela maneja el sarcasmo para desacreditar el hedonismo como solución existencial y, dado que el agua de mar no apacigua la sed, la metáfora marítima insinúa que la cópula deja insatisfechos nuestros más íntimos anhelos. Por eso, la última etapa de la filosofía propuesta —seguida por un irónico "amén"— consiste en insensibilizarse para poder soportar la frustración de tales anhelos.

En la tercera sección la poeta rememora su historia personal, dándole un carácter arquetípico. Aquí la primavera simboliza la juventud, época en que el hombre se entrega a la vida con idealismo, y el amor hecho al aire libre representa la ilusión de libertad y trascendencia:

> pero sucede que llegó la primavera y decidimos echar abajo techos y paredes
> sitio sitio para el cielo para sus designios dormimos con los animales a campo
> raso juntos el uno sobre el otro el uno en el otro [. . .]

> y desperté a la mañana siguiente con su cabeza sobre mis hombros ciega por
> sus ojos bianca alucinatta tutta.

Pero esta etapa fue pasajera. El orden de siempre, plasmado en la casa doméstica, seguía imperando y la poeta, como los jóvenes de toda generación, se vio integrada a él por la misma sexualidad que le había dado la ilusión de rebelarse:

> pasó a toda máquina la primavera pitando

> la casa estaba intacta ordenada por sus fantasmas habituales.

> el padre en el sitio del padre la madre en el sitio de la madre y el caos bullendo
> en la blanca y rajada sopera familiar hasta nuevo mandato.

La última estrofa destaca la sopera familiar como símbolo del desorden que subyace a ese orden, dando a entender que la misma ley que gobierna la vida le quita sentido, puesto que reduce la existencia a un insensato ciclo de reproducción sin otro fin que la supervivencia de la especie.

Por eso, la cuarta sección afirma que el vivir desemboca inevitablemente en el desengaño. Aquí Varela retoma la consagrada metáfora del gran teatro del mundo para simbolizar la ilusión de un universo ordenado que sostiene la existencia humana y que la experiencia va desbaratando:

> y sucedió también que
> fatigados los comediantes
> se retiraron hasta la muerte
> y las carpas del circo se abatieron ante el viento
> implacable
> de la realidad cotidiana.

Su respuesta personal es avergonzarse de su ingenuidad y renegar de los errores del pasado. Escarmentada por repetidas decepciones, rechaza la ilusión de una trascendencia redentora, negándose a caer en la trampa de creer que la vida sea más que la mera existencia física:

> y si me preguntan diré que he olvidado todo
> que jamás estuve allí
> que no tengo patria ni recuerdos
> ni tiempo disponible para el tiempo [. . .]
> y que nosotros
> los poetas los amnésicos los tristes
> los sobrevivientes de la vida
> no caemos tan fácilmente en la trampa
> y que
> pasado presente y futuro
> son nuestro cuerpo
> una cruz sin el éxtasis gratificante del calvario

La sexta sección apunta a una ambigüedad en el título del poema. Si éste parodia los peregrinajes religiosos al sugerir que la experiencia nos lleva una conciencia del sinsentido de la vida, también insinúa que tal conciencia es positiva si se asume como postura existencial. El sentido de esta sección queda aclarado por "Del orden de las cosas" (43-44), texto donde Varela postula la necesidad de asumir la desesperación como una postura consecuente, aceptando que la vida siempre ha de defraudarnos:

> Hay que saber perder con orden. Ese es el primer paso. El abc [. . .] una desesperación auténtica no se consigue de la noche a la mañana [. . .] No hablemos de esa pequeña desesperación que se enciende y apaga como una luciérnaga [. . .] Hemos aprendido a perder conservando una postura sólida y creemos en la eficacia de una desesperación permanente.

Así, la Torre de Babel viene a ser un símbolo, no sólo del absurdo, sino de un despojarse de falsas expectativas. La poeta se presenta como una persona que, al escalar el último piso de la Torre, queda por encima de las seductoras ilusiones con las que la vida pretende tentarla:

> y cuando ya
> en el piso del vértigo
> como una tórtola de ojos dulces y rojos
>   empollas
> meciéndote en el andamio que cruje
> qué puede importarte
> nada te toca
> ni la nube cargada de eléctrica primavera
> que envidiabas no hace mucho
> ni el recuerdo satinado obsesivo
> del pecho que te hechizaba desde lejos
> ni los pregones callejeros
> de la putañera fortuna
> que te invitaba a bailar
>   algunas noches de ronda.

Sin embargo, esa postura sólo se puede mantener a costa de una permanente angustia existencial, simbolizada por su ombligo, el signo de su abandono en un mundo sin sentido:

> ya no te queda nada
> de los dones de las hadas
> sino tu hipo melancólico
> y tu ombligo pequeño y negro
> que todavía no se borra
> centro del mundo centro del caos y de la eternidad

En efecto, aunque el pensamiento moderno ha desacreditado la antigua cosmovisión antropocéntrica, psicológicamente el individuo no puede librarse del sentimiento de ser centro del mundo ni acomodarse con ser un ente insignificante en un universo indiferente que se burla de los esquemas que él pretende imponerle.

El texto consta de siete secciones, correspondientes a las distintas etapas en la evolución de una filosofía existencial. En este sentido el poema, como el pasaje antes citado, viene a ser a la vez una parodia del "camino de perfección" seguido por los místicos y una versión seglar de él. Así, la última sección remeda los ensalmos de las religiones orientales, pero la "deidad" a la cual va dirigida es la poeta misma como persona de carne y hueso:

> ayúdame mantra purísima
> divinidad del esófago y el píloro.
>
> si golpeas infinitas veces tu cabeza
>   contra lo imposible
> eres el imposible
> el otro lado [...]
> el nadador contra la corriente
> el que asciende de mar a río
> de río a cielo
> de cielo a luz
> de luz a nada.

Nuevamente "Del orden de las cosas" aclara el sentido del poema. Allí Varela conceptúa la desesperación como punto de partida para una respuesta positiva a la vida. Habiendo reconocido el vacío de nuestra condición humana, hemos de procurar transformarlo en cielo, creando nuestra propia razón de ser y dando nuestro propio sentido a una existencia que sabemos absurda. Para lograrlo, el factor crucial es la fe en nosotros mismos:

> Llamemos cielo a la nada, esa nada que ya hemos   conseguido situar [...]
> desesperación, asunción del fracaso y fe. Este último elemento es nuevo y
> definitivo.

Así, dado que su lucidez le impide creer en la ayuda divina y la experiencia le ha mostrado que la transcendencia es un ideal sin fundamento, la poeta ha de confiar en sus propias fuerzas y, dirigiéndose a sí misma como si fuese una diosa, intenta convencerse de que

sólo ella es capaz de dar sentido a una vida que carece de ella. La enumeración reiterati-
va refuerza la letra, ya que no sólo remeda el ritmo de los ensalmos religiosos sino que
evoca la construcción de la Torre de Babel, la cual viene a ser símbolo de la construcción
de un sentido existencial personal que descarta la metafísica. Sin embargo, Varela recono-
ce que se trata de una solución provisional que ha de renovarse constantemente. Al final
del poema recurre nuevamente a la ironía, ya que su ensalmo culmina en la nada, palabra
que evoca la nirvana del misticismo oriental. Pero el contexto no deja lugar a dudas que
lo que aparenta ser un clímax es, en realidad, anticlimático. De hecho, el último verso es
el equivalente poético del caos en que acabó el proyecto de construir la Torre de Babel y
representa el reconocimiento de parte de la poeta de que la vida siempre termina desbara-
tando el orden que le imponemos. No obstante, esto no significa que la conclusión del
poema haya de leerse negativamente. Otra vez "Del orden de las cosas" nos sirve de ayuda.
Allí también el proyecto de crear un orden personal acaba fracasando, pero la poeta acepta
el fracaso como algo ya previsto y se manifiesta dispuesta a emprender el proceso otra vez:

> Así es siempre. No nos queda sino volver a empezar en el orden señalado.

Asimismo, los últimos versos implican una voluntad obstinada de encogerse de hombros
y volver a empezar desde cero.
    En efecto, si la lucidez de Varela le revela que la vida es un fraude, también reconoce
que la vida ha de seguir. Así, ambientado en un paisaje costeño, "Antes del día" (48) evoca
los pensamientos de una madre que está a punto de parir, equiparándola con una ave marina
que empolla sus huevos. Los primeros versos identifican los hijos no nacidos con la espe-
ranza, con las nuevas posibilidades representadas por enero y por la deslumbrante luz del
verano:

> ¡Cómo brillan al sol los hijos no nacidos!
> Blanco es el mes de enero, negras las olas que visitan la isla.
> El nido está en lo alto, sobre una piedra segura.
> No habrá que enseñarles ni a nacer ni a morir. ¿Por qué habría que enseñar-
> les tales cosas?
> La vida llegará con avidez y ruido. Conocerán el sol. El mundo será esa
> claridad que nos pierde, los abismos de sal, la fronda de oscuras esperanzas,
> el vuelo del solitario corredor que se da alcance a sí mismo.

Pero en seguida esta esperanza se ve amenazada por las olas negras, las cuales representan
a los peligros que aguardan a los hijos al nacer y evocan, además, los primeros espasmos
del parto, apuntando así al dolor que es consustancial con la vida. La cuarta estrofa aclara
el paralelismo entre humanos y aves al situar la vida en el contexto de un eterno ciclo
gobernado por las leyes biológicas, y en la quinta, el paisaje marítimo que ha de ser el
habitat de las jóvenes aves marinas viene a ser una metáfora del mundo que espera a los
hijos humanos. Aquí las imágenes siguen una progresión negativa para reflejar el paula-
tino desencanto que la experiencia inevitablemente acarrea. Así, el cielo azul representa
las infinitas posibilidades que la vida parece prometer; los salobres abismos del mar la
honda desesperación amarga en la que nos hunde; las algas la esperanza a la cual nos
agarramos para mantenernos a flote. Sobre todo, el vuelo de la ave por encima del vasto

océano evoca el solitario peregrinaje del hombre por un mundo indiferente, un viaje que no conduce sino a la ineludible realidad de su alienación. De esta manera, el texto sugiere que la vida siempre defrauda las esperanzas que ciframos en ella. No obstante, las últimas estrofas refieren la lucha de la madre contra los dolores del parto y contra su propia flaqueza y su voluntad de dar a luz, sea cual sea el coste personal y aunque la vida del hijo no corresponda a lo que espera para él. Y el poema termina con una nota afirmativa, al evocar la voz de la madre que se anima a sí misma a medida que los espasmos del parto retroceden y va ganando la lucha para producir al hijo:

> Golpe contra todo, contra sí mismo. Hacer la luz aunque cueste la
> noche, aunque sea la muerte el cielo que se abre y el océano nada más
> que un abismo creado a ciegas.
> La propia voz respondiéndose con el fracaso de cada ola.

Aquí los dolores del parto simbolizan la lucha por crear algo positivo de la esterilidad de nuestra existencia. Se da a entender que hemos de luchar contra el mundo y contra nosotros mismos por construir nuestra propia realidad, aunque nuestros esfuerzos acaben en la noche oscura de la desesperación, aunque a la larga el mundo se burle de nosotros al resultar ser nada más que un caótico abismo sin ton ni son, sin el aliciente de un más allá y sin otro alivio que la muerte. Y la nota afirmativa del último verso insinúa que somos capaces de imponernos a la vida, aunque nuestra victoria sólo sea provisional.

En última instancia, Varela ve la vida como cuestión de acomodarse a la desesperación. La protagonista de "Secreto de familia" (103), indomable sostén de la casa durante el día, se ve acosada en la noche por una pesadilla que refleja su soledad y vulnerabilidad ante un mundo deshumanizador. "Lady's Jornal" (133-34) nos da una imagen ambigua de la ama de casa que suprime su facultad crítica para mantener una ilusión de seguridad y estabilidad, una imagen que si por una parte es irónica, por otra insinúa que es sólo así como el mundo continúa. Y en "Es más veloz el tiempo" (104-05) la poeta llega a un compromiso que consiste en inventar ficciones para sobrevivir, en vivir la vida como si tuviese sentido sabiendo que no lo tiene:

> no creo en nada de esta historia
> y sin embargo cada mañana
> invento el absurdo fulgor que me despierta

Como sugieren los últimos poemas citados, esta tenacidad ante la vida tiene una estrecha relación con la experiencia doméstica de la mujer y confirma la profunda feminidad de la poesía de Varela.

IV

UNA GENERACIÓN CONTESTATARIA: LOS POETAS DEL 60

1. NUEVOS ESQUEMAS Y UN NUEVO ESPÍRITU

Si los poetas de los años 40 y 50 consolidaron la renovación inaugurada por la generación vanguardista, la década de los 60 constituye un segundo momento de ruptura en la poesía peruana del siglo XX. En esa época el desarrollo de nuevos medios de comunicación como la televisión y la expansión de modernos sistemas de transporte convirtieron el mundo en una "aldea global", produciendo una ampliación de los horizontes y una internacionalización de la cultura. En el Perú este fenómeno fue especialmente dramático. Además de hallarse aislado en la periferia, había sido una sociedad encerrada en sí, sobre todo bajo el régimen de Odría (1948-56), pero la elección del gobierno reformista de Fernando Belaúnde Terry en 1963 fue sintomática de una apertura política e intelectual que coincidía con los cambios que se estaban produciendo en el resto del mundo. En el campo de la poesía el signo de esta apertura fue la influencia ejercida sobre la joven generación por poetas anglosajones, notablemente Pound y Eliot. Emblema de una ruptura con la tradición hispánica que seguía imperando en las letras peruanas, esta influencia apunta a un nuevo estilo que refleja un espíritu más abierto. Por lo general, los poetas de los años 40 y 50 manejaban formas rigurosamente estructuradas para crear un espacio cerrado donde el hablante lírico monologaba.[1] En cambio, los poetas del 60 optaron por formas más libres y abiertas donde el hablante lírico dialogaba con otras voces mediante alusiones intertextuales.[2] Esta apertura de la poesía peruana involucraba, además, una relación dialéctica con la cultura occidental, ya que, por un lado, los nuevos poetas afirmaban una identidad independiente como escritores del tercer mundo y, por otro, pretendían hablar con una voz universal que les abriera un espacio en el escenario mundial.

Viviendo en una época dominada por acontecimientos históricos de resonancia global —la Revolución Cubana, la guerra de Vietnam, el movimiento estudiantil, etcétera—, los poetas del 60 enfocaban su situación personal en el contexto de los procesos socio-culturales y, repudiando la herencia del colonialismo, se identificaban con la lucha revolucionaria tanto en el Perú como en el tercer mundo en general. A nivel nacional e internacional una liberalización del clima socio-político parecía propiciar cambios radicales y presagiar una nueva era para la humanidad. En el Perú el triunfo electoral de Belaúnde, tras décadas de dictaduras militares y regímenes oligárquicos, despertó grandes expectativas sociales;

---

1. Se debe tomar en cuenta que hablamos en términos generales. En realidad, la ruptura no fue tan dramática, pues algunos poetas del 50 anticiparon las nuevas tendencias y la mayoría modificó su estilo de acuerdo con ellas.

2. Aunque la intertextualidad ya era una característica de la poesía de Martín Adán, cumplía una función muy diferente. En efecto, mientras Adán dialoga con otros escritores en un espacio literario cerrado, la intertextualidad de la generación del 60 significa una apertura del espacio literario hacia el mundo exterior.

la expansión industrial fue acompañada por una creciente politización de la clase obrera; la Revolución Cubana generó una ola de optimismo revolucionario; y en la sierra se iniciaron campañas guerrilleras a imitación del modelo cubano. Pero si los jóvenes poetas del 60 se dejaron impregnar por el espíritu optimista de la época, la marcha de la historia les había de obligar a adoptar una actitud más realista. En el Perú el gobierno no tardó en reprimir las guerrillas y ellos hubieron de quedar traumatizados por la muerte de su colega Javier Heraud a manos de las fuerzas antisubversivas. Igualmente traumática fue la crisis cubana de los misiles, que llevó el mundo entero al borde de una guerra apocalíptica e hizo ver que, en realidad, Cuba no era sino un peón en el enfrentamiento entre las superpotencias. En gran parte la poesía de la generación del 60 se centra en el drama del reajuste mental exigido por la frustración de las expectativas de la época.

Sin embargo, el cambio de clima que se produjo en estos años iba más allá de la política. El afán de un nuevo estilo de vida, libre de restricciones e inhibiciones y cualitativamente más rico, encontró expresión intelectual en los escritos de Marcuse y se manifestaba en fenómenos tan diversos como la música de los Beatles, la cultura Hippy y los movimientos estudiantiles en Francia y Estados Unidos. Compartiendo ese afán, los jóvenes poetas repudiaron el elitismo y el academicismo, desechándolos como manifestaciones de un convencionalismo tradicional que les resultaba estrecho y sofocante. Para ellos la poesía era algo vital, arraigado en la vida de todos los días, y de acuerdo con esta actitud la trataban con una irreverencia que la desacramentalizaba. Así, la nueva poesía rehúsa la retórica, y adopta un tono conversacional y coloquial que a veces es irónico e intencionalmente prosaico. Sobre todo, es una poesía que supone un diálogo con un lector nocional que es "joven, cosmopolita, contestatario y culto pero sin vocación académica".[3]

En gran parte el espíritu de la década se cifra en dos figuras que llegaron a ser héroes culturales de su generación. Javier Heraud fue un joven poeta de la clase media limeña que, tras una toma de conciencia, se afilió al MIR (Movimiento Izquierdista Revolucionario) y en 1963 murió trágicamente a los 21 años en una malograda campaña guerrillera. Su breve obra constituye una especie de autobiografía espiritual que traza la evolución que lo llevó a la militancia política. El río (1960) expresa el confiado optimismo de un adolescente que se embarca en la gran aventura de la vida. En El viaje (1961) la certidumbre da lugar a la duda y la confusión a medida que el poeta va adquiriendo una comprensión más profunda y compleja de la realidad. Así, "El poema" refiere una crisis personal en la que renuncia a las ilusiones de la adolescencia y se ve asediado por la desorientación existencial. En cambio, Estación reunida, escrita en 1961, celebra el descubrimiento de una nueva certidumbre. Aquí, al tomar conciencia de la injusticia social, Heraud repudia la ideología del medio en el cual se ha formado y repudia igualmente su poética anterior, basada en la introspección y la contemplación solitaria:[4]

> Mis antiguas creencias
> (dioses, soles, paisajes interiores)
> se secaron al influjo del poder.

---

3.   Peter Emore, "La generación del 60", *30 Días*, julio 1984, p. 38.

4.   Javier Heraud, *Poesías completas* (Lima, Campodónico, 1973,) p. 107. Las citas corresponden a esta edición.

Por eso, en "El nuevo viaje" (115-17) opta por seguir otro camino que deje atrás el alienante medio costeño, sede de un capitalismo corrupto y explotador, y lo lleve al *beatus ille* de las montañas, símbolo de la militancia guerrillera y de una futura utopía socialista:

> No se puede pasear
> por las arenas
> si existen caracoles
> opresores y arañas
> submarinas.
> Y sin embargo,
> caminando un poco,
> volteando hacia la izquierda,
> se llega a las montañas
> y a los ríos.

Desde su primer libro, que evoca a Manrique al retomar el consagrado motivo que representa la vida como un río que desemboca en el mar de la muerte, la poesía de Heraud se sitúa en la tradición hispánica. No obstante, su lenguaje se caracteriza por una austera sencillez que rehúye la grandilocuencia y una incipiente influencia inglesa se vislumbra en *El viaje*, donde los mejores textos están hábilmente orquestados de una manera que recuerda a T.S. Eliot, manejando repetidos cambios de enfoque y motivos recurrentes de significado cambiante para comunicar las contradicciones y dilemas que confrontan al poeta. La obra posterior conserva la sencillez estilística de los primeros libros y, si a veces el simbolismo peca de ser demasiado transparente, por lo general Heraud comunica su compromiso ideológico sin incurrir en la retórica altisonante que vicia tanta poesía política escrita en el Perú. Sería vano especular sobre la posible evolución de su poesía, pero dada la calidad de su obra juvenil, es probable que hubiera llegado a ser uno de los poetas más destacados de su generación.

Si Heraud optó por la militancia guerrillera, Luis Hernández fue un rebelde de otro tipo, entregándose a la poesía como un estilo de vida alternativo. Así, "El bosque de los huesos", de *Las constelaciones* (1965), contrasta el maravilloso mundo de la cultura con la sofocante estrechez del medio peruano:[5]

> Mi país no es Grecia.
> Y yo (23) no sé si deba admirar
> Un pasado glorioso
> Que tampoco es pasado.
> Mi país es pequeño y no se extiende
> Más allá del andar de un cartero en cuatro días,
> Y a un buen tren [...]
> Mi país es letreros de cine: gladiadores,
> Las farmacias de turno y tonsurados,
> Un vestirse los Sábados de fiesta
> Y familias decentes, con un hijo naval.

---

5.   Luis Hernández, *Obra poética completa* (Lima, punto y trama, 1983), p. 34. Las citas siguientes corresponden a esta edición.

En muchos de sus textos el espacio poético viene a ser una especie de patria espiritual donde dialoga con artistas de distintas épocas y nacionalidades, como Chopin, Beethoven, Ezra Pound. Pero más que un refugio, Hernández conceptuaba la poesía como una postura que se asume y como parte intrínseca de la vida de todos los días y, desechando la solemnidad, desarrolló un estilo personal caracterizado por un tono coloquial y guasón. Así, evoca a Ezra Pound, no como un viejo venerable, sino como un compañero que encontraría acogida en la pandilla del barrio:

> Ezra:
> Sé que si llegaras a mi barrio
> Los muchachos dirían en la esquina:
> Qué tal viejo, che' su madre ...(33)

De acuerdo con esta actitud, Hernández dejó de publicar su obra, prefiriendo escribir sus poemas en cuadernos que luego regalaba a los amigos. Estos cuadernos acusan un descuido artístico, en cuanto hay mucha repetición y los poemas están sin pulir, y parece, en efecto, que fueron escritos por el gusto personal del poeta. Como indican los versos siguientes, la premisa subyacente es que la poesía ha de ser gozada sin tomarla en serio:

> Los laureles
> Se emplean
> En los poetas
> Y en los tallarines. (203)

Como "He visto", una denuncia de la mezquindad de la civilización moderna, y "Estimado General", una sátira del militarismo, algunos de los poemas expresan su repudio de la sociedad circundante, mientras que otros continúan su diálogo con sus poetas y compositores predilectos, los cuales trata con una cariñosa irreverencia. En *Una impecable soledad* (1975), una narración poética que refiere la historia de un *alter ego,* el pianista marginado Shelley Alvarez, Hernández reafirma la riqueza de su mundo interior en contraposición al sinsentido del mundo contingente que lo rodea:

> Y mostraba con indiferencia el vacío de su vida; porque no era vacío, sino plenitud. (343)

Desgraciadamente el mundo real se impuso a la larga y, aunque nunca se han aclarado las circunstancias de su muerte en 1977, hay indicios de suicidio.

Aunque Heraud y Hernández eran poetas de talento, hay que reconocer que la mitología que ha surgido alrededor de ellos ha inflado su reputación, porque la obra del primero acusa todavía una inmadurez juvenil mientras que gran parte de la poesía posterior del segundo da la impresión de ser ligera e inacabada. Sin embargo, siguen siendo figuras significativas. Ambos prefiguraron un estilo más simple, libre de retórica, y estimularon la práctica del diálogo intertextual; Heraud al iniciarlo, aunque tímidamente, y Hernández al convertirlo en una de las piedras angulares de su obra. También dieron otras pautas; Heraud al demostrar que la preocupación artística era compatible con el compromiso social, y Hernández al cultivar un tono coloquial e irreverente. Sobre todo, llegaron a ser emblemas para la generación del 60, símbolos de rebelión contra un orden social y un estilo de vida anticuados.

2.   ANTONIO CISNEROS O LA IRONÍA DESMITIFICADORA

El tono de la obra de Antonio Cisneros está dado por los dos primeros poemas de *Canto ceremonial contra un oso hormiguero* (1968). "Karl Marx Died 1883 Aged 65", texto inspirado por una visita a la tumba de Marx en Londres, expresa su repudio de los valores de la burguesía capitalista y su adhesión a la ideología socialista.[6] Mediante recuerdos familiares —visitas en su infancia a la casa de una tía abuela, una especie de museo del siglo pasado— evoca la edad de oro de la burguesía:

> Todavía estoy a tiempo de recordar la casa de mi tía abuela y ese
> [par de grabados:
> "Un caballero en la casa del sastre", "Gran desfile militar en Viena,
> [1902".
> Días en que ya nada malo podía ocurrir. Todos llevaban su pata de
> [conejo atada a la cintura.
> También mi tía abuela —20 años y el sombrero de paja bajo el sol,
> [preocupándose apenas
> por mantener la boca, las piernas bien cerradas.
> Eran hombres de buena voluntad y las orejas limpias.
> Sólo en el music-hall los anarquistas, locos barbados y envueltos en
> [bufandas.
> Qué otoños, qué veranos.
> Eiffel hizo una torre que decía "hasta aquí llegó el hombre. Otro grabado:
> "Virtud y amor y celo protegiendo a las buenas familias".

A continuación evoca la actividad subversiva de Marx, representándolo como un alquimista que buscaba la fórmula para transformar la realidad y que hubo de poner en marcha un movimiento revolucionario que iba sacudiendo las bases del orden capitalista:

> Ah el viejo Karl moliendo y derritiendo en la marmita los diversos
> [metales [...]
> vino lo de Plaza Vendome y eso de Lenin y el montón de revueltas
> [y entonces
> las damas temieron algo más que una mano en las nalgas y los caballeros
> [pudieron sospechar
> que la locomotora a vapor ya no era más el rostro de la felicidad
> [universal.

En el último verso rinde homenaje al maestro por haber realizado la hazaña de destruir para siempre la seguridad de las clases dominantes:

---

6.   Antonio Cisneros, *Propios como ajenos. Antología personal (Poesía 1962-1989)* (Lima, Peisa, 1989), pp. 63-64. Si no hay otra indicación, las citas corresponden a esta edición.

"Así fue, y estoy en deuda contigo, viejo aguafiestas."

La ironía que Cisneros maneja aquí para satirizar a la burguesía es quizá la nota dominante de su poesía, pero igualmente característico es el hecho de que el héroe del poema esté evocado, no con una solemnidad reverencial, sino con un humor cariñoso, como si se tratase de un viejo compañero que tiene la genialidad de fastidiar a la burguesía. La sátira va dirigida, sobre todo, contra la ideología y mentalidad de una clase que nunca cuestiona la legitimidad del orden capitalista, teniéndolo por eterno y divinamente sancionado; que identifica la felicidad humana con el progreso industrial que la ha enriquecido, sin tomar en cuenta la miseria de las masas victimizadas por ese mismo proceso; y que delata su hipocresía al practicar una rigurosa moralidad cristiana al mismo tiempo que explota a sus semejantes sin escrúpulos. Sin embargo, la ironía del poeta no se limita a la esfera política sino que abarca el estilo de vida de la burguesía, cuya sofocante moralidad puritana cohíbe la libre expresión de la personalidad humanidad. Así, el verso final insinúa que al aguar la fiesta de la burguesía, Marx ha propiciado la fiesta de la humanidad, en cuanto el proceso que ha venido socavando el poder de la burguesía capitalista ha acarreado no sólo la paulatina creación de una sociedad más igualitaria sino también una liberalización de las costumbres.

En este poema la evolución personal del poeta —su rechazo del sofocante medio burgués en el cual se había formado— va vinculada al proceso histórico que vio la difusión de una ideología revolucionaria. Asimismo, "Crónica de Lima" (65-67) inserta su historia personal en el contexto del medio que ha condicionado su ser. En efecto, su historia está conceptuada como arquetípica, ya que al ver sus ambiciones juveniles degenerar en la mediocridad, no ha hecho sino remedar la historia de Lima, ciudad cuyo ambiente debilitante frustra toda gran empresa. Así, los edificios de la capital peruana vienen a ser la crónica en la cual su propia biografía está inscrita:

> Aquí están escritos mi nacimiento y matrimonio, y el día de
>   [la muerte
> del abuelo Cisneros, del abuelo Campoy.
> Aquí, escrito el nacimiento del mejor de mis hijos, varón y
>   [hermoso.
> Todos los techos y monumentos recuerdan mis batallas contra
>   [el Rey de los Enanos y los perros
> celebran con sus usos la memoria de mis remordimientos.
>   (Yo también
> harto fui con los vinos innobles sin asomo   de vergüenza o
>   [pudor, maestro fui en el Ceremonial de las Frituras.)
>   Oh ciudad
> guardada por los cráneos y maneras de los reyes que fueron
> los más torpes —y feos— de su tiempo.
>   Qué se perdió o ganó entre estas aguas.
> Trato de recordar los nombres de los Héroes, de los Grandes
>   [Traidores.
> Acuérdate, Hermelinda, acuérdate de mí.

Como el texto anterior, éste es irónico, pero aquí Cisneros hace ironía de sí mismo tanto como del medio social. Así recurre a un tono heroicocómico para evocar las aventuras de su juventud, cuando militaba contra el gobierno de Manuel Prado (1956-62), campeón de la vieja oligarquía peruana, cuya estatura diminuta y política mezquina le merecen el título despectivo de "Rey de los Enanos". Asimismo, al evocar las parrandas de aquellos años, recuerda irónicamente los excesos de glotonería en los cuales tendían a caer. Esta ironía va acompañada por una nota de decepción, por la conciencia de que los sueños e ilusiones de la adolescencia han quedado sin realizarse a medida que el poeta ha sucumbido a la mediocridad que impera en su ciudad natal. Esta mediocridad la atribuye a la herencia colonial, a un espíritu acomodaticio que se remonta a los tiempos cuando Lima era corte de los virreyes. La frase "entre estas aguas" acarrea un juego de palabras, ya que al mismo tiempo que sitúa Lima como ciudad construida al borde del mar, evoca la expresión "nadar entre dos aguas", dando a entender que los limeños viven dominados por una mentalidad contemporizadora que les impide arriesgarse. Por eso, la ambigüedad del penúltimo verso de esta primera estrofa establece una oposición que es también una equivalencia, insinuando, por un lado, que la historia nacional carece igualmente de héroes y traidores y, por otro, que los héroes de la historia oficial son más bien traidores, puesto que nunca se atrevieron a emprender nada.

Si el desengaño lleva al poeta a la autocensura y a una crítica amarga del medio ambiente, el poema delata también una nostalgia por la inocencia perdida, por una adolescencia llena de ilusiones. Así, el refrán del clásico vals criollo "Hermelinda", citado en el último verso de la primera estrofa como emblema de las parrandas de la juventud, expresa, de una manera novedosa, el tema consagrado de la nostalgia por los días dorados de un pasado perdido. A continuación, la letra del vals sirve de recurso para estructurar el poema, ya que a partir de la segunda estrofa el poeta se dirige a Hermelinda como a una amiga ausente, describiéndole sus viejas querencias desde la perspectiva de la desilusión:

> Las mañanas son un poco más frías,
> pero nunca tendrás la certeza de una nueva estación
> —hace casi tres siglos se talaron los bosques y los pastos
> fueron muertos por fuego.
>   El mar está muy cerca, Hermelinda,
> pero nunca tendrás la certeza de sus aguas revueltas, su presencia
> habrás de conocerla en el óxido de todas las ventanas,
> en los mástiles rotos,
> en las ruedas inmóviles,
> en el aire color rojo-ladrillo.

La reiteración de la frase "nunca tendrás la certeza" apunta a la indefinición que caracteriza la capital peruana, ciudad donde las estaciones apenas se distinguen una de otra y donde los acantilados disimulan la proximidad del mar, cuya presencia se nota, sin embargo, en la humedad que oxida y pudre todo. Aquí el medio geográfico está evocado como metáfora de un ambiente síquico. La monotonía del clima —la cual está atribuida al colonialismo, que destruyó la ecología del valle de Lima al desnudarlo de vegetación— refleja una atmósfera social, establecida durante el virreinato, que rehúsa desviaciones de las normas imperantes y fomenta el conformismo. Asimismo, el mar, símbolo consagrado de vitalidad

y pasión, aquí representa por lo contrario una individualidad reprimida, un terror a la he-
terodoxia que termina erosionando toda creatividad.

Más adelante, Cisneros destaca la pertinaz presencia del pasado colonial enumerando
los monumentos turísticos de la antigua capital de los virreyes:

> Has de ver
>   4 casas del siglo XIX,
>   9 templos de los siglos, XVI, XVII, XVIII.
>   Por dos soles 50, también, una caverna
> donde los nobles obispos y señores —sus esposas, sus hijos—
> dejaron el pellejo [...]
> Y el bosque de automóviles como un reptil sin sexo y sin
>   [especie conocida
> bajo el semáforo rojo.)

Al contrastar la Lima señorial con la abominable metrópolis moderna mediante una alu-
sión a los embotellamientos del tráfico, evoca el mito de una arcadía colonial. Pero el mito
queda subvertido por la ironía, la cual no sólo satiriza la hipocresía de los eclesiásticos
coloniales al señalar sus flagrantes trasgresiones sexuales, sino que apunta a una continui-
dad entre pasado y presente mediante la referencia a la explotación comercial de los
monumentos coloniales y la imagen del "bosque de automóviles" que ha remplazado los
bosques talados por los españoles. Lo que se insinúa, en efecto, es que el colonialismo ha
desembocado en el neocolonialismo capitalista del siglo XX.

La tradición colonial se manifiesta, además, en una mentalidad que rehúsa enfrentar
realidades desagradables, confiando en que basta pronunciar palabras bonitas para que los
problemas desaparezcan o en que se resuelven por sí solos. Un síntoma de ella es la per-
cepción del Rímac en el folklore limeño, ya que a pesar de estar seco goza del prestigio de
río y todos aseguran que correrá normalmente el próximo año:

> Hay, además, un río.
> Pregunta por el Río, te dirán que ese año se ha secado.
> Alaba sus aguas venideras, guárdales fe.
> Sobre las colinas de arena
> los Bárbaros del Sur y del Oriente han construido
> un campamento más grande que toda la ciudad, y tienen otros dioses.
> (Concerta alguna alianza conveniente.)

En seguida se hace evidente que lo que a primera vista parece ser una idiosincrasia diver-
tida e inocua tiene profundas implicaciones sociales. La alusión a las colinas de arena
donde están construidas las barriadas que rodean la ciudad señala que el río seco es un
símbolo de la injusticia que mantiene la mayoría de la población en la miseria. Y el irónico
verso parentético insinúa que, en vez de abordar la crisis social representada por los
inmigrados marginados, las autoridades recurren a la clásica táctica limeña, confiando en
que algún acomodo político calme la tensión mientras la situación se soluciona por su
propia cuenta.

Sobre todo, Lima lleva la huella de su pasado colonial en un insidioso clima anímico que ataca la voluntad e iniciativa de la población, induciendo una inercia contra la cual no hay manera de inmunizarse. Así, mediante una sinécdoque que evoca la imagen de una brújula cuya aguja ha sido oxidada por la humedad, Cisneros sugiere que de antemano el medio limeño condena todo proyecto a extraviarse:

> Este aire —te dirán—
> tiene la propiedad de tornar rojo y ruinoso cualquier objeto al más
> [breve contacto.
> Así,
> tus deseos, tus empresas
> serán una aguja oxidada
> antes de que terminen de asomar los pelos, la cabeza.
> Y esa mutación —acuérdate, Hermelinda— no depende de
> [ninguna voluntad.
> El mar se revuelve en los canales del aire,
> el mar se revuelve,
> es el aire.
> No lo podrás ver.

Por eso, al devolvernos a la situación personal del poeta, la última estrofa lo presenta como un hombre que se ha dejado infectar por esa contagiosa atmósfera. El amor y la poesía son aquí símbolos de una juventud apasionada y rebelde, y las piedras tiradas al mar representan su ilusión de remover la dócil tranquilidad del medio ambiente, pero los recuerdos que ahora pesan en su memoria son las cosas triviales en las cuales ha desperdiciado sus energías y los muchos proyectos que nunca llevó a cabo:

> Mas yo estuve en los muelles de Barranco
> escogiendo piedras chatas y redondas para tirar al agua
> Y tuve una muchacha de piernas muy delgadas. Y un oficio.
> Y esta memoria —flexible como un puente de barcas— que me
> [amarra
> a las cosas que hice
> y a las infinitas cosas que no hice,
> a mi buena o mala leche, a mis olvidos.
> Qué se ganó o perdió entre
> [estas aguas.
> Acuérdate, Hermelinda, acuérdate de mí.

Así, al ver su entusiasmo e ilusiones juveniles vencidos por la ineludible influencia del medio limeño, el poeta renuncia a la ironía en el último verso para entregarse abiertamente a la angustia característica del vals. No obstante, este cambio de tono también resulta irónico, ya que el abandonarse al lacrimoso sentimentalismo del vals no hace sino confirmar su condicionamiento como limeño.

Como se puede apreciar en los textos que acabamos de comentar, Cisneros expresa su identidad como peruano moderno definiéndose frente a las fuerzas que han determinado la historia nacional e internacional. *Comentarios Reales* (1964), su primer libro importante,

parte de la premisa de que para librarse de la dependencia y del subdesarrollo el Perú
necesita despojarse de las mitologías imperantes. Acusando la influencia de Bertolt Brecht,
el libro maneja la ironía para ofrecer una versión desmitificadora de la historia peruana.
Esta ironía va dirigida, sobre todo, contra el colonialismo español, pero Cisneros cuestiona
también la mitología que idealiza el pasado precolombino y quiere ver en la tradición
indígena la base para un Perú moderno. Así, en una entrevista, señala que, por maravillo-
sas que fuesen las culturas prehispánicas, pertenecen a un pasado demasiado remoto para
ser pertinente a la vida urbana del siglo XX:[7]

> ... mi país tiene un pasado fabuloso, mas esa cultura ya no me pertenece y sólo
> puedo apreciarla en sus restos como cualquier extraño.

En "Paracas" (21) esta distancia entre el pasado precolombino y los tiempos moder-
nos queda insinuada mediante la evocación de un paisaje marítimo de la costa sur, sede de
una de las primeras culturas peruanas. En esta escena aparentemente bucólica no hay ninguna
presencia humana, y el único indicio de que una vez hubo una civilización aquí son restos
arqueológicos:

I

Desde temprano
crece el agua entre la roja espalda
de unas conchas

y gaviotas de quebradizos dedos
mastican el muymuy de la marea

hasta quedar hinchadas como botes
tendidos junto al sol.

Sólo trapos
y cráneos de los muertos, nos anuncian

que bajo estas arenas
sembraron en manada a nuestros padres.

El poema nos deja la impresión de la impermanencia de las construcciones humanas y de
la insignificancia del hombre dentro del esquema cósmico. La ambigüedad del primer verso
insinúa que los acontecimientos referidos se han repetido no sólo desde el amanecer sino
desde los primeros tiempos, que son parte de un interminable ciclo natural que precedió a
la llegada del hombre y continúa después de su desaparición. En efecto, el desierto costeño
sigue siendo tan árido y estéril como siempre, inalterado por la civilización que floreció
allí y que fue tragada por la arena, y la ironía del último verso sugiere que los indios de
Paracas no sembraron nada que haya arraigado para ser heredado por generaciones poste-
riores, que lo único que han legado al presente son los indicios de su extinción. Por eso,

---

7.   Leonidas Cevallos Mesones, ed., *Los nuevos* (Lima, Editorial Universitaria, 1967), p. 14.

resulta irónica la emotiva frase "nuestros padres" destacada al final del poema, poniendo de relieve lo difícil que es que un peruano moderno se identifique con antepasados tan completamente extintos desde hace tanto tiempo.

Además, al insinuar que Paracas fue víctima de una guerra de conquista librada por un pueblo enemigo, el último verso inserta las culturas prehispánicas en el marco de un mundo elemental regido por la ley de la selva, representada en las primeras estrofas por la voracidad con la que las gaviotas devoran el muymuy. De esta forma, Cisneros cuestiona la tendencia nacional a fabricar una imagen utópica del pasado precolombino. Asimismo, "Trabajadores de tierras para el sol" desmitifica el régimen incaico, falsamente glorificado como una especie de utopía socialista regida por gobernadores paternalistas.[8] Insinuando que la historia del imperio incaico que se nos ha transmitido es la versión oficial de las clases dominantes, Cisneros sugiere que aún antes de la conquista española el pueblo peruano fue explotado y oprimido por una oligarquía dominante:

> Sabían
> que el sol
> no podía
> comer
> ni siquiera
> un
> retazo
> de choclo,
> pero evitaron
> el fuego,
> la estaca
> en
> sus
> costillas.

No obstante, el blanco principal de *Comentarios Reales* es la mitología hispánica. "Cuestión de tiempo", por ejemplo, despoja la conquista de su aureola de gloriosa epopeya al representar a Almagro como un vulgar aventurero burlado por el destino.[9] Cuando Pizarro y su socio llegaron a un acuerdo para dividir el territorio de los incas, a Almagro le tocó la parte sur, pero al ir a explorar sus nuevos dominios, tropezó con desiertos estériles y, para colmo de ironía, otros que siguieron sus pasos siglos después descubrieron ricos yacimientos minerales donde él y sus hombres no encontraron sino hambre y privaciones:

> I
>
> Mal negocio hiciste, Almagro.
> Pues a ninguna piedra
> de Atacama podías pedir pan,

---

8. Antonio Cisneros, *Comentarios Reales* (Lima, La Rama Florida/Biblioteca Universitaria, 1964), p. 13.

9. *Comentarios Reales*, p. 20.

ni oro a sus arenas.
Y el sol con sus abrelatas,
destapó a tus soldados
bajo el hambre
de una nube de buitres.

II

En 1964,
donde tus ojos barbudos
sólo vieron rojas tunas,
cosechan —otros buitres—
unos bosques
tan altos de metales,
que cien armadas de España
por cargarlos
hubieran naufragado bajo el sol.

El primer verso apunta a dos elementos desmitificadores que recorren todo el texto. Por un lado, da a entender que los conquistadores no eran sino aventureros que saquearon el nuevo mundo en busca de fortuna. Así, repitiendo un motivo que hemos notado en "Paracas", la primera estrofa los inserta en el contexto de un mundo salvaje regido por la ley de la selva, representada por los buitres, y la segunda, al recurrir nuevamente a la metáfora de los buitres para calificar el imperialismo del siglo XX, insinúa que el legado de la conquista ha sido una herencia de rapiña que ha caracterizado el trato de los países imperialistas con América, herencia que persiste en la época moderna cuando el capitalismo internacional explota los recursos del continente a una escala con la que los españoles nunca soñaron. Por otro lado, el primer verso sugiere también que los agentes del imperialismo español fueron ineptos. Así como se sobrentiende que Almagro se dejó aventajar por Pizarro, la segunda estrofa insinúa que España también hizo mal negocio en su empresa colonial, ya que ni siquiera tuvo la inteligencia para explotar sus colonias de manera eficiente y fue dejada atrás como poder imperialista por los anglosajones que posteriormente hubieron de aprovechar sus conquistas. Pero, sobre todo, el poema rebate la imagen heroica de la conquista. La metáfora del abrelatas representa a los soldados de Almagro, sofocados de calor en su armadura, como carne enlatada para los buitres, y queda insinuado que en realidad la mayoría de los conquistadores fracasaron, vencidos por el continente que fueron a dominar, y sin dejar nada digno de ser recordado por la posteridad. Asimismo, la segunda estrofa sugiere que lo único que legó el imperialismo español fue el subdesarrollo.

"Cuando el diablo me rondaba anunciando tus rigores" (27) desenmascara la religión de los españoles como un mero instrumento de dominio social. El poema tiene la forma de una oración en la que un oligarca colonial, llegado a la vejez y aterrado por visiones del Diablo, se arrepiente de sus pecados y se dirige a Dios para pedir perdón:

Señor, oxida mis tenedores y medallas, pica estas muelas,
enloquece a mi peluquero, los sirvientes
en su cama de palo sean muertos, pero líbrame del Diablo.

> Con su olor a cañazo y los pelos embarrados,
> se acerca hasta mi casa, lo he soprendido
> tumbado entre macetas de geranio, desnudo y arrugado.
> Estoy un poco gordo, Señor, espero tus rigores, mas no tantos.
> He envejecido en batallas, los ídolos han muerto.
> Ahora, espanta al Diablo, lava estos geranios y mi corazón.
> Hágase la paz, amén.

Su temor a la perdición es sincero, pero es incapaz de arrepentirse verdaderamente, porque sigue siendo un gran señor condicionado por la mentalidad de su clase. Así, mientras confiesa sus excesos carnales, no se reconoce culpable por haber participado en la opresión de los indios sino que lo cita como un mérito (v. 8). Tampoco ve ninguna incongruencia en que sus criados sufran para expiar los pecados del amo (vv. 2-3). Además, la humildad convencional de su oración no oculta la arrogancia de un hombre que inconscientemente considera a Dios como uno de los suyos, como un gran señor feudal con quien puede ajustar cuentas como con cualquier otro señor de su clase. Negocia con Dios para obtener su perdón, ofreciéndole hacer reparación por sus pecados por medio del dolor físico o el sacrificio de sus bienes. Aunque reconoce su culpabilidad, cuestiona la severidad del castigo, y para justificar su demanda de indulgencia, cita los servicios que ha prestado al sojuzgar a los indígenas y extirpar la idolatría. Más que rogar, los versos finales reclaman el perdón divino, manifestando la convicción de que tales servicios le dan derecho a esperar que Dios haga la vista gorda a sus pecados. En efecto, al dejar que el gran señor delate su hipocresía y las contradicciones de su fe, el poema da a entender que la religión no servía más que para proporcionar a la oligarquía virreinal una justificación moral de la explotación de los indígenas y un ungüento para tranquilizar su conciencia.

Igualmente desmitificadora es la imagen que Cisneros nos da de la independencia. "Tres testimonios de Ayacucho" (33-35), por ejemplo, es una secuencia de tres poemas escritos desde la perspectiva del pueblo, quien se sacrificó por una causa que lo había de defraudar, pero desgraciadamente los textos no logran captar el tono popular necesario para hacerlos convincentes. Mucho más eficaz es "Tupac Amaru relegado", donde Cisneros despliega su talento para la ironía para satirizar el fraude mediante el cual los generales de los ejércitos patrióticos usurparon la gloria de la lucha por la independencia así como su clase usurpó los frutos.[10] Símbolo de este fraude son las patillas heroicas lucidas por los llamados libertadores que se dieron tono marcial, jugando a los soldados a salvo de los campos de batalla, y cuya experiencia de la guerra se limitó a la contemplación del espectáculo de los heridos soldados rasos sobre cuyo sacrificio sangriento construyeron su reputación. Más tarde, estas mismas patillas habían de dominar la imagen de ellos presentada a la posteridad, creciendo heroicamente en sus retratos a medida que la historia oficial consagró el fraude ensalzándolos como padres de la patria:

> Hay libertadores
> de grandes patillas sobre el rostro,
> que vieron regresar muertos y heridos

---

10. *Comentarios Reales*, p. 56.

después de los combates. Pronto su nombre
fue histórico, y las patillas
creciendo entre sus viejos uniformes
los anunciaban como padres de la patria.

Otros sin tanta fortuna, han ocupado
dos páginas de texto
con los cuatro caballos y su muerte.

La segunda estrofa apunta a la otra cara de la historia oficial mediante una alusión lacónica
a la suerte de Tupac Amaru, quien sacrificó la vida en la lucha contra los españoles y, sin
embargo, quedó relegado a la categoría de personaje menor en los anales de la nación.[11]
Aquí Cisneros nos invita a leer entre líneas, insinuando que la historia oficial ha minimi-
zado la importancia de Tupac Amaru precisamente porque, a diferencia de los "libertado-
res", fue el abanderado de las reivindicaciones del pueblo y que por esta misma razón los
textos escolares muestran la insurrección social escarmentada, destacando su derrota y su
muerte horrenda a manos de las autoridades españolas. De este modo, el contraste entre los
"libertadores" y Tupac Amaru señala el proceso mediante el cual los historiadores de la
oligarquía dominante han manipulado y distorsionado el pasado nacional para promover y
defender los intereses de su clase.

"Descripción de plaza, monumento y alegorías en bronce" (36) retoma el mismo tema
al dar una imagen satírica de uno de los monumentos de Lima, representación plástica de
la mitología propagada por la élite republicana:[12]

El caballo, un libertador
de verde bronce y blanco
por los pájaros.
Tres gordas muchachas:
Patria, Libertad
y un poco recostada
la Justicia. Junto al rabo
de caballo: Soberanía,
Fraternidad, Buenas Costumbres
(gran barriga y laureles
abiertos en sus manos).
Modestia y Caridad
refriegan ramas
sobre el libertador,
envuelto en la bandera
verde y blanca.
Bancas de palo, geranios, otras muchachas

---

11. Conviene recordar que, si las últimas décadas han visto un ensalzamiento de Túpac Amaru como héroe
     nacional, la situación era diferente cuando el poema fue escrito.

12. En la edición citada algunos de los textos originales han sido retocados. En el caso de este poema se ha
     suprimido los versos 17-26.

> (su pelo blanco y verde): Esperanza,
> Belleza, Castidad,
> al fondo Primavera, ficus agusanados,
> Democracia. Casi a diario
> también, guardias de asalto:
> negros garrotes, cascos verdes
> o blancos por los pájaros.

La estatua del libertador está rodeada de figuras alegóricas que simbolizan los supuestos ideales de la República que ha fundado, pero Cisneros insinúa que tales ideales son mera retórica al ironizar el grandilocuente seudo-clasicismo que representa a estas doncellas como gordas amazonas. Señala también ciertas idiosincrasias del monumento —la Justicia se recuesta como dispuesta a dejarse violar; la Democracia está relegada al fondo, donde queda casi completamente oculta—, las cuales vienen a ser lapsos freudianos que delatan la hipocresía de una clase dominante que nunca ha vacilado en abusar de los valores que pretende venerar. Además, el deterioro que el monumento ha sufrido con los años —está cubierto de verdete y rayado por los excrementos de los pájaros; los ficus del parque están agusanados— apunta a una historia republicana cuya sórdida realidad desmiente los grandes ideales proclamados por la Constitución. Los últimos versos rematan la sátira del fraude representado por el monumento al retomar el motivo recurrente introducido por los primeros versos para vincular al padre de la nación con la represión política de tiempos modernos. En efecto, el color verde lucido por el libertador y los guardias de asalto señala su parentesco, insinuando que la independencia ha engendrado la represión, ya que inauguró una república dominada por la misma oligarquía de siempre, y el excremento con el cual los pájaros bombardean a ambos es símbolo del indignado desprecio provocado por una sociedad fraudulenta que encubre la injusticia y la opresión bajo una máscara de ideales nobles.

"Canto ceremonial contra un oso hormiguero", del libro del mismo título (1968), satiriza a las Grandes Familias que han heredado el poder de la oligarquía virreinal.[13] Estas están personificadas por un viejo homosexual, representado como un oso hormiguero cuya lengua voraz simboliza la insaciable codicia de la alta burguesía. La hipocresía moral de esa clase está plasmada en la antigua cama donde practica sus actividades homosexuales, ya que ostenta los símbolos de una religiosidad que es puramente externa:

> tu gran lengua en la cama
> con vírgenes y arcángeles
> > de lata [...]
> maltrecha ya
> por los combates fieros de tu hermano
> > capitán ballestero de sodoma
> > príncipe de gomorra
> > flor de lesbos

---

13. Antonio Cisneros, *Canto ceremonial contra un oso hormiguero* (La Habana, Casa de las Américas, 1968), pp. 15-17.

Pero, sobre todo, el poema insinúa un paralelismo entre la homosexualidad depredadora de ese viejo degenerado y la rapiña de una oligarquía que deriva su poder de la explotación de las masas:

> y ya aprestas las doce legiones de tu lengua
> > granero de ortigas
> > manada de alacranes
> > bosque de ratas veloces
> > > rojas
> > > peludas
>
> el gran mar de las babas
> oh tu lengua
> cómo ondea por toda la ciudad
> torre de babel que se desploma
> > sobre el primer incauto
> > sobre el segundo
> > sobre el tercero

Como personificación de las Grandes Familias, el protagonista del poema simboliza una herencia colonial que sigue pesando sobre la vida nacional a pesar de la independencia y los cambios político-sociales de tiempos modernos. Así, Cisneros lo representa como una especie de monstruo antediluviano que inexplicablemente ha sobrevivido los cambios históricos que lógicamente debían haber señalado su extinción. No sólo se lo ve rondar por la plaza dedicada al Libertador, sino que se va haciendo más poderoso a fuerza de devorar los recursos nacionales:

> aún te veo en la Plaza San Martín [...]
> oh tu lengua en reposo
> > y aún se reproduce
> > > despacio
> > > muy despacio
> > y todavía engorda.

Por eso, el poema adopta la forma de un conjuro ritual, pronunciado con el fin de ahuyentar el monstruo oligárquico para siempre y así acabar por fin con el nefasto legado del colonialismo español:

> y ahora
> > no más tu madre
> > no más tu abuela
> > no más tu arcángel de la guardia
> y ahora
> > océano de las babas
> > vieja abadesa
> escucha
> escucha mi canto
> escucha mi tambor
> > no dances más.

Repudiando el legado del pasado, Cisneros, como otros de su generación, cifró sus esperanzas en una ruptura que creara una sociedad moderna y democrática y que a principios de la década de los 60 parecía a punto de producirse. "In memoriam" (72-73) evoca el clima de eufórico optimismo de aquellos años, inspirado por el éxito de la Revolución Cubana y por el carisma de Belaúnde, quien se proyectaba como el arquitecto de un Perú nuevo:

> Yo vi a los manes de mi generación, a los lares, cantar en
>   [ceremonias, alegrarse
> cuando Cuba y Fidel y aquel año 60 eran apenas un animal
>   [inferior, invertebrado.
>
>   Y yo los vi después
> cuando Cuba y Fidel y todas esas cosas fueron peso y color
> y la fuerza y la belleza necesarias a un mamífero joven.
> Yo corría con ellos
>   y yo los vi correr.

En "Canto ceremonial" Cisneros equipara la sociedad peruana con una tribu salvaje victimada por un monstruo rapaz. Aquí maneja el mismo discurso. Como mentores de la juventud, los líderes de Acción Popular desempeñan el papel de dioses tutelares que presiden el nacimiento del movimiento revolucionario, el cual está representado como una especie de animal sagrado que ha de traer suerte a la comunidad. A medida que el animal va cobrando fuerzas, la comunidad entera se ve unida por un entusiasmo colectivo, expresado por el verbo "correr", el cual evoca a la vez una energía salvaje, las manifestaciones políticas de la época y un movimiento de masas que va en conquista de una meta común.

Los versos siguientes aluden al bloqueo norteamericano de Cuba, representándolo como una táctica del enemigo para contrarrestar la magia del animal sagrado. No obstante, al referir su participación en las manifestaciones de protesta, Cisneros da a entender que, lejos de disminuir el entusiasmo revolucionario, este acontecimiento tuvo el efecto de fortalecerlo:

> Y el animal fue cercado con aceite, con estacas de pino, para que
>   [ninguno conociera
> su brillante pelaje, su tambor.
>
> Yo estuve con mi alegre ignorancia, mi rabia, mis plumas de colores
> en las antiguas fiestas de la hoguera
>   Cuba sí, yanquis no.

Pero al retratarse como un salvaje ignorante, apunta al ingenuo idealismo en que ese entusiasmo estaba basado, una ingenuidad de la cual él y sus coétaneos hubieron de ser desengañados por la muerte de Javier Heraud a manos de las fuerzas antisubversivas:

Y fue entonces que tuvimos nuestro muerto.
(Los marinos volvieron con su cuerpo en una bolsa con las carnes
        [estropeadas
y la noticia de reinos convenientes.
Así les ofrecimos sopa de acelgas, panes con asado, beterragas,
y en la noche
                    quemamos su navío.)

En efecto, la muerte de Heraud hubo de significar la muerte del sueño revolucionario, so-
focado, no por el enemigo, sino por la timidez de los que lo inspiraron. Así, los restos del
poeta insurgente llegaron a la capital acompañados por la noticia de "reinos convenientes",
por el mensaje de que el gobierno de Belaúnde no estaba dispuesto a ir más allá de un
programa de reformas limitadas, y el temor a una verdadera revolución abrigado por la
clase media se manifiesta en el agasajo ofrecido a los marinos que mataron al joven
guerrillero. Por eso, el último verso citado nos da una imagen ambigua del entierro de
Heraud, ya que si evoca la ceremonia con la que los antiguos nórdicos se despidieron de
sus héroes, insinúa también que al enterrarlo la sociedad peruana abandonó el camino
revolucionario que él había señalado.

En la segunda parte del poema, Cisneros enfoca la experiencia de su generación desde
la perspectiva del desengaño, representándola como una nueva versión de una vieja histo-
ria que ha venido repitiéndose a lo largo de los siglos. Sugiere, en efecto, que es el destino
de toda generación ser defraudada por los ídolos en los cuales ha puesto su fe y que el ca-
rismático Belaunde no fue sino un hechicero que manipulaba la credulidad de las masas:

Quién no tuvo un par de manes, tres lares y algún brujo como toda
        [heredad
—sabios y amables son, engordan cada día.
Hombres del país donde la única Torre es el comercio de harina de
        [pescado,
gastados como un odre de vino entre borrachos.
                                Qué aire ya nos queda.
Y recibimos un laurel viejo de las manos del propio Virgilio y de
        [manos de Erasmo
una medalla rota.
Holgados y seguros en el vericueto de la Academia y las publicaciones.
Temiendo algún ataque del Rey de los Enanos, tensos al vuelo de una
        [mosca:
Odiseos maltrechos que se hicieron al agua
aun cuando los temporales destruían el sol y las maadas de cangrejos,
        [y he aquí
que embarraron con buen sebo la proa
hasta llegar a las tierras del Hombre de Provecho.
(*Amontonad los muertos en el baño, ocultadlos, y pronto el Coliseo será limpio
y propicio como una cama blanda.*)

Con un sarcasmo cada vez más mordaz, el poeta enjuicia a los reformistas de Acción Popular que no supieron responder a la expectativa que habían despertado. Aunque los califica de hombres cultos y bien intencionados, la referencia al "vericueto de la Academia" implica que su compromiso revolucionario no iba más allá de la retórica. Da a entender, además, que su proyecto estaba viciado desde el principio, ya que pretendían resolver los problemas del tercer mundo mediante un liberalismo de tipo tradicional. Así, la imagen que evoca a Virgilio y Erasmo repartiendo premios desgastados a los peruanos, los representa como herederos de la gran tradición liberal de Occidente, una tradición que ya no tiene vigencia en un continente necesitado de soluciones nuevas y radicales. En efecto, el "Perú nuevo" que han creado es una sociedad neo-capitalista cuyo único culto es el progreso económico, ejemplificado por la industria de la harina de pescado, y el idealismo que parecía motivarlos se ha ido agotando a medida que la clase media ha prosperado en la cresta de un boom económico.[14] Así, la alusión a la pestilencia difundida por las fábricas de harina de pescado evoca un clima de idealismo corrompido por el materialismo neo-capitalista, mientras que el símil del odre vacío rodeado por borrachos es una imagen gráfica de una política incapaz de satisfacer a un pueblo sediento de justicia social. Otra alusión clásica representa la historia de Acción Popular como una parodia de la *Odisea*, como una epopeya poco heroica en la que, al llegar al poder, el movimiento iba perdiendo su celo reformista a medida que cada uno iba a lo suyo, aprovechando las nuevas oportunidades económicas para enriquecerse. Cisneros sugiere, además, que, habiendo creado un clima que propiciaba la prosperidad de la clase media, lo que más les preocupaba era la posibilidad de un golpe derechista encabezado por Prado, "el Rey de los Enanos", y que temerosos de provocar tal reacción, no sólo dejaron de proseguir la reforma sino que terminaron recurriendo a la represión para sofocar el movimiento revolucionario que ellos mismos habían desencadenado.

Sin embargo, los versos parentéticos no sólo destacan las contradicciones del liberalismo reformista sino que apuntan a la miopía de una política que rehúsa abordar la problemática fundamental del país. En efecto, la represión no ha logrado sino una ilusión de normalidad, porque, como señalan los versos finales del poema, el espíritu revolucionario sigue y seguirá existiendo mientras no se resuelvan las condiciones sociales que lo engendraron:

> Hay un animal noble y hermoso cercado entre ballestas.
> En la frontera Sur la guerra ha comenzado. La peste, el hambre,
> [en la frontera Norte.

* * *

Si, como hemos visto, Cisneros repudia el legado del pasado, no lo hace solamente desde una perspectiva política sino que rechaza igualmente el estilo de vida dictado por el tradicionalismo hispánico. "Soy el favorito de mis cuatro abuelos" (87), por ejemplo, evoca el sofocante convencionalismo del medio burgués. El título es irónico, ya que el texto revela que la otra cara del amor familiar es una presión moral que exige conformidad con las normas del decoro burgués:

---

14. En esa época el Perú llegó a ser el primer país pesquero del mundo y el primer país productor de harina de pescado.

Si estiro mi metro ochentaitantos en algún hormiguero
y dejo que los animalitos construyan una ciudad sobre mi barriga
puedo permanecer varias horas en ese estado y corretear
por el centro de los túneles y ser un buen animalito,
lo mismo ocurre si me entierro en la pepa de algún melocotón
habitado por rápidas lombrices. Pero he de sentarme a la mesa
y comer cuando el sol esté encima de todo: hablarán conmigo
mis 4 abuelos y sus 45 descendientes y mi mujer, y yo debo
olvidar que soy un buen animalito antes y después de las comidas
y siempre.

Retomando la consagrada dicotomía entre campo y ciudad, naturaleza y civilización, el poema establece una oposición entre dos espacios. Por un lado, la playa, donde el poeta se estira al sol para entregarse al gozo físico de vivir, representa la vida libre y espontánea de los instintos, vivida en armonía con el mundo natural. Así, mientras dormita, tiene la sensación de ser absorbido por el medio físico a tal punto que se convierte en uno de los animalitos que viven en la arena. En cambio, la casa de los abuelos, donde le aguarda un almuerzo de familia, simboliza las exigencias sociales a las cuales se ve obligado a someterse. Esta comida ritual, celebrada a la hora más calurosa y menos adecuada del día, viene a ser emblema de una formalidad que despoja la vida de espontaneidad y la reduce a una serie de convenciones obligatorias, mientras que dos verbos de obligación (he de/ debo) y otro en tercera persona plural (hablarán conmigo) destacan la sujeción de la voluntad personal del poeta a la presión del grupo. Sobre todo, el ritual le impone un decoro que cohíbe la expresión de su instintividad, del "animalito" que es fuera del ámbito familiar. Así, la ambigüedad del penúltimo verso —las expresiones adverbiales podrían leerse como modificantes de "olvidar" en lugar de "soy un buen animalito"— evoca las recomendaciones de las recetas médicas para insinuar irónicamente que el precepto que rige la vida burguesa es la represión de lo natural e instintivo. El texto acusa, además, otra ironía aun más subversiva, en cuanto la repetición de la frase "un buen animalito" apunta a una equivalencia que subyace al contraste entre los dos espacios. En efecto, los numerales del verbo 8 insinúan que la casa de los abuelos es otro hormiguero donde al individuo le toca obrar de acuerdo con los dictados de la especie, de manera que queda sugerido que la burguesía delata la instintividad en el mismo acto de negarla.

Asimismo, "Poema sobre Jonás y los desalienados" (85) se basa en la historia de Jonás como metáfora de la vida restringida que se vive en el medio limeño:

Si los hombres viven en la barriga de una ballena
sólo pueden sentir frío y hablar
de las manadas periódicas de peces y de murallas
oscuras como una boca abierta y de manadas
periódicas de peces y de murallas
oscuras como una boca abierta y sentir mucho frío.
Pero si los hombres no quieren hablar siempre de lo mismo
tratarán de construir un periscopio para saber
cómo se desordenan las islas y el mar
y las demás ballenas —si es que existe todo eso.

> Y el aparato ha de fabricarse con las cosas
> que tenemos a la mano y entonces se producen
> las molestias, por ejemplo
> si a nuestra casa le arrancamos una costilla
> perderemos para siempre su amistad
> y si el hígado o las barbas es capaz de matarnos.
> Y estoy por creer que vivo en la barriga de alguna ballena
> con mi mujer y Diego y todos mis abuelos.

La imagen de la barriga de la ballena y la forma circular de la primera oración evocan la atmósfera claustrofóbica de una sociedad encerrada en sí. El frío constante simboliza los apuros del subdesarrollo, las manadas de peces los periódicos booms económicos que ofrecen un alivio pasajero, y las murallas oscuras la represión política que ha sido la norma en la historia nacional. Pero lo que se destaca, sobre todo, es la estrechez espiritual de un ambiente donde todo gira alrededor de acontecimientos locales. El periscopio es una metáfora de la curiosidad intelectual de los que ambicionan ampliar sus horizontes e informarse sobre otras sociedades, y el hecho de que tenga que ser construido con los materiales que están a la mano viene a ser un comentario irónico sobre las improvisaciones a las cuales el intelectual peruano se ve obligado a recurrir para acceder a la cultura internacional. Tal curiosidad va aliada a un anhelo de libertad, como indica el sorpresivo empleo del verbo "desordenarse" en lugar de "ordenarse", el cual identifica el mundo exterior con un estilo de vida más liberal y abierto, desconocido en el ámbito local. Pero al señalar que el periscopio no puede fabricarse sin dañar a la ballena, provocando así su enemistad, el poeta da a entender que en una sociedad conservadora el inconformismo intelectual resulta subversivo e incurre el antagonismo del medio ambiente que se siente amenazado por tal postura. El sentido del poema queda aclarado por el título, el cual establece una oposición entre la alienación del poeta y el conformismo de los que lo rodean, y por el último verso, el cual relaciona este texto con el anterior. La ballena, en efecto, es una metáfora del sofocante mundo de la burguesía limeña y el poema es otra expresión de la conflictiva relación que Cisneros tiene con ella.

Es característico de Cisneros que, tras esta crítica del medio limeño, haya escrito una posdata, "Apéndice del poema sobre Jonás y los desalienados" (86), en la que enjuicia su propia postura. Al acusarse de trabajar servilmente para alimentar a la ballena, reconoce que ha traicionado sus ideales al transigir con el medio que sofoca su personalidad y que mediante tal colaboración ha ayudado a apuntalar una sociedad que detesta:

> Y hallándome en días tan difíciles decidí alimentar
> a la ballena que entonces me albergaba:
> tuve jornadas que excedían en mucho a las 12 horas
> y mis sueños fueron oficios rigurosos, mi fatiga
> engordaba como el vientre de la ballena:
> qué trabajo dar caza a los animales más robustos,
> desplumarlos de todas sus escamas y una vez abiertos
> arrancarles la hiel y el espinazo,
>   y mi casa engordaba.

(Fue la última vez que estuve duro: insulté a la ballena,
recogí mis escasas pertenencias para buscar
alguna habitación en otras aguas, y ya me aprestaba
a construir un periscopio,
cuando en el techo vi hincharse como 2 soles sus pulmones
—iguales a los nuestros
pero estirados sobre el horizonte—, sus omóplatos
remaban contra todos los vientos,
                                                        y yo solo,
con mi camisa azul marino en una gran pradera
donde podían abalearme desde cualquier ventana:
            yo el conejo,
los perros veloces atrás, y ningún agujero.)

Y hallándome en días tan difíciles
me acomodé entre las zonas más blandas y apestosas de la ballena.

La segunda estrofa refiere la derrota de su rebeldía, la frustración de sus intentos de afirmar su independencia frente al medio social. Lejos de ser una derrota heroica, se trata más bien de una acomodación ignominiosa del tipo denunciado en "Crónica de Lima", ya que a la hora de la verdad se acobardó al medir su vulnerabilidad contra la fuerza de la ballena y darse cuenta de las consecuencias de su rebeldía. La imagen que lo representa como un indefenso conejo perseguido por cazadores expresa la inseguridad económica y psicológica a la cual se condena el que opta por apartarse de la protección del grupo. En cambio, los últimos versos explotan la doble aceptación del verbo "acomodarse" para destacar el sórdido compromiso que permite al poeta vivir cómodamente a costa de renunciar a su integridad. La misma forma del texto comunica la derrota del poeta, vencido por su propia cobardía moral, ya que la estrofa que refiere su rebeldía se ve doblemente encerrada, primero por un paréntesis y luego por dos estrofas que describen su ignominiosa capitulación.

No obstante, Cisneros hubo de cortar sus amarras con el medio limeño, pasando varios años en Europa como profesor de las universidades de Southampton y Niza. Como indica el título de *Como higuera en un campo de golf* (1972), nunca se sintió a gusto en Europa, donde su condición era la de una especie exótica transplantada en tierra ajena, de un hombre del tercer mundo en el centro del imperialismo occidental. Aunque admiraba la cultura europea, nunca dejó de ser consciente de que esa cultura había sido construida sobre el dominio y explotación del mundo subdesarrollado y que en realidad lo que estaba admirando eran

Arcos de triunfo que celebran mi condición de esclavo, de hijo de
[los hombres comedores de arroz. (127)

El poema que mejor explora este tema es "Medir y pesar las diferencias a este lado del canal" (80-81), de *Canto ceremonial*, el cual se centra en las torres de la Universidad de Southampton como símbolo de la sociedad inglesa, una sociedad que ha alcanzado un alto nivel de desarrollo pero es completamente insular en su actitud hacia el resto del mundo:

> Los automóviles de los estudiantes son más numerosos que la yerba
>   [y ellos los vigilan
> desde la Torre de Matemáticas, la Torre de Lenguas Modernas
> la Torre de Comercio,
> la Torre de Ingeniería,
> la Torre de las Tazas de Té,
> la Torre de Dios.
> Los profesores miran también sus automóviles, con poco disimulo.
>   [Y si usted se descuida
> terminará por creer que éste es el mundo
> y que atrás de las últimas colinas sólo se agitan el Caos, el mar de
>   [los Sargazos.

Como las torres, los automóviles "más numerosos que la yerba" son signos de una prosperidad conquistada mediante la industrialización, y el materialismo de la cultura inglesa se manifiesta hasta en la universidad, en la preocupación de profesores y estudiantes por vigilar sus carros y en estos edificios dedicados a estudios de tipo práctico. Sobre todo, la enumeración reiterativa destaca las torres como imagen de la insularidad de una sociedad sumamente ordenada que vive convencida de que la civilización termina más allá de sus fronteras.

A continuación Cisneros relaciona el carácter inglés con el clima nórdico, el cual ha engendrado un espíritu de desconfianza ante el mundo exterior y una obsesión con acumular provisiones para sobrevivir los rigores del invierno:

>   Los muchachos
> tienen la mirada de quien guardó los granos y las carnes
>   [saladas para un siglo de inviernos.
> El Fuego del Hogar los protege de los demonios que
>   [danzan en el aire.
> Fuera de estas murallas habitan las tribus de los bárbaros
> y más allá
>   las tribus ignoradas.
> Lo importante es que los ríos y canales sigan abiertos a
>   [la mercadería.
> Mientras el trueque viaje como la sangre, habrá ramas
>   [secas y ordenadas para el fuego.
> El Fuego del Hogar
> otorga seguridad y belleza: Y las Ciencias y las Artes
> podrán reproducirse como los insectos más fecundos,
>   [las moscas, por ejemplo.
>   El Fuego del Hogar
> lo lava todo y estimula al olvido conveniente.

Esa mentalidad ha sido la fuerza motriz de un imperialismo comercial que ha permitido a los ingleses crear una sociedad materialmente acomodada y desarrollar una cultura avanzada, otorgándoles un complejo de superioridad que olvida que esa prosperidad y esa cultura han sido construidas a base de explotar a los pueblos que desprecian como inferiores.

El poema expresa la alienación experimentada por Cisneros en la sociedad anglosajo-
na, cuyos valores y estilo de vida le resultan ajenos. Pero, sobre todo, plantea el dilema que
su estadía en el centro del imperialismo lo obliga a enfrentar, porque desde aquí, junto con
el comercio que ha reducido el tercer mundo a la dependencia económica, se exporta una
cultura que el tercer mundo consume con una pasividad bovina, sin inquietarse por defi-
nir una identidad propia:

> Aquí se hornean las rutas del comercio hacia las Indias
> y esa sabiduría que pastamos sin mirar nuestros rostros.
> Usted gusta de Kipling, mas no se ha enriquecido con la Guerra del Opio.
> Gusta de Eliot y Thomas, testimonios de un orden y un desorden ajenos.
> Y es manso bajo el viejo caballo de Lord Byron
>   Raro comercio éste
> Los Padres del enemigo son los nuestros, nuestros sus Dioses.
>   [Y cuál nuestra morada.

Dirigido a un amigo intelectual, el texto es una epístola poética que aborda una de las
grandes preocupaciones de la generación del 60. En su afán de liberarse del tradicionalis-
mo hispánico, los poetas del 60 se sentían atraídos por la cultura anglosajona, pero así
corrieron el riesgo de caer en una dependencia cultural igualmente detestable. Como apunta
Cisneros, esta cultura tan admirada por él y sus coetáneos no sólo nace de una realidad ajena
a la suya, sino que refleja los valores de una sociedad que se ha enriquecido mediante la
explotación del tercer mundo al cual ellos pertenecen. Así, la alusión al viejo caballo de
Lord Byron evoca a la vez una estatua ecuestre y el caballo de Troya para sugerir el insi-
dioso dominio ideológico que el imperialismo ejerce sobre los países subdesarrollados
mediante la difusión de su cultura. Y la pregunta "cuál nuestra morada" pone de relieve la
crisis de identidad experimentada por el intelectual del tercer mundo, quien, sin una tradi-
ción cultural propia con la cual pueda identificarse, halla sus modelos en la gran tradición
de occidente y quien, por otro lado, se siente culpable de traición al venerar la cultura del
imperialismo. Por eso, los últimos versos plantean la necesidad de forjar una identidad
cultural propia para librarse de una dependencia intelectual que se va haciendo cada vez
más aguda:

> Amigo Hernando,
> tal vez ahora podría decirme qué hacer con estas Torres, con la
>   [estatua de John Donne
> —buen poeta y gustado por mí—, con Milton, con el Fuego del Hogar.
>
>   Pero apúrese
> porque las grúas altas y amarillas construyen otros edificios, otros dioses,
> otros padres de occidente —que también han de ser nuestros.

Como aporte a este proceso, Cisneros desecha todo complejo de inferioridad frente a
la cultura de los países desarrollados. Así, al representar sus viajes por el viejo continente
como una *Odisea* moderna que ha de terminar con su regreso a Lima, "Crónicas de viaje
/Crónica de viejo" (127-28) invierte la acostumbrada percepción de la relación entre Europa

y la periferia. De hecho, una de las características de su poesía es la irreverencia jocosa con la cual trata la cultura occidente. "El viaje de Ulises (Con Silvana Mangano & Kirk Douglas)" (177), por ejemplo, retoma el mismo tema, esta vez con una ironía burlesca que vincula sus aventuras con la versión de Hollywood más que con la epopeya de Homero. Asimismo, "Un soneto donde digo que mi hijo está muy lejos desde hace ya más de un año" (114-15) realza su morriña al constrastarla con los insípidos suspiros amorosos de los pastores de Garcilaso de la Vega:

> Al dulce lamentar de 2 pastores: Nemoroso el Huevón Salicio el pelotudo.

Tal irreverencia es para Cisneros un medio de afirmar el status del escritor del tercer mundo, porque anuncia que si está dispuesto a asumir la tradición cultural de occidente, tiene suficiente confianza en sí como para adoptar una actitud independiente hacia ella.

Por otra parte, la experiencia europea convenció a Cisneros de su compromiso personal con el Perú y en varios poemas habla ilusionado de su retorno. A su regreso se afilió a la nueva izquierda y en *Crónica del Niño Jesús de Chilca* (1981) vuelve al proyecto iniciado en *Comentarios Reales,* el de escribir una historia alternativa del país. Aquí narra lo que considera ser la verdadera historia del Perú, la historia humilde del pueblo contada desde su propia perspectiva. Chilca fue una floreciente comunidad costeña que entró en decadencia al inundarse sus salinas y luego murió como consecuencia del desarrollo capitalista de la región. Al evocar la edad de oro de Chilca tal como la recuerdan los pocos sobrevivientes, Cisneros rescata la tradición popular como modelo para el futuro del país, forjando así una nueva mitología para reemplazar la mitología oficial que había subvertido en sus libros anteriores. La base de la prosperidad de Chilca fue la sal, a cambio de la cual los indios de la sierra conservaban sus canales de regadío, pero la base de su éxito como sociedad era su espíritu de solidaridad fraternal, el cual se plasmaba en la consagración de la comunidad al Niño Jesús. Pero al provocar la desintegración de la comunidad, la inundación de las salinas representó una catástrofe análoga a la Caída. Por eso, el libro viene a ser un lamento por las comunidades rurales del Perú que han ido despoblándose a medida que sus habitantes abandonan el campo para dirigirse a Lima, y un lamento también por una tradición de democracia popular destruida por un desenfrenado proceso de desarrollo capitalista, representado por la explotación industrial de las salinas y por la urbanizadora que ha transformado la zona en balneario de lujo. Así, todo el drama de Chilca y del Perú contemporáneo está resumido en "Una madre habla de su muchacho" (165), el monólogo de una madre angustiada por el destino de su hijo, un adolescente que no ha conocido otra realidad que el desierto estéril, símbolo de la crisis económica y de la sociedad desalmada creada por el capitalismo moderno:

> Nació en el desierto y ni puede soñar con las calandarias en los
> [cañaverales.
> Su infancia fue una flota de fabricantes de harina de pescado atrás
> [del horizonte.
> Nada conoce de la Hermandad del Niño.
> La memoria de los antiguos es un reino de locos y difuntos.
> Sirve en un restaurant de San Bartolo (80 libras al mes y 2 platos
> [calientes cada día.

Lo despido todas las mañanas después del desayuno.
Cuando vuelve, corta camino entre las grúas y los tractores de la
    [Urbanizadora.
Y teme a los mastines de medianoche.
Aprieta una piedra en cada mano y silba una guaracha. (Ladran
    [los perros).
Entonces le hago señas con el lamparín y recuerdo como puedo las
    [antiguas oraciones.

Hay que reconocer que los textos en que Cisneros pretende expresar una perspectiva popular son menos logrados que su poesía desmitificadora. No obstante, al oponer un modelo de democracia popular a la realidad social del Perú tal como ha evolucionado en las últimas décadas, *Crónica del Niño Jesús de Chilca* constituye un importante aporte al proyecto de construir una nueva mitología nacional.

3. RODOLFO HINOSTROZA EN LOS PASOS DE PROPERCIO

Rodolfo Hinostroza se quejó una vez de que mientras estaba aceptado como normal que un poeta como T.S. Eliot contemplase el Támesis y meditara sobre temas universales como el tiempo o la vanidad de la vida, nadie tomara en serio a un peruano que mirando el Rímac hiciera lo mismo: [15]

"Es muy distinto un desnudo griego que un peruano calato" es lo que
se dice. Si, por ejemplo, me apoyo en el Puente de Piedra, miro largamente el
río Rímac y medito sobre el tiempo, y Heráclito, y vanitas vanitatum, esto es
"un peruano calato". Pero si Eliot mira fluir al Támesis, o contempla las Dry
Salvages, e igualmente medita, esto es "un desnudo griego".

Reaccionando contra este prejuicio, Hinostroza maneja referencias culturales e históricas para trazar paralelos entre la antigüedad occidental y la actualidad latinoamericana y así dar a ésta el mismo status y prestigio que aquélla. En "Horacio", por ejemplo, se pone en pie de igualdad con los clásicos de la literatura europea al entablar un diálogo con el epónimo maestro latino sobre el futuro del hombre: [16]

Se han detenido, Horacio, las flechas en medio de su vuelo.
El lejano prestigio de la luna levanta nuevamente
a las doncellas
y las teje y las enreda en un delgado sonambulismo.
Los adolescentes apócrifos comparan el brillo de las charcas
Con el de sus sortijas.
Te pedimos, Horacio, que nos digas
cuál será en adelante la morada de nuestras almas de albúmina

---

15. Cevallos Mesones, *Los nuevos,* p. 70.

16. Rodolfo Hinostroza, *Poemas reunidos* (Lima, Mosca Azul, 1986), pp. 46-48. Las citas siguientes corresponden a esta edición.

y de hierro y de silencio.
Dínoslo, Horacio, y si quieres llamar en tu consejo
a tus amigos
— los de los grandes belfos, los de los eructos—
y si quieres llamar a tus amigas
—las de los vertederos axilares, las de la fidelidad a toda prueba—
hazlo, y reparte nuestras bebidas como trozos de hierba.

Como los demás textos de *Consejero del Lobo* (1965) —libro escrito en Cuba, donde Hinostroza estudió entre 1962 y 1964—, el poema tiene como telón de fondo la crisis cubana de los misiles cuando el enfrentamiento entre las superpotencias llevó al mundo al borde de una cataclísmica guerra nuclear. Así, la imagen de las flechas suspendidas en medio vuelo sugiere a la vez una precaria paz y un inminente holocausto, mientras que los versos siguientes evocan la atmósfera de falsa normalidad que caracteriza este momento de tregua. Símbolo del amor y de toda la belleza asociada con esa vivencia, la luna representa las fuerzas naturales que determinan el ritmo de la vida humana, pero se da a entender que la angustia colectiva la ha despojado de su prestigio y aunque en este intervalo de calma las doncellas responden nuevamente a sus impulsos, lo hacen como sonámbulas que aún no se han despertado de la pesadilla que pesa sobre la humanidad. Se insinúa, además, que el clima apocalíptico de la época ha despojado a la juventud de su inocencia, convirtiéndolos en "adolescentes apócrifos" que, al comparar sus sortijas con las charcas, reconocen la irrealidad de las ilusiones que lucen. Horacio, quien vivió en una época cuando el imperio romano atravesaba semejante crisis al verse desgarrado por las guerras civiles que siguieron al asesinato de Julio César, es invocado como un maestro que posee la sabiduría que es fruto de la experiencia. Es invocado también como un hombre sociable cuya obra capta la vida diaria de la sociedad de su tiempo y, por lo tanto, como conocedor del alma del hombre medio. Hablando en plural, Hinostroza se dirige a él igualmente como representante de la colectividad moderna, y al invitarlo a consultar con sus amigos y a ofrecerles un trago de parte del peruano y sus compañeros, propone un contacto humano que venza los siglos y permita a la juventud de hoy aprender de la experiencia de sus mayores de antaño. Las tres expresiones adjetivales que Hinostroza emplea para calificar el alma humana destacan las contradicciones que el hombre no ha sabido superar a pesar de los siglos trascurridos, ya que la inocente bondad sugerida por "albúmina" se ve contrarrestada por la dureza e incomunicación insinuadas por "hierro" y "silencio". Por eso, la pregunta candente que el joven latinoamericano dirige al maestro latino a través de los siglos versa sobre el futuro que aguarda a una humanidad que sigue siendo su propio enemigo.

A continuación, Hinostroza interroga a Horacio sobre el significado de las extrañas visiones que han perturbado su sueño:

En el lecho soñé
que todos los habitantes de la tierra, uno por uno,
venían a verme, porque yo era un cachalote varado y
todavía poderoso, que sólo obedecía a órdenes de dioses,
las que nunca llegaban. Soñé, Horacio, que de pronto
yo era un camaléon y con mi larga lengua
me lamía las llagas incoloras y el alma albuminoide.

Y eran tantos los hombres como estatuas salinas
que sepultaban continentes enteros.
¿Me dirás si una premonición, como una joven viuda,
ha transitado la acidez de mi sueño?
¿Me dirás si el espíritu posee las curvas de un espejo?

Estas visiones son, en efecto, presentimientos de la temida catástrofe. En la primera su
sentido de responsabilidad personal por el destino del hombre va aliado a la conciencia de
su impotencia para influir en la historia, ya que, como un cachalote varado de cuya suerte
todos los habitantes de la tierra parecen estar pendientes, representa una humanidad que se
ha extraviado de rumbo y que depende de una voluntad ajena para ponerse a flote nueva-
mente. Por eso, la segunda visión lo transforma no sólo en camaléon, o sea, en un reptil
que vive a la defensiva, sino en camaleón cuyos medios de defensa han resultado inefica-
ces y que lame sus heridas; y la tercera lleva el sueño a un clímax horrendo al evocar un
mundo entero devastado por un castigo bíblico. Lo irónico de estos versos es que muestran
a un hombre moderno preso de temores primitivos y dirigiéndose a un antiguo en busca de
consejos tranquilizadores. De hecho, las preguntas que el poeta de la era nuclear dirige al
maestro latino lo ponen en la situación del ciudadano romano que ignora si sus aprensiones
son imaginarias o son un presagio de una realidad que va a producirse.

No obstante, al remitirnos al enfrentamiento militar que constituye el marco del texto,
las dos secciones parentéticas indican que la catástrofe es inevitable:

(Oh, canícula, canícula. En el centro de tu corazón
habitan los hombres voluntariosos, los entusiastas del músculo y
la flecha, los que desdeñaron los vahos siderales...)

(El que va a intervenir en la batalla (...)
orina, come poco y besa a su mujer si es que la tiene.)

La alusión a la canícula evoca a la vez dos climas geográficos —Roma y Cuba— y un
clima de violencia que vincula a ambos. Así, tras señalar que la historia humana siempre
ha sido dominada por los que viven por la espada y desprecian los valores del espíritu, el
poeta describe las preparaciones para la guerra. Por eso, su último ruego a Horacio se hace
más insistente:

Se detienen las flechas en medio de su vuelo. Hay una calma tensa
como el techo de un hongo
                    Todavía un consejo, Horacio, amigo.

Estos últimos versos destacan la contradicción que recorre todo el poema. Por un lado, al
privilegiar imágenes tradicionales, el discurso poético da a entender que la humanidad ha
cambiado poco en el transcurso de los siglos y que Horacio ofrece un modelo de supervi-
vencia para el hombre moderno. Pero, por otro lado, el símil del hongo evoca la imagen
de un holocausto nuclear y nos advierte que el motivo recurrente de las flechas no es sino
una metáfora de una guerra moderna capaz de aniquilar el mundo entero. Por eso, la
invocación final, destacada por la disposición tipográfica y marcada por un insistente rit-

mo entrecortado, lleva una nota de desesperación, como si fuese el ruego de un mendigo acostumbrado a ser desairado.

En "Horacio" la crisis de los misiles está enfocada como una manifestación de la eterna lucha por el poder que ha viciado la historia del hombre desde la antigüedad y que en nuestro siglo tecnológico amenaza con llevar a la humanidad a la autodestrucción. Para Hinostroza significaba también la derrota del sueño de un tercer mundo liberado, ya que al subsumirse en el conflicto entre las superpotencias y sus respectivas ideologías, la lucha liberacionista había perdido de vista sus metas originales. En efecto, si *Consejero del Lobo* lamenta el fracaso del ideal revolucionario, lo hace atribuyéndolo no sólo a la reacción militar de la derecha —representada en Cuba por el bloqueo norteamericano y en el Perú por la supresión de la guerrilla— sino también a la política seguida por la izquierda. La idea abrigada por Hinostroza de un futuro liberado iba más allá de una sociedad materialmente desarrollada, poblada de autómatas marxista-leninistas, y se veía desmentida por la fanática intransigencia de cuadros revolucionarios que exigían conformidad con la ideología oficial y se mostraban intolerantes con la heterodoxia individual. Por eso, varios poemas expresan su discrepancia con la orientación que ha tomado el proceso revolucionario.

"Abel" (60-62), por ejemplo, retoma el mito bíblico de Caín y Abel para señalar nuevamente una continuidad en la historia del hombre, en cuanto que un movimiento revolucionario nacido del deseo de liberación ha degenerado en otra desalmada persecución del poder. Adoptando la persona poética de un Abel moderno, el hablante lírico se representa como portavoz del individuo perseguido por la ortodoxia oficial:

> Muerto y de pie, entre la luna y la ciudad suspendido. Muerto
> fantástico estoy rugiendo en la hondonada
> donde me condenásteis por siglos y siglos.

El texto juega con el mito bíblico, ya que la muerte de este Abel es metafórica —es un muerto fantástico que aún sigue de pie— y consiste en vivir el destino de paria sufrido por Caín como castigo por el fratricidio. Suspendido entre la luna y la ciudad, se ve desterrado a una especie de limbo, a la no-existencia, y los versos 2 y 3 evocan el dolor que tal estado le causa y su sensación de estar irremediablemente marginado de la sociedad de sus semejantes. Al mismo tiempo, el segundo verso insinúa que ha sido expulsado como si fuese un monstruo salvaje que representa un peligro para los demás hombres, mientras que el tercero lo muestra como la personificación de un aspecto de la personalidad humana perseguido a lo largo de los siglos.

En el verso siguiente la imagen de la tierra prometida evoca el sueño de un mundo mejor que el hablante lírico compartía con sus semejantes, pero el verbo principal destaca que él no ha de ver su sueño realizado:

> No veré la tierra prometida que vosotros construiréis
> entre el hierro y la metralla. He sido arrojado
> por la espantosa violencia de la Idea,
> a otras playas, otros símbolos, una muerte peor de la que conocieron
> vuestros héroes.

Se insinúa que es así porque su concepto de la tierra prometida no coincide con el de los políticos. Lo positivo de la imagen resulta subvertido, primero por el verbo principal, el cual sugiere que la nueva sociedad excluye a los heterodoxos, y luego por la cláusula relativa, la cual da a entender que se trata de una sociedad construida por los nuevos poderosos que siguen pensando en términos materialistas y valiéndose de la fuerza para imponer su voluntad. A continuación, sin embargo, se sugiere que él ha sido víctima, no tanto de la violencia bruta, sino de algo peor, el fanatismo ideológico que, como señala la mayúscula (Idea), eleva la ortodoxia oficial a la categoría de un absoluto que plasma la única felicidad del hombre. Por eso, él, como heterodoxo, se ve tratado como enemigo de la humanidad y la "muerte" que sufre resulta peor que la de los héroes revolucionarios, ya que en lugar de granjearle la gloria lo condena a la condición de *persona non grata*.

A continuación, una serie de preguntas retóricas expresa la angustia de verse relegado al margen de la historia e impotente para influir en ella:

> ¿Dónde plantaré mi pie inmortal para fundar la raza?
> ¿Qué médico palpará medrosamente mis llagas infernales?
> ¿Entre qué muslos que no son los designados por vosotros reposaré,
> y engendraré, y seré padre de hijos hostiles a mí?

La primera pregunta tiene un trasfondo positivo, en cuanto el adjetivo "inmortal", combinado con la imagen del héroe que funda una nueva dinastía, sugiere que él encarna una constante del alma humana, la aspiración a una sociedad basada en relaciones de otro tipo, pero el interrogativo destaca la eterna frustración de ese anhelo. La segunda pregunta no sólo señala la fría crueldad con la que el orden oficial da la espalda a los que no acatan sus dictados, sino que apunta a la estrechez de miras de una ideología materialista incapaz de comprender la angustia de los que discrepan. Llevando la serie a un clímax, la tercera pregunta evoca un estado totalitario que niega la libertad individual negando el derecho al amor, un estado donde el matrimonio ha de ser oficialmente sancionado y donde los hijos están adoctrinados a poner el partido dirigente por encima de los padres.

Los versos siguientes describen una sociedad donde todo aspecto de la vida está controlado por los que detentan el poder:

> Vuestro es el territorio. En vosotros la extensión de la conciencia
> como una playa blanquecina. Dueños de los mercados públicos,
> de las grandes construcciones hospitalarias,
> del pan y la sal, del alma rasa de los hijos de los hijos.
> Idea de la justicia en vuestros torsos desnudos, sudor y lágrimas
> en el lecho, y luego la muerte, sostenida como la noche sobre las nucas.

No sólo controlan la economía y los servicios sociales, sino que hasta la supervivencia (el pan y la sal) depende de ellos y dictan el futuro de la humanidad en la página en blanco representada por los inocentes hijos de los hijos. Los dos últimos versos citados constan de tres oxímorones que ponen de manifiesto la contradicción que supone esta utopía social donde un ideal de justicia se impone a la fuerza, donde la esclavitud del día se revive cada noche en las pesadillas del sueño y donde la muerte es el único escape como el tiro en la nuca que se da a los presos políticos.

En los versos siguientes la inhóspita orilla del mar simboliza el espacio del destierro y la concha marina la condición de proscrito a la cual el hablante lírico se ve condenado:

En el alba del sueño alguien escribió mi nombre sobre una concha marina
y alguien perdido entre espesos legajos decretó mi destierro
Y de pronto me hallé en otras playas, tratando de recordar
qué gente era mi gente purificada por las abluciones de la Idea.
Rostros muertos, manos encallecidas, pájaros marinos
pasaron dejando mi espalda marcada de yodo y de salitre.
                                    El destierro
de lo que será el corazón humano ha descendido esta noche
sobre mí, sobre el justo, sobre el inteligente que yo era
y me retorceré en el lecho, y no habrá más que el aullido de los
perros, y las secas campanas de la catedral.

La imagen "alba del sueño" evoca la ilusión de un mundo más justo que inspiró al movimiento liberacionista, pero se da a entender que desde el principio los militantes de la ortodoxia revolucionaria estaban labrando sus planes para apoderarse del proceso. Al hacer contraste con el nombre llevado por el hablante lírico, el pronombre "alguien" los representa como anónimos instrumentos de una ideología inhumana que desde el primer momento iban apuntando a los individualistas que habían de ser proscritos una vez que el idealismo revolucionario se había congelado en un impersonal aparato burocrático. La pregunta indirecta "qué gente era mi gente" apunta al clima de consenso que dio origen al proceso revolucionario, para luego escindirse bajo el peso de una intolerancia ideológica que iba deshumanizando a sus partidarios a medida que los llevaba a perseguir a sus antiguos compañeros de lucha. En efecto, el destierro del hablante lírico está representado como la proscripción de algo que trasciende su caso particular, ya que significa la erradicación de la inteligencia y sentido de justicia que él personificaba y apunta a un futuro en que la buena voluntad abrigada por el corazón humano dejará de tener influencia en la vida de los hombres. Por eso, el alba se ha convertido en noche y el sueño en pesadilla, y el aullido de los perros y las campanas de la catedral evocan la desolación de un mundo donde lo humano ha sido abolido.

En la última parte del texto el hablante lírico se dirige a la razón, invocándola como una diosa cuyo nombre ha sido manipulado por los hombres para justificar los crímenes que han cometido contra sus semejantes:

Razón,
diosa cubierta de mataduras y maldiciones sin fondo
deja que esta noche en que yo recibo a mi destierro con los ojos
brillantes y el cuello palpitante,
me sumerja en tus aguas, olvidando ya todo,
a Abel muerto sobre la pira con que honró a Jehová,
al que murió purgando la delicia de amar a todo lo que es humano,
al justo escarnecido,
deja que olvide, diosa, y que todo vuelva a ser la paz en mí
y que me purifique de odios en ese río que deviene y todo lava,
hasta que llegue el momento en que mi hermano vuelva a mí
sin evidenciar culpa alguna,
o hasta que yo marche a su encuentro decidido a volver a encender
mi hoguera.

Los tres versos anafóricos evocan un mundo donde impera la sinrazón, donde al pretender
perseguir el bien de la humanidad, los que ambicionan el poder incurren en la contradic-
ción de atropellar lo humano, victimando a los hombres de buena voluntad. Para el hablan-
te lírico, en cambio, la razón impone respeto por sus semejantes y, negándose a responder
a la violencia, pide la fuerza moral para librarse del rencor y del deseo de venganza y para
perdonar las injusticias sufridas. Animado por este espíritu, puede mirar el futuro con
optimismo. A pesar del tono negativo que ha dominado el poema hasta ahora, preconiza
la posibilidad de que los hombres se arrepientan de sus errores y busquen reconciliarse con
sus semejantes. Y no obstante que los dos últimos versos indican que es lo suficiente realista
para comprender que tal eventualidad es poco probable, se muestra dispuesto a volver a la
lucha, combatiendo la violencia representada por Caín con la no-violencia de Abel. El
corto verso final destaca la imagen de la hoguera, símbolo del amor plasmado en el sacri-
ficio que Abel ofreció a Dios, y símbolo también del odio, ya que como se señala más
arriba representa la pira de la víctima del fratricidio. Así, el hablante lírico señala su voluntad
de reanudar la lucha por los valores humanos a pesar de los escarnios que ha sufrido en el
pasado y a riesgo de volverlos a sufrir en el futuro.

Estos últimos versos de "Abel" prefiguran la temática de *Contranatura* (1971), uno de
los libros más originales de la poesía hispanoamericana de los tiempos modernos. "Gambito
de Rey" (87-91), el poema liminar, está estructurado a base de una partida de ajedrez, que
viene a ser una metáfora de la historia de los años 60:

> Y por entonces la Realidad era
> una impetuosa fantasmagoría/ cierto impulso
> en la materia del ánima humana la conduce a negar el pasado
> "Eh!", insistí otra vez "Cómo voy a seguir?
> Qué decir de la Historia si es licencia poética
> decir que se repite, que el incesante error
> de los vencidos se repite, que el Poder del Imperio se repite?"
> Algo hay, yo te diré
> que te conduce a afirmar el pasado y a repetir un acto equivocado
> para sentir que existes/ porque eres desdichado por ejemplo/
> y es inútil el acto, pero no obstante obligado
> de repetir, pudiera ser que en el siguiente ciclo
> se abran la puerta de la justicia
> o de la paz.
> Ah ¡Esa repetición spengleriana! Espanto lúdico
> perdido en sus orígenes.
> Gigantesca esfera de leyes implacables
> Nunca nadie jugó dos partidas iguales: así creer
> en la repetición histórica es pura necedad.

Mediante tres alusiones estos versos plantean la idea de que la historia humana está pre-
determinada y que los hombres son impotentes para cambiar su destino. Primero, la refe-
rencia al "incesante error de los vencidos" y al "Poder del Imperio" insinúa que desde
tiempo de los romanos los hombres nunca han sabido librarse del dominio de un estado
opresivo. Luego, se cita a Oswald Spengler, quien argumentó que las sociedades humanas

siguen el mismo ciclo que la naturaleza. Finalmente, el mundo está representado por una "esfera de leyes implacables" donde la vida está sujeta a inmutables leyes naturales. Sin embargo, el texto plantea este concepto para refutarlo. Los años 60 están evocados como una época que, obedeciendo al impulso humano a rechazar el determinismo histórico, ponía los viejos supuestos en tela de juicio. En su doble papel de jugador de ajedrez y representante de la joven generación, el hablante lírico busca una nueva táctica que le dé la victoria tras una larga historia de derrota. Vuelve al combate con la ilusión de que tarde o temprano ha de ganar, rehusando aceptar que las derrotas pasadas han de repetirse y descartando la repetición histórica como un cuento de cocos.

A continuación, la nueva derrota del hablante lírico en el ajedrez simboliza el desastre sufrido por la guerrilla peruana, que pretendía inaugurar una sociedad nueva:

> Una mano indecisa sacrificó el P en 3C, y PxP, la
> rápida respuesta D2R, y el Negro
> siguió P7C, jaque descubierto.
> Y todo fue arriesgado
>   y todo fue perdido.
> Así ellos los audaces sobre un punto de una esfera bruñida
> quisieron encender lo que se dice el fuego incorruptible.
> Pero no hubo movimientos alados, ni ayuda, ni piedad.
> Oh
> descomedidos campesinos! Ah, las brutales manadas de
> los satisfechos
> que imaginan tomar parte en el banquete! Mala peste al país
> que abandona a sus héroes, que caen como una estampa bíblica
> con la sal en el rostro.
> Y un hombre
> se apoya contra un árbol, disponiéndose a acabar su vida
> con dignidad:
> escucha: K.550 entre el murmullo de las ametralladoras
> el minuet se enfrenta al infinito
> sabiendo de antemano que será derrotado
>   y así fue el canto
> de la revolución, amor, amor.
> Así pues
> devoraron bellotas
> haciendo lo que se llama el recuento de muertos.

El epíteto "audaces" representa a los guerrilleros como un grupo de idealistas que se proponen superar las barreras de la realidad impuesta para conquistar otra realidad. En efecto, constituyen la vanguardia de una nueva etapa en la evolución humana, porque así como los descubridores del fuego iniciaron el progreso material de la especie, ellos ambicionaron cambiar la naturaleza humana encendiendo la llama del amor humanitario en el corazón de sus semejantes. Pero la progresión negativa "Pero no hubo ... piedad" evoca una humanidad que hacía oídos sordos al mensaje de estos nuevos evangelistas y seguía aferrada a su egoísmo milenario, porque no sólo su ejemplo no encontró respuesta en el alma de los demás, sino que sus semejantes se mostraban indiferentes a su lucha y a su martirio. Por eso, los versos siguientes denuncian a los compatriotas que no supieron responder a la propuesta de los guerrilleros ni reconocer su significado: un campesinado inerte que se mantenía al margen de una lucha librada para emaniciparlo; una clase media que, gozando de la precaria prosperidad generada por el boom económico de los años 60, respaldaba el orden imperante bajo la ilusión de que favorecía sus intereses. La maldición pronunciada por el hablante lírico es también el anuncio de una catástrofe que de hecho ya se ha realizado, porque, como las plagas bíblicas, la caída de los héroes condena el mundo a la esterilidad, impidiendo el florecimiento de la vida más auténtica que ellos prometían. Inspirado por el amor, el proyecto revolucionario está representado como un minué, imagen que plasma todo lo más fino de la sensibilidad humana en contraposición a la brutalidad simbolizada por las ametralladoras del ejército. También sugiere lo pequeño enfrentado con fuerzas superiores. Así, la antítesis "minuet/infinito" funciona a dos niveles. Por un lado, se insinúa que el proyecto revolucionario no era nada menos que el de conquistar la armonía celeste en la tierra, pero por otro lado implica que, al ser vencidos por la represión militar, los revolucionarios hubieron de encontrar el infinito sólo en la muerte. Los soldados que hacen el recuento de los cadáveres están representados como cerdos devorando bellotas. Dado que la bellota contiene la semilla del roble, la imagen apunta al extermino del ideal revolucionario y se da a entender, además, que con la derrota de ese noble sueño la humanidad ha quedado estancada en un estado de bestialidad primitiva.

El simbolismo de la partida de ajedrez está destacado por un diálogo entre el hablante lírico y su contrincante:

> "Sabes lo que jugamos?" preguntó el Negro
> "Qué?" dije estúpidamente. "Tu fe. Y tu futuro".
> Utopía se cae, se cae
> Los sueños ruedan a las alcantarillas [...]
> Mi escuadra!
> Mi orgullosa escuadra!
> Mi querido Yo Mismo [...]
> "Mate!" aulló el Negro
> derribando las sillas escarlata. / Act. V. Telón /
> La implacable esfera
> las leyes implacables. 64 escaques
> y el universo se comba sobre sí mismo. No hay afuera, no hay
> escape hacia otra dimensión donde todo esto sea
> la historia del reptil, la historia del anfibio, la pura prehistoria.

En un primer plano, lo que está en juego es su fe en sí mismo como ajedrecista y se desmoraliza al verse derrotado nuevamente por este adversario aparentemente invencible. En el plano metafórico, su fe en el hombre depende del éxito del proyecto revolucionario y con el fracaso de la guerrilla se desmorona su sueño utópico de un mundo donde impere el amor. Los 64 escaques del tablero están evocados como imagen de un universo gobernado por leyes inmutables que el hombre parece incapaz de superar, mientras que la esfera terrestre viene a simbolizar el círculo vicioso en el cual la humanidad se halla atrapada. Así, la derrota de la guerrilla adquiere para él un significado capital, porque lo que parece señalar es la imposibilidad de romper el círculo, de superar las llamadas leyes naturales, de hacer otro salto en la escala de la evolución. La consecuencia, como insinúa el último verso citado, es que el hombre se ve condenado a seguir viviendo en el subdesarrollo, preso de la ley de la supervivencia del más fuerte.

No obstante, la alegoría da cabida a la esperanza, ya que las múltiples combinaciones del ajedrez permiten nuevas jugadas potencialmente ganadoras. Así, animado por los sabios consejos del Maestro, el hablante lírico vuelve a jugar empleando una nueva táctica y el último verso del poema sugiere que, habiendo aprovechado los errores pasados, esta vez está en camino de triunfar por fin:

> "Pero vuelva jugar" dijo el Maestro "una partida
> es sólo una partida. La especie humana
> persiste en el error, hasta que sale
> una incesante aurora
> fuera del círculo mágico".
> Entonces
> a la partida siguiente
> jugué en 3) A5C.
> "Ruy López?" observó el Maestro
> "Usted aprende".

Subrayando el sentido metafórico del texto, las palabras del Maestro anuncian otra ley de la vida que se opone al determinismo que la derrota de la guerrilla parecía señalar. En efecto, el Maestro reafirma fe en el progreso humano, señalando que el hombre, aunque esencialmente conservador, evoluciona cuando se deja alumbrar por ideas que lo animan a trascender la realidad impuesta. Así, el texto rechaza el derrotismo, postulando un futuro luminoso en que la humanidad se deje inspirar por una nueva ética que le proporcione una salida del círculo vicioso de su condición actual.

Las implicaciones de los últimos versos de "Gambito de Rey" quedan aclaradas por los textos siguientes. Escrito en Francia, donde Hinostroza vivió varios años, el libro refleja otra experiencia colectiva: la agitación juvenil de los años 60 que culminó en las sublevaciones estudiantiles en París en 1968. Más que una colección de textos individuales, se trata de un conjunto estructurado que traza una búsqueda personal y colectiva de una existencia más auténtica. Así, la lección que el hablante lírico ha sacado de la experiencia peruana y cubana resulta ser que es una ilusión pretender transformar el mundo por medios políticos, y su cambio de táctica consiste en asumir la filosofía del movimiento juvenil, el cual no se propone cambiar el orden establecido sino que lo repudia y busca crear un orden alternativo al margen de él.

En "Imitación de Propercio", un largo poema dividido en once partes, Hinostroza toma como modelo a otro maestro latino, estableciendo nuevamente un paralelismo entre la realidad contemporánea y la antigüedad. Propercio conquistó la fama como poeta del amor y cuando Mecenas, el célebre patrocinador del arte, pretendió alistarlo en el círculo de literatos que ponían su talento al servicio de la política imperial, contestó con una serie de epístolas poéticas en las que se excusó alegando su incapacidad para escribir poesía que no fuese erótica. Siguiendo la misma línea, Hinostroza se dirige a los poderes políticos, personificados por el emperador romano, quien gozaba del status de una divinidad, y con una variante de las palabras de Cristo —"Pagad pues al César lo que es del César y a Dios lo que es de Dios— les propone un *modus vivendi* según el cual él asegura no meterse con ellos si le dejan en paz para cultivar la poesía:

> Oh César, oh demiurgo,
> tú que vives inmerso en el Poder, deja
> que yo viva inmerso en la palabra.
>   Cantaré tu poder? Haré mi SMO?
> Proyectaré slides sobre la nuca de mis contemporáneos?
>   Pero viene tu adjunto
> sosteniendo que debo incorporarme al movimiento
> si no, seré abolido por el movimiento.
>   No pasaré a la Historia, a tu
> Historia, oh César. 80 batallones
> quemarán mis poemas, alegando que eran inútiles y brutos.
> No hay arreglo con la Historia Oficial.
> Pero mis poemas serán leídos por infinitos grupos de clochards
> sous le Petit Pont
>   y me conducirán a los muslos de Azucena
> pues su temporalidad será excesiva
> cosa comunicante.
>   Sous le Petit Pont
> hablando del Tiempo sin implicaciones políticas
> corre el Sena, río de cerezas, río limpio,
> y hacia las seis de la tarde las cosas se naturalizan
> y no conseguirás oh César
> que yo me sienta particularmente culpable
> por los millones de gentes hambrientas. (93-94)

El anacronismo que resulta del uso de un léxico moderno —"SMO"; "slide"— en diálogo con un personaje de la antigüedad señala nuevamente una deprimente continuidad en la historia del hombre. Las tres preguntas son retóricas, ya que plantean una línea de conducta que el poeta se niega a tomar en serio, y no sólo se reiteran sino que crean una progresión que aclara lo que significa ponerse al servicio del orden imperante, ya que la nuca es una sinécdoque de la opresión y el proyectar diapositivas equivale a propagar una imagen halagadora que encubre los abusos del régimen.

Es de notar que la invocación a César es ambigua. César era el nombre genérico de los emperadores romanos y en este sentido el interlocutor a quien el poema va dirigido es representante del estado. Pero concretamente se trata de Augusto, quien fue "un revolucionario" en cuanto inauguró un nuevo orden imperial. Esta ambigüedad insinúa que todo régimen termina siendo opresivo, sea cual sea su orientación ideológica, y en efecto la crítica del poeta no se dirige tanto al capitalismo —aunque éste también está implícitamente condenado— como a un llamado socialismo que resulta más dictatorial que el orden que ha desplazado. Así, si Augusto personifica el poder del estado socialista, el adjunto que quiere incorporar al poeta al movimiento es una versión moderna y más siniestra de Mecenas, no un hombre sofisticado que trata de seducir a los intelectuales, sino un militante intransigente que se vale de la intimidación para exigir sumisión a la línea oficial del partido. La combinación de numeral y léxico militar —"80 batallones"— destaca el poderío del estado frente al escritor, cuyas únicas armas son sus poemas, mientras que las mayúsculas que designan la "Historia Oficial" señalan la fría impersonalidad de un sistema que no deja lugar al individuo. Asimismo, si la frase "No hay arreglo" expresa la postura de quien, lejos de querer ser mártir, preferiría acomodarse al sistema, sugiere también que la única alternativa que le ofrecen es someterse o ser condenado a la no-existencia.

No obstante, la segunda mitad de esta primera parte del poema es afirmativa. Si antes los versos del poeta parecían vulnerables ante los "80 batallones" del estado, ahora llegan a ser apreciados por "infinitos grupos" de marginados, y si la proscripción oficial los condena a la transitoriedad, sin embargo logran entablar una comunicación humana, ganándole el amor de Azucena, cuyos muslos representan una realidad vital en contraposición a las frías abstracciones de la ideología imperante. Sobre todo, le Petit Pont, lugar de reunión de los vagabundos, viene a ser metáfora de la disidencia, de la resistencia del individuo al inmenso poderío del estado, y el Sena, símbolo de lo eterno, se presenta como imagen de una existencia más auténtica que trasciende la política y sigue viviéndose al margen de ella. En este espacio de la autenticidad "las cosas se naturalizan", primero en el sentido de que la vida deja de ser regida por frías doctrinas ideológicas, volviéndose más bien cuestión de dejarse llevar por los sentimientos humanos, y luego en el sentido de que el poeta llega a ver las cosas con una claridad instintiva. Así, entregado al gozo de vivir libremente y alternando humanamente con los parias de la sociedad, repudia el hipócrita chantaje emocional manejado por una política que explota la miseria de los pobres para justificar su esclavización del hombre.

Hinostroza no sólo se niega a poner su arte al servicio de causas políticas, sino que repudia los supuestos de la política:

> Los imbéciles han renunciado al Poder: yo
> me confieso imbécil.
>   Ese juego pragmático y salvaje
> por el que bramo y huyo, cosa en la cual
> he quemado la mitad de mi juventud
>   por aceptar Tu Realidad,
> oh, César,
>   por decir mi bocado shakesperiano. Y así
> es miserable el tiempo que se pasa sobre la tierra
> suponiendo que no hay un infinito
>   y además
> el mundo de que me sentía mediador
>   no existió jamás, y
> no lo verán mis días. (94)

El epíteto "imbéciles" expresa el desprecio de los pragmáticos por los soñadores idealistas, pero con orgullo el poeta se declara imbécil, insinuando que los verdaderos ilusos son los que imaginan que el poder político es la clave de la felicidad humana. Reconoce ahora que su vida ha estado basada en un error, ya que ingenuamente se ha dejado convencer por el positivismo imperante y ha desperdiciado lo mejor de su juventud abogando por un nuevo

orden político. Ahora, al renunciar al compromiso político, aduce dos argumentos comple-
mentarios para justificarse. Por un lado, la filosofía política significa un empobrecimiento
de la vida, ya que descarta toda realidad que no sea material. Por otro, la prometida utopía
terrestre no ha de realizarse jamás, ni puede realizarse, dadas las contradicciones de una
filosofía que descarta lo espiritual y sanciona la opresión en nombre del bienestar común.

En este texto Hinostroza habla como portavoz de su generación, de una juventud que
opta por marginarse para entregarse a la resistencia pasiva al orden imperante, adoptando
un anárquico estilo de vida dedicado a la persecución de la belleza, el amor, la armonía y
la realización del ser. Esta marginación voluntaria está equiparada con la diáspora de los
judíos, y el ejército de hippies venidos de todos los países está representado como un pueblo
errante que atraviesa el mundo en busca de la Tierra Prometida. Así, cuando se reúnen en
las playas de Normandía para hacer peregrinaje a la isla de Mont St. Michel, el poema
evoca la historia bíblica en la que las aguas del Mar Rojo se separaron para permitir el paso
de los israelitas:

> Frente a la Normandía
> la marea se retira 13 kilómetros
>   brota el camino anegado que conduce
> al Monte St. Michel
>   un rêve, una visión
>   Azucena
> lava sus largas piernas musitando canciones goliardas
>   espera
> incesantemente detenida
>   pero el mar se retira y la otra margen
> acaso alcanzaremos
>   no más la historia del Poder pero de la armonía
> millones de utopistas marchan silenciosamente
>   NSE & O
> piedra embebida en sangre que lloramos
>   oh piedras levitadas
>   por amor
>   la otra margen acaso alcanzaremos
>   el mar se ha retirado y Azucena
> aguarda
>   amante incansable y ligera (100-01)

Lo que se propone esta juventud es cambiar el curso de la historia de manera que la lucha
por el poder ceda lugar a la búsqueda de una relación armoniosa con el mundo y con los
demás hombres. Mont St. Michel es un espacio simbólico, el espacio de esta armonía
anhelada, y los millones de utopistas que se dirigen allí desde los cuatro extremos del
globo representan el afán de un centro, de un principio de unidad que repare las discordias
de un mundo dividido. El mar que inunda la calzada e impide el paso simboliza las impla-
cables leyes naturales que limitan la condición del hombre, pero al dejar la calzada al
descubierto, la retirada de la marea evoca el milagro bíblico susodicho, sugiriendo que el
hombre es capaz de encontrar el camino hacia "la otra margen", hacia otra dimensión

existencial donde el determinismo de tales leyes quede burlado. Se insinúa, además, que estas llamadas leyes naturales son una estructura mental, fabricada por el hombre para justificarse y excusar una historia de egoísmo y barbarie. La "piedra embebida en sangre" es una imagen de la violencia que ha regido la historia humana, pero también es una metáfora de la calzada sumergida por el mar, del camino hacia la otra margen, el cual queda oculto e intransitable como consecuencia de los odios y conflictos generados por el afán de dominio que impulsa a los hombres. Por eso, se destaca el amor como la fuerza que ha de liberar al hombre del determinismo de siglos. La imagen de las "piedras levitadas" no sólo expresa su capacidad para vencer las leyes naturales y obrar lo aparentemente imposible, sino que viene a ser otra metáfora de la calzada, que gracias a la fuerza del amor queda ahora al descubierto, permitiendo acceso a la otra margen de la armonía. Representada en actitud de espera, Azucena, la amante del poeta, desempeña un doble papel. En primer lugar, personifica el espíritu de amor que vive a la expectativa de un mundo donde reinen la paz y la concordia, pero en los últimos versos ella misma viene a ser símbolo de la plenitud que aguarda al hombre cuando por fin alcance ese estado.

Contranatura acusa una progresión en cuanto, a partir de "Dentro & Fuera" (107-08), el comentario sobre la historia contemporánea da lugar a poemas de carácter esotérico. En este texto Hinostroza se entrega a una especie de contemplación mística del universo, procurando purificarse de los errores y disparates de la historia humana para llegar a una auténtica comprensión de sí mismo y del mundo. Como en otros poemas, la inserción de símbolos pictóricos en el texto escrito y la intercalación de frases extranjeras en el español reflejan no sólo un deseo de trascender las limitaciones de la lengua heredada, sino un afán de forjar una salida del círculo vicioso de la realidad impuesta:

> Sumersión prolongada en las formas
> para emerger purificado
> El equilibrio de la percepción va hacia la sagesse
>
> la meditación sobre la armonía
>
> y el contraste   la Videncia
>
> es el estado natural del hombre [...]
>   Bocarriba
> sobre la hierba fresca mirando un cielo infinito
>   y se ve lejos y claro
> Dentro &
> ——————
> Fuera

Aquí Hinostroza se inserta en una tradición poética inaugurada en el Perú por Eguren y continuada, con distintas modalidades, por Vallejo, Westphalen, Moro y Adán, una poética dedicada a la búsqueda de una armonía cósmica que trascienda la realidad alienante impuesta por la civilización racionalista y materialista de occidente. Como sus antecesores, postula un espacio secreto donde el individuo puede integrarse con el mundo y realizarse plenamente:

> hay un espacio limpio entre las cosas
> música en los cuerpos opacos
> confío en mis sentidos
> al fondo del camino estoy yo mismo
> lleno de humores cristalinos
> algo breve como un tímpano me separa del resto de las cosas
> el perfecto equilibrio de lo vivo
> con la memoria de los cuerpos muertos (118)

Asimismo, la segunda parte de "Orígenes de la Sublimación" (111-12) traza una especie de camino místico, describiendo las distintas etapas por las cuales el hombre puede ascender a la unión con el cosmos, mientras que "Love's Body" (113-15) y "Contra natura" (126-28) celebran el amor como medio de reparar la discordia para alcanzar un estado de armonía total.

Dentro de la tradición susodicha Hinostroza sigue la línea representada por Vallejo y Moro, quienes preconizan una revolución espiritual que libere al hombre de la tiranía de la razón pragmática proporcionándole una nueva manera de relacionarse con el mundo y con los demás hombres, y la "contranatura" del título es, en efecto, una variante del absurdo vallejiano y de la superrealidad surrealista, una realidad alternativa que confunde las leyes del racionalismo occidental. Sin embargo, *Contranatura* involucra una novedad, en cuanto la búsqueda personal de una realidad alternativa está situada en un contexto histórico como parte de un ideal colectivo. En sus momentos más optimistas Hinostroza llega a proclamar que con su generación la historia empieza de nuevo, en la medida que la juventud de los años 60 regresa a la condición de nómadas recolectores de frutas, a la inocencia que reinaba en tiempos prehistóricos antes de que el hombre adquiriera la mentalidad de cazador que pervirtió el desarrollo humano y estableció las bases de la civilización moderna. Pero en la última parte del libro el realismo lo obliga a reconocer que la buena voluntad de una juventud idealista no basta para trastrocar el curso de la historia, pues en una sola generación resulta imposible reparar los estragos de varios milenios. Con tristeza acepta que el reino del amor y la concordia no ha de realizarse en su tiempo sino que él y sus coetáneos han de contentarse con fugaces momentos de belleza y armonía:

> Vegetarianos & Salvation Army & Hippies
> no detendrán las guerras
> la tarea es reparar lo ocurrido en milenios [...]
> marcha sobre la tierra sin potencia
> esta especie de amor
> & la belleza basta para entrever
> nunca para vivir
> Año particularmente desventurado: 1969
> rayonné de pouvoirs. (128-31)

Aquí la fecha de composición está cargada de significado, ya que evoca el colapso del movimiento estudiantil y la reposición del orden establecido. Así, el desengaño personal del poeta corre parejo con la frustración del ideal colectivo de su generación.

V

LA DEMOCRATIZACIÓN DE LA POESÍA: LA DÉCADA DEL 70

1. HORA ZERO Y LA POESÍA COMO MILITANCIA

En la historia de la poesía peruana hay cierto paralelo entre la década del 70 y los años 20, en cuanto el impulso de una poesía nueva viene de poetas de procedencia provinciana y va vinculado a grandes movimientos sociales. Como señala José Miguel Oviedo, los años 70 vieron la irrupción en el escenario limeño de una generación de jóvenes poetas de extracción humilde, la mayoría de ellos de origen provinciano: "Creo que uno de los aspectos más interesantes y significativos que está *detrás* de la poesía peruana última, es el hecho de que sus nuevos autores pertenezcan [...] a una capa proletarizada, de extracción obrera o artesanal, que proviene del interior del país."[1] No es casual que este fenómeno coincidiera con la revolución populista encabezada por el general Juan Velasco Alvarado (1968-75), porque refleja los cambios sociales que se estaban produciendo en el país y estos poetas vienen a ser la expresión cultural de los emergentes sectores populares de provincias que reclamaban una voz y un lugar en la sociedad nacional. En este sentido es significativo que la más importante actividad poética de la época se centrara, no en la antigua Universidad de San Marcos como era el caso de las generaciones anteriores, sino en la nueva Universidad Federico Villareal, porque los protagonistas de la nueva poesía eran escritores de origen popular que se habían ganado acceso a la educación y la cultura.

No obstante, la nueva poética nace sobre todo de la frustración de las expectativas de esa juventud. Los jóvenes poetas se habían formado en los años 60, cuando acontecimientos internacionales —la Revolución Cubana, la Revolución Cultural China, la resistencia de Vietnam al imperialismo, el mayo 68, el triunfo de Allende en Chile— parecían presagiar la conquista de un mundo más justo e igualitario. En el Perú, sin embargo, las reformas auspiciadas por Belaúnde resultaron demasiado tímidas para satisfacer las reivindicaciones de la izquierda e iban acompañadas, además, por una violenta represión de las guerrillas que pretendían realizar una revolución más radical y auténtica. Al ingresar en la universidad a fines de la década, más o menos en el mismo momento en que Velasco tomó el poder, la nueva generación entró en un medio altamente politizado, un foco de fermento izquierdista donde se había establecido una tradición de militancia por parte de los poetas, siendo los casos más célebres los de Javier Heraud (1942-63) y Edgardo Tello (1942-65), quienes murieron en la guerrilla. El gobierno de Velasco pretendió responder a las reivindicaciones populares implementando un programa reformista que desmanteló el tradicional orden socio-económico del país y dio más oportunidades a los sectores humildes. Pero era un gobierno dirigista que controlaba la participación popular al mismo tiempo que la alentaba, y su programa de modernización no produjo los resultados esperados. Además, a partir de 1973 el gobierno se vio enfrentado por graves problemas económicos y en 1975

---

1. José Miguel Oviedo, *Estos 13* (Lima, Mosca Azul, 1973), p.11.

Velasco fue destituido por Morales Bermúdez, quien abandonó la política progresista de su antecesor en un vano intento de controlar la crisis. El agresivo radicalismo con el cual los poetas del 70 irrumpieron en el escenario literario ha de verse así en el contexto de las expectativas defraudadas. Por eso, su poesía da una imagen ambivalente de Lima, que si bien era el espacio donde habían accedido a la cultura, también acusaba todas las contradicciones de un país atrasado cuyos proyectos de modernizarse y democratizarse habían fracasado.

De acuerdo con sus principios antiburgueses, los jóvenes poetas manifestaron su repudio de la sociedad tradicional entregándose a una vida bohemia en los bares y cafés de la ciudad. Sin embargo, el fenómeno más novedoso de la época fue su postura colectiva hacia la actividad literaria. De los grupos que se formaron en esos años, el más importante fue Movimiento Hora Zero (1970-73), cuyos principales activistas eran Jorge Pimentel y Juan Ramírez Ruiz.[2] Los miembros de Hora Zero se agruparon para abrirse un espacio en el escenario cultural y para hacer causa común contra el orden establecido. Divulgaron sus obras e ideas publicando sus propias ediciones y su propia revista y montando recitales públicos. Pero, sobre todo, recurrieron a la propaganda y a la polémica, y en este sentido su estrategia entonaba con el espíritu de una época que había visto una creciente movilización política y privilegiaba la acción colectiva como el medio más eficaz de impactar en la sociedad. Además, esta postura colectiva correspondía a uno de sus principios centrales, porque se consideraban la vanguardia de un proceso de transformación social y su actividad iba encaminada a preparar el terreno para una sociedad basada en valores colectivos.

Como señalan sus manifiestos, los integrantes de Hora Zero creían que como poetas tenían la responsabilidad de estar comprometidos con su sociedad y de encabezar la lucha por un mundo nuevo. Esto significaba adoptar una posición política, la cual está definida de modo inequívoco en el primer número de su revista:[3]

> … compartimos plenamente los postulados del marxismo-leninismo, celebramos la revolución cubana [...] Queremos cambios profundos, conscientes de que lo que viene es irreversible porque el curso de la historia es incontenible y América Latina y los países del tercer mundo se encaminan hacia su total liberación.

Igualmente inequívoca fue su actitud hacia sus antecesores. De hecho, se definieron por oposición a la generación del 60 —Antonio Cisneros, sobre todo—, rechazándolos con desdén por ser poetas burgueses cuya obra no cuestionaba el orden establecido y cuya rebeldía e izquierdismo tacharon de mera pose. Más generalmente, realizaron un simbólico patricidio de toda la tradición poética peruana, a la cual acusaron de no haber sabido asumir un papel revolucionario en la vida nacional. En efecto, las únicas figuras que quedaban a salvo de sus críticas devastadoras eran César Vallejo y los poetas guerrilleros

---

2. En 1973 el grupo se disolvió, pero se reconstituyó en 1977, aunque no con todos sus antiguos miembros y con otros nuevos. Véase Ricardo Falla, *Fondo de fuego: la generación del '70* (Lima, Ediciones Poesía, 1990); Edgar O´Hara, *La palabra y la eficacia (Acercamiento a la poesía joven)* (Lima, Latinoamericana/ Tarea, 1984); Oviedo, *Estos 13;* Enrique Sánchez Hernani, *Exclusión y permanencia de la palabra en Hora Zero: diez años después* (Lima, Cuadernos Ruray 2, 1981).

3. "Palabras urgentes", *Hora Zero* (1970), p. 7.

Javier Heraud y Edgardo Tello, y en uno de sus manifiestos citaron a Vallejo —fuera de contexto— para desprestigiar la poesía del pasado y para presentarse como la generación que estaba destinada a iniciar por primera vez una auténtica tradición poética en el Perú:[4]

> La poesía peruana hasta 20 ó 30 años después de mi muerte será una mala poesía.

De hecho, estimaban que vivían un momento decisivo de la historia nacional, porque si por los fallos de generaciones anteriores habían heredado una sociedad en estado de crisis, les tocaba a ellos inaugurar una nueva era:[5]

> A nosotros se nos ha entregado una catástrofe para poetizarla. Se nos ha dado esta coyuntura para culminar una etapa lamentable y para inaugurar otra más justa, más luminosa.

Para Hora Zero la poesía era una fuerza dinámica capaz de avanzar el proceso revolucionario por la influencia que ejercía en la conciencia del público. Conceptuaban ese proceso no sólo en términos de un cambio de las estructuras socio-políticas, sino como una ruptura radical con el pensamiento tradicional que labrara una transformación total del individuo y de la sociedad. Así, la poesía venía a ser un medio de liberación espiritual que permitiera a los hombres desarrollar su potencial humano al máximo:[6]

> Hagamos hoy la poesía que escupa y estrangule a todo lo que obstruye e impide la realización total de un ser humano.

Por eso, uno de sus principios fundamentales era que "La poesía es de más de uno y es de todo un pueblo".[7] En efecto, la importancia que daban a los recitales públicos nació de la convicción de que la poesía ya no debía ser una actividad privada sino un diálogo con la comunidad. Más que eso, opinaban que si la poesía debía llevarse a la calle, la calle debía integrarse a la poesía, o sea, que los poetas debían abandonar su torre de marfil y comprometerse con la sociedad, sumergiéndose en la realidad contemporánea y compartiendo las experiencias del hombre común. En efecto, la nueva poesía debía ser una expresión totalizadora de la experiencia personal del poeta y de la experiencia colectiva de las masas peruanas y latinoamericanas en el contexto de la nueva realidad socio-económica de la época.

Como habían repudiado su propia tradición poética, tuvieron que buscar modelos fuera del Perú y se identificaron con la *Beat Generation* norteamericana y con el exteriorismo nicaragüense. La *Beat Generation* rechazó el materialismo de la sociedad occidental y optó por marginarse, entregándose a una vida bohemia dedicada a la búsqueda de la realización personal, y sus integrantes se conceptuaban como profetas de una revolución total que hubiera de dar a luz a una nueva humanidad y una nueva sociedad. Asimismo, los

---

4. "Contra golpe al viento", *Hora Zero* (1978), p. 1.
5. "Palabras urgentes", p. 9.
6. Juan Ramírez Ruiz, *Un par de vueltas por la realidad* (Lima, Ediciones Hora Zero, 1971), p. 115.
7. Ramírez Ruiz, *Un par de vueltas por la realidad*, p. 115.

poetas de Hora Zero hubieron de asumir la bohemia como forma de rebelión y de compartir el mismo concepto mesiánico del poeta. Ernesto Cardenal, el representante más destacado del exteriorismo nicaragüense, hizo una visita a Lima en 1971, donde dictó conferencias y leyó sus poesías, y su impacto fue tan fuerte que Hora Zero adoptó el título de uno de sus poemas como nombre del grupo.[8] Se identificó no sólo con el espíritu revolucionario del exteriorismo sino con el discurso poético definido por Cardenal:[9]

> El exteriorismo es la poesía creada con las imágenes del mundo exterior, el
> mundo que vemos y palpamos, y que es, por lo general, el mundo específico
> de la poesía. El exteriorismo es la poesía objetiva: narrativa, anecdótica, hecha
> con elementos de la vida real y con cosas concretas, con nombres propios y
> detalles precisos y datos exactos y cifras y hechos y dichos. En fin, es la poesía
> impura.

Como la *Beat Generation,* los exterioristas nicaragüenses rechazaban el concepto de una poesía pura aislada de la realidad social y buscaban su lenguaje poético en la experiencia cotidiana. Tal hubo de ser la base de la estética de Hora Zero.

Los poetas de Hora Zero pretendieron desarrollar un nuevo estilo poético para captar el espíritu de la nueva sociedad que iba emergiendo en el Perú, una sociedad que, por un lado, acusaba el dinamismo de un país en vías de cambio y, por otro, la caótica confusión de una nación que aún no tenía una idea clara de adónde iba. Estructuralmente, rompieron con formas rígidas y tradicionales a favor de un poema más libre y abierto, y mostraban una predilección por textos largos y divagadores, con ritmos variados y frecuentes cambios de voz. Cultivaron también un tono y un lenguaje populares, llegando casi a abolir las fronteras entre poesía y prosa. También buscaron comunicar la experiencia cotidiana del Perú de los años 70 incorporando a su poesía materiales sacados del mundo que los rodeaba. Así, su poesía suele situarse en el marco limeño mediante referencias que nombran calles, bares, cines, etc., y evoca una realidad contemporánea citando fechas, horas y las marcas de productos comerciales y aludiendo a la tecnología moderna, a figuras políticas y culturales de la época y a libros y películas recientes. Además, destacaron su inmersión en esta realidad citando los nombres, direcciones y teléfonos de sus amigos o nombrando los bares donde solían reunirse o aludiendo a sus actividades diarias.

Una buena muestra de este nuevo estilo poético son los siguientes versos de Mario Luna:[10]

> El pasaje cuesta s/. 2.40 si no bájese. Pollos a la brasa "Buen Amigo".
> [Tomo con mi plato carajo. Agua y desagüe.
> Se necesita muchacha cama adentro. Un café, pan solo.

Una rápida sucesión de oraciones cortas evoca el vaivén de la vida urbana. Algunas reproducen el texto de anuncios para destacar las contradicciones de la Lima moderna, ya que nos remiten respectivamente a un restorán popular, al desarrollo urbano y a la vida acomo-

---

8.   Véase O´Hara, *La palabra y la eficacia,* p. 100.
9.   O´Hara, *La palabra y la eficacia,* p. 100.
10. Mario Luna, "Ya se acerca la viuda de moda", *Hora Zero* (1970), p. 12.

dada de la burguesía. Otras remedan el habla popular al reproducir trozos de diálogo, en un ómnibus y en un café, diálogos que apuntan a las dificultades y tensiones de la vida moderna y a la agresividad que la subyace. Así, el poema logra captar la atmósfera de la nueva Lima.

Hora Zero representa un hito en la historia de la literatura peruana, ya que fue la vanguardia de los emergentes sectores sociales que se abrían un espacio en el escenario cultural, un proceso de apertura que hubo de revivificar la poesía nacional y que hubo de continuar después con la aparición de un importante grupo de poetas mujeres.[11] Al mismo tiempo, al rehusar tabúes temáticos y lingüísticos, extendió las fronteras de lo que era aceptable como poesía y en este sentido avanzó "la libertad de creación total".[12] No obstante, su aporte a la poesía peruana fue menos significativo de lo que se esperaba de ellos.

En primer lugar, los poetas de Hora Zero distaban de ser tan innovadores como pretendían. El verdadero momento de ruptura en la poesía peruana contemporánea fue la década del 60 cuando poetas como Cisneros e Hinostroza desarrollaron un discurso poético moderno para expresar un nuevo espíritu contestatario, y de hecho el proyecto de Hora Zero no hace sino continuar y culminar el proceso iniciado en los 60. Además, la búsqueda de una voz latinoamericana data de mucho antes, remontándose al menos a Vallejo y los vanguardistas de los años 20. Así, a pesar de su desdeñoso rechazo de sus antecesores, Hora Zero se inserta en una larga tradición nacional.

Por otra parte, si Hora Zero tuvo sus logros artísticos, la calidad de su obra era desigual y el movimiento no produjo un poeta de la estatura de Cisneros o de las grandes figuras de generaciones anteriores. En realidad, su praxis literaria no llegó a ponerse a la altura de sus postulados teóricos. Su poética tendía a degenerar en una fórmula mecánica y gastada. Su cultivo de un tono y un lenguaje populares los llevó ser demasiado explícitos y anecdóticos, de manera que sus versos sufrieron una pérdida de potencia sugestiva. Y su rechazo de formas rígidas iba acompañado de una falta de rigor artístico que se refleja en la informe estructuración de muchos de sus textos. Algunos poetas evolucionaron y llegaron a cultivar una poesía más consumada, pero en general hay que reconocer que si Hora Zero fue un fenómeno que refleja la evolución de la sociedad nacional, lo es también en el sentido de que su poesía fue otra promesa truncada, ya que no realizó las expectativas que inicialmente había despertado.

2. ENRIQUE VERÁSTEGUI EN LOS EXTRAMUROS DEL MUNDO

Como señala el título, el tema central de *En los extramuros del mundo* (1971), el primer libro de Enrique Verástegui, es la alienación experimentada por el poeta en Lima al trasladarse allí desde Cañete, donde había pasado su infancia. No se trata solamente de la marginación del provinciano en la gran ciudad, sino que Lima, foco de la modernización de las últimas décadas, viene a ser un microcosmos del Perú moderno con cuyos valores el poeta está inconforme. Así, "Salmo" describe un alienante medio urbano habitado por una sociedad deshumanizada: [13]

---

11.   Véase Roland Forgues, *Las poetas se desnudan*, tomo IV de *Palabra Viva* (Lima, El Quijote, 1991).

12.   Falla, *Fondo de fuego*, p. 127.

13.   Enrique Verástegui, *En los extramuros del mundo* (Lima, Milla Batres, 1971), p. 13. Las citas siguientes corresponden a esta edición.

Yo vi caminar por calles de Lima a hombres y mujeres
      carcomidos por la neurosis,
hombres y mujeres de cemento pegados al cemento aletargados
      confundidos y riéndose de todo.
5   Yo vi sufrir a esta gente con el ruido de los claxons
      sapos girasoles sarna asma avisos de neón
      noticias de muerte por millares una visión en la Colmena
y cuántos, al momento, imaginaron el suicidio como una ventana
      a los senos de la vida
10 y sin embargo continúan aferrándose entre
      marejadas de Válium
y floreciendo en los maceteros de la desesperación.
Esto lo escribo para ti animal de mirada estrechísima.
      Son años-tiempo de la generación psicótica,
15 hemos conocido todas las visiones y Kafka y Gregory Samsa
      pasea con Omar recitando silbando fumando mariguana
junto al estanque en el parque de la Exposición —carne
      alienada por la máquina y el poder de unos soles
que no alcanzan para leer Alcools de Apollinaire.
20 Recién ahora comprendo mañana reventaré como esos gatos
      aplastados contra la yerba
y las cosas que ahora digo porque las digo ahora
      en tiempos de Nixon —malísimos para la poesía
      —corrupción de los que fueron elegidos como padres– gerentes
25   controlando el precio de los libros
de la carne y toda una escala de valores que utilizo
      para limpiarme el culo.
Yo vi hombres y mujeres vistiendo ropas e ideas vacías
      y la tristeza visitándolos en los manicomios.
30 Y vi también a muchos ir gritando por más fuego desde los autobuses
      y entre tanto afuera
el mundo aún continúa siendo lavado por las lluvias,
      por palabras como éstas que son una fruta para la sed.

Lima está evocada como la capital de un país del tercer mundo que, al adoptar el modelo del capitalismo occidental, ha sufrido los males de un desarrollo distorsionado sin lograr una auténtica modernización de la sociedad. Como insinúa la referencia a los tiempos de Nixon (v. 23), el Perú no ha sabido librarse del imperialismo y vive entregado a la dependencia neo-colonial. Además, no ha habido un auténtico desarrollo interno, sino que el capitalismo se ha injertado en las estructuras tradicionales. Así, la alusión a los "padres-gerentes" elegidos (v. 24) evoca la imagen de una supuesta democracia que sigue siendo dominada por la vieja oligarquía bajo el disfraz de la tecnocracia capitalista.

    La deshumanización de la vida causada por la modernización capitalista está sugerida mediante imágenes que contrastan lo natural con lo artificial y mediante un léxico médico que comunica el estrés ocasionado por las presiones y tensiones de la vida moderna. Así, el verso 3 evoca el desarrollo urbano que ha trasformado la capital peruana en un páramo de cemento donde los hombres quedan reificados. La enumeración caótica de los versos 5-7 refleja la confusión de impresiones sensoriales que asedia a una población envuelta en el insensato vaivén de la urbe moderna. La yuxtaposición de referencias a fauna y flora (sapos/girasoles), a enfermedades dermatólogicas y respiratorias (sarna/asma) y al consumismo capitalista (avisos de neón) apunta al clima malsano de una sociedad industrial que ha contaminado el mundo a medida que ha ido dominando la naturaleza. La imagen que representa a los ciudadanos "floreciendo en los maceteros de la desesperación" (v. 12) funciona irónicamente, porque las connotaciones positivas del verbo se ven anuladas por los sustantivos que siguen, los cuales insinúan la angustia de vivir en un opresivo medio artificial. Por contraste, el parque, un oasis de la naturaleza en medio de la ciudad, está asociado con lo auténtico (vv. 15-17). En efecto, está representado como el refugio de los inconformes que buscan una experiencia humana más rica mediante la amistad, la literatura o la bohemia, lejos del desalmado materialismo de una sociedad dominada por la máquina y el dinero.

El poema sugiere que la edad moderna ha producido una "generación psicótica" (v. 14) que necesita de "marejadas de Valium" (v. 11) para sobrevivir sin sucumbir a la desesperación. De hecho, Lima está representada como un gran manicomio (v. 29), y mediante la reiterada fórmula "Yo vi..." el poeta se presenta como testigo de una época que ha destrozado la salud espiritual del hombre al destruir tradicionales estilos de vida y tradicionales maneras de relacionarse con el mundo. Así, los habitantes de Lima son víctimas de la neurosis (v. 2) y, reducidos al aturdimiento y la histeria por un mundo con el cual no saben contender, viven "aletargados/confundidos y riéndose de todo" (vv. 3-4). Asimismo, el zeugma "vistiendo ropas e ideas vacías" (v.28) insinúa que el orden capitalista los ha despojado de la capacidad de pensar y actuar como individuos y los ha transformado en autómatas.

Escrito desde la perspectiva de las emergentes clases populares, el texto nace de una insatisfacción con una modernización que ha despertado expectativas que no ha sabido satisfacer. Verástegui se identifica con grandes figuras de la literatura occidental como Kafka y Apollinaire y, al yuxtaponer libros y carne (vv. 25-26), celebra la cultura como una necesidad humana tan importante como la comida, pero por otro lado se queja del precio de los libros (vv. 19, 25). En efecto, si los cambios sociales han ampliado los horizontes de las clases populares al darles acceso a la educación, la falta de una transformación social más radical ha frustrado las aspiraciones de ese sector emergente. Así el pleno acceso a la cultura sigue siendo el privilegio de los que tienen poder adquisitivo, ya que el capitalismo la comercializa como cualquier otro producto. Además, asevera el poeta, los tiempos son "malísimos para la poesía" (v.23), ya que la ética capitalista sofoca la creatividad artística y los valores humanos plasmados en el arte. En este sentido el texto es típico de toda la obra de Verástegui en cuanto refleja un conflicto entre un deseo de modernidad y un rechazo del tipo de modernización que se ha realizado en el Perú.

Una nota de ambivalencia recorre el poema. Por un lado, la fórmula "Yo vi ..." inserta al poeta en la tradición del poeta-profeta que ve las cosas con más claridad que otros hombres. En efecto, Verástegui se presenta como un guía que analiza los males de una sociedad que se ha equivocado de rumbo y, como anuncia el léxico religioso del título, como el portavoz de los valores espirituales en contraposición al materialismo de la época. Por otro lado, sin embargo, al expresar su desprecio de los valores imperantes, de "toda una escala de valo-

res que utilizo/ para limpiarme el culo" (vv.26-27), acusa una nota de exasperación que
delata un sentido de impotencia frente a las fuerzas que rigen la sociedad contemporánea.
Asimismo, al dirigirse a los compatriotas en cuyo pensamiento pretende influir, delata una
conciencia de que sus palabras han de ser desoídas:

Esto lo escribo para ti animal de mirada estrechísima

No obstante, el texto trasunta la convicción de que la poesía constituye una forma de
resistencia a la ética dominante. Así, Verástegui evoca a Kafka y a Apollinaire, escritores
cuya obra cuestiona los valores establecidos, y el poema tiene cierto parecido con "Howl"
de Allen Ginsberg, miembro de la *Beat Generation* que criticaba el materialismo de la
sociedad norteamericana. Más explícitamente los últimos versos establecen un paralelo
entre la poesía y la lluvia, la cual, como fuerza limpiadora y fertilizadora, representa un
orden natural que persiste y se renueva a pesar de los efectos contaminadores de la indus-
trialización capitalista. De la misma manera, se da a entender, la poesía, como expresión
de valores auténticos, purifica y revivifica el espíritu humano y así permite al hombre
perdurar en el ambiente malsano de la sociedad moderna.

Otra forma de resistencia que el libro celebra es el amor. "Datzibao" (19-20), por
ejemplo, rememora un amorío que permitió a los amantes trascender la inautenticidad de
la ciudad. Aquí un taxi, símbolo de las presiones de la vida urbana, se transforma en metáfora
de una experiencia que los transporta lejos del alienate bullicio de la ciudad y los acerca
a una existencia auténtica:

... el taxi [. . .] nos alejó miles de cuadras más cerca
[a la pasión de la vida

Como manifestación de lo auténtico, el amor está asociado con la naturaleza en contrapo-
sición a la estéril artificialidad de la urbe. Tal oposición queda plasmada en una sola imagen
ambivalente, la de la selva:

Lo perfecto consiste en desabotonarnos el torso mientras vamos
[salvajemente penetrando en esta selva de arenas movedizas
y tu vida o mi vida no ruedan como esas naranjas plásticas que
[eludimos porque tú y yo somos carne
y nada más que un fuego incendiando este verano.
La vida se abre como un sexo caliente bajo el roce de dedos
[reventando millares de hojas tiernas y húmedas)

Por un lado, esta selva peligrosa donde hay que andar con cuidado evoca el espacio urba-
no, donde millones de hombres y mujeres compiten unos con otros en la lucha por la vida,
pero por otro representa el prístino espacio de los instintos sexuales. De esta forma se
sugiere que la mejor manera de salvar la selva urbana es mediante la experiencia amorosa
en la que los amantes se desnudan para regresar a la condición de selváticos primitivos.
Asimismo, si las naranjas plásticas simbolizan el mundo antinatural creado por la indus-
trialización y el determinismo socio-económico que controla la vida del hombre moderno,
se da a entender que los amantes eluden esta condición abandonándose a su pasión, ya que

la vida se entrega a ellos conforme ellos se entregan uno a otro en el trato sexual.

Reflejando la identificación de Verástegui con la lucha contra el imperialismo capitalista, el título evoca una costumbre china que cobró gran importancia durante la Revolución Cultural, la de usar carteles murales para hacer comentarios personales sobre temas públicos y para cuestionar la ortodoxia oficial. El poema, en efecto, ha de leerse como una declaración personal en la que el poeta expresa la necesidad de luchar contra la ciudad y todo lo que representa. Así, los amantes comparten la rebeldía de la nueva generación, una generación que ya no está dispuesta a aceptar el orden establecido, y lo que lo atrae en su compañera es precisamente su espíritu de lucha:

> ...amé todas tus cosas
> y tu mirada angustiada y esa seriedad para responderme a ciertas
> [preguntas y cuestiones que nos diferenciaron para siempre
> [de las personas nacidas antes de 1950
> tu maravilloso instinto agresivo desarrollado contra los males de
> [tiempo y portándose como en la más furiosa embestida
> en la batalla por un lugar en el taxi que nos alejó miles de cuadras
> [más cerca a la pasión de la vida

Estos versos evocan la imagen de una ciudad cuya infraestructura no ha podido absorber el masivo crecimiento de la población, ya que la batalla por conseguir transporte apunta a la constante lucha en la que la vida se ha convertido para el ciudadano medio. No obstante, se insinúa que la amante se niega a conformarse con la mera supervivencia diaria, sino que lucha sin cejar por realizarse como ser humano. Asimismo, la relación amorosa está representada como una campaña de resistencia contra un opresivo orden social:

> ...es una espera maldita
> como puede ser aguantarnos un par de horas más en el parque en medio
> [de un viento furioso que pugna por arrancar de raíz lo más nuestro
> [de nosotros
> y tú junto a mí convertida en mi aliento escuchándote aprendiendo de ti
> [a la Molina no voy más esa canción negra arde en mi pecho, me
> [aplasta, levanta, avienta a decir no contra todo.

Aquí nuevamente el texto apunta a la dificultad de llevar una vida normal en una ciudad como Lima, donde a causa de la sobrepoblación los jóvenes no tienen dónde verse a solas y están obligados a realizar sus amores a la intemperie en los parques públicos. Por eso, el viento que azota el parque simboliza un hostil medio social que ataca de raíz la humanidad de las personas. Pero en su amante el poeta encuentra a una aliada que le inspira un espíritu de resistencia, simbolizado por la canción de protesta que aprende de ella, y le da fuerzas para luchar contra el orden social. A continuación, mediante una imagen que los equipara con los héroes de la antigüedad, se insinúa que sus amores son un callado acto de subversión dirigido contra el monstruo inhumano que es la ciudad:

> y no dijimos nada pero exigíamos a gritos destruir la ciudad, esta ciudad
> [ese monstruo sombrío escapado de la mitología

devorador de sueños.

No obstante, se trata de un amor que ha terminado y ya pertenece al pasado. Los primeros versos dan a entender que la separación de los amantes ha sido una consecuencia de las condiciones imperantes en el impersonal medio urbano, el cual los ha distanciado uno de otro. En cambio, el verso final adopta una perspectiva más filosófica, sugiriendo que su separación ha sido uno de los muchos inexplicables misterios de la vida. Pero en otra parte del texto otra razón queda insinuada. Evaluando su relación, el poeta reconoce que si la amante le ha dado fuerzas, también lo ha debilitado al aplacar su odio al mundo circundante:

> Porque ya es hora de ir poniendo las cosas en claro y más que nada
> [empezar a ser uno mismo
> un solo obstinado bloque de rabia.
> Tú por todo lo que para mí reflejabas lo más claro eres mi sopor antes
> [de echarte a gritar por esos sitios malditos

Aquí Verástegui no sólo afirma que es hora de que cada individuo manifieste su oposición al sistema social imperante, sino que insiste en ello mediante la pausa a final del verso, la cual destaca simultáneamente la obligación individual y la necesidad de una indignación intransigente. Así da a entender que para él lo más importante en la vida es el compromiso social y que ha estado dispuesto a sacrificar el amor a esa causa.

"Poema escrito sobre una impresión causada por Dullle Griet —una pintura de Breughel" (15-16) representa el encuentro del poeta con Lima como una prueba de la cual ha salido triunfante. Retomando el tema de "Salmo", Verástegui se presenta como una persona que ha pasado por una crisis prolongada causada por la opresiva atmósfera de la ciudad, la cual ha amenazado con destruir su salud mental:

> Durante mil o dos mil años habité los mecanismos
> de la locura
> y he vagado entre yerbas y pintura, con mis recortes
> de Catherine Deneuve
> de Raquel Welch desnuda en los mercados,
> junto a los tomates y las hortalizas
> y en latas de conserva para los días de hastío.

La hipérbole inicial destaca la severidad de esa crisis, mientras que el verbo "vagar" comunica la desorientación de quien se halla a la deriva en un mundo donde no encuentra sentido. La alusión intertextual del título enriquece la descripción directa de esa experiencia al remitirnos a una pintura de Breughel cuya protagonista, Margarita la Loca, se ve rodeada de un mundo caótico poblado por seres grotescos. En efecto, la pintura está evocada como una metáfora de la vivencia del poeta.

Las sinécdoques "yerbas" y "pintura" evocan los parques y museos donde ha buscado en la naturaleza y la cultura la autenticidad que le falta en la ciudad. Asimismo, las artistas de cine retratadas en los recortes que lleva consigo representan un ideal de plenitud y, mediante la yuxtaposición que las relaciona con los comestibles del mercado, se da a entender que es ese ideal lo que ha sustentado su espíritu. No obstante, la imagen de los recortes funciona de manera ambigua, porque éstos se hallan insertados en un contexto comercial que evoca una sociedad de consumo que fabrica y vende la fantasía sexual como cualquier otro producto. Así, al representar simultáneamente un ideal de plenitud y la ilusoria plenitud proporcionada por el consumismo capitalista, los recortes apuntan a las contradicciones desorientadoras de la vida moderna.

En la segunda estrofa el poeta refiere su participación en la cultura alternativa de la juventud, cuya rebelión contra los valores de sus mayores se expresa en los conciertos de Folk:

> Asistí a conciertos de Folk en esquinas solitarias
>   donde aún se ignora a la
> incertidumbre y ofrecimos nuestras borracheras de estas
> noches como lo más perdurable para ti
>   y para todos porque afuera
> (bajo la lluvia)
> los avisos luminosos continúan encendiéndose
>   como la soledad
>   a la entrada el Paraíso.

Las esquinas solitarias donde se realizan estos conciertos simbolizan la marginación de los inconformes, pero están evocadas como refugios de salud espiritual, donde se reúnen los que todavía conservan el idealismo y la fe en la vida, sin sucumbir a la desesperación que los rodea. Queda insinuada una oposición entre la rica vida nocturna que se vive allí y la monótona rutina de la vida diaria de la ciudad, y las jaranas de los jóvenes están celebradas como una afirmación del hombre en una sociedad que le niega su humanidad. El adverbio "afuera", resaltado a final de verso, nos introduce a la realidad social que estos jóvenes rechazan. Los avisos de neón son una metáfora de las falsas promesas de una sociedad de consumo donde, como insinúa la alusión al paraíso, el materialismo ha llegado a ser una religión. En efecto, al alumbrar la triste desolación de las calles urbanas, destacan lo que significa el capitalismo para el hombre medio, quien vive miserablemente a la espera de una felicidad prometida que nunca se realiza.

En la tercera estrofa las calles congestionadas vienen a simbolizar el bloque artístico sufrido por el poeta, cuyos versos se limitaban en aquella época a registrar el medio alienante que sofocaba su creatividad:

> Por aquel entonces estos versos fueron peatones
>   y automóviles atascados
> frente al parque Universitario en la avenida Abancay
>   y el policía de servicios
> increpándome por no llevar mis documentos,
> mi partida de defunción.

Aquí se evoca el caos y las tensiones de la vida urbana mediante una alusión a una de las áreas más concurridas de Lima, mientras que el carácter represivo del orden social está personificado por el policía oficioso y abusivo que registra los documentos de los transeúntes. El poeta expresa su repudio de ese orden al no hacer caso del requisito de llevar documentos y mediante la aposición que equipara "documentos" con "partida de defunción", la cual da a entender que estar integrado al sistema equivale a estar muerto. De acuerdo con esta actitud, la última estrofa afirma que para mantener su pureza e integridad el poeta se ha sumergido en "la jodienda", acudiendo a una conducta inconformista que manifiesta su oposición al odiado sistema socio-económico representando por los mercaderes y sus facturas:

> Debo pues lavarme en la jodienda
> y caminar todo este tiempo
>   huyendo de los mercaderes
> y sus facturas de compra-venta

Los últimos versos representan al poeta como el sucesor de los héroes de la antigüedad, ya que ha salido triunfante de su prueba y ahuyentando la depresión, el monstruo que acosa al hombre del siglo XX :

> si finalmente con mis cabellos crecidos (tú me reconociste
>   en algún trazo de Giotto)
> espanté a la tristeza y puedes mirar una vez más hacia
>   atrás sin el temor de la sal
>   del cambio de lengua
> y miraré también mi rastro entre yerbas y pintura
>   de Breughel
> porque esta noche abriré tus sueños
>   con mi viejo abrelatas.

La imagen del pelo largo es polivalente. No sólo vincula al poeta con la juventud rebelde de los años 70, sino que lo identifica con Sansón, el campeón del Antiguo Testamento. Por otra parte, su parecido con un dibujo de Giotto lo asocia con el arte y la autenticidad que representa. Además, en cuanto evoca la imagen de un demente, insinúa que en un mundo loco ha conservado la cordura mediante una conducta que la sociedad tiene por loca. Esta sugerencia se ve reforzada por otra referencia a Breughel, la cual nos remite nuevamente a "Dulle Griet" y Margarita la Loca, quien está representada como la única persona normal en un mundo de seres grotescos. Así se da a entender que si el poeta ha superado su crisis, es precisamente porque ha permanecido fiel a sí mismo, resistiéndose a conformarse a la sociedad que lo rodea.

Dirigiéndose a su amada, el poeta se presenta en el papel del legendario héroe que socorre a la dama en apuros. Las alusiones a las historias bíblicas de Sodoma y Gomorra y la Torre de Babel insinúan que ella ya puede mirar el mundo sin riesgo de ser reificada o de ser reducida a la incomunicación, porque él lo ha hecho habitable para ella y, mediante la imagen del abrelatas, promete ahora proporcionarle la plenitud que se le ha negado hasta ahora. Se trata, por supuesto, de una imagen sexual, pero, más que eso, sugiere que, habiendo conservado su propia autenticidad, el poeta ha de librar su humanidad reprimida y llevarla a la realización personal.

Tras un largo silencio, interrumpido sólo por un mediocre segundo libro —*Praxis, asalto y destrucción del infierno (1980)*—, Verástegui publicó cuatro libros en cuatro años:

Leonardo (1988), los dos tomos de *Angelus Novus* (1989, 1990), y *Monte de goce* (1991).[14] Estos libros ostentan la misma rebeldía que antes, pero la agresividad y el ingenuo idealismo de la juventud han cedido lugar a una postura más equilibrada y reflexiva, producto de la experiencia y la maduración. Los textos son más largos y meditativos y demuestran una mayor preocupación formal, nacida de una nueva conciencia de que la poesía no sólo es inspiración sino un oficio que ha de ser dominado. Acusan también una mayor comprensión de la realidad nacional, en cuanto el poeta ha dejado de hacerse ilusiones sobre una revolución encabezada por su generación y ha llegado a reconocer que el Perú está pasando por un proceso de cambio social que ha de ser largo, paulatino y titubeante. Se nota, además, una mayor perspectiva histórica que implícitamente revalora las pretensiones innovadoras de su generación al tomar en cuenta el aporte de generaciones anteriores al desarrollo de la poesía nacional.

A diferencia de *En los extramuros del mundo*, que privilegia referencias culturales relacionadas con la época contemporánea, "Museum aeternum" nos remite al siglo XIX y las primeras décadas del siglo XX.[15] Además, mientras el primer libro implícitamente rechaza a los poetas peruanos de generaciones anteriores al hacer caso omiso de ellos, "Museum aeternum" rinde homenaje a los poetas nacionales de otras épocas. Una secuencia de cuatro poemas, de los cuales los tres últimos están dedicados a González Prada, Vallejo y Eguren respectivamente, el texto constituye un reconocimiento de parte de Verástegui de que su obra, más que significar una ruptura con el pasado, forma parte de un proceso cultural que él hereda y continúa. El título es ambiguo, ya que si representa una consagración de estos escritores, insinúa también que la consagración oficial los ha emasculado transformando la historia de la literatura peruana en un mausoleo de obras sin vida. Por eso, Verástegui pretende rescatarlos tratándolos como autores todavía vivos cuyos versos van dirigidos a los peruanos modernos. Señala que todos tenían que contender con las dificultades que confrontan al artista en una sociedad subdesarrollada:

> Trabajar dijo Llamosas en el S. XVII
>   es algo perdido en un mundo aún incipiente:
> "Pues aquí cada genio arrebatado,/ tienen el Arte u ocioso
> o perdonado" (51-52)

Insiste en que han de ser enfocados, no desde la perspectiva cultural del imperialismo, sino en el contexto en que trabajaban. Lejos de despreciarlos como meros imitadores de la cultura europea o de descartarlos porque no figuran en el canon literario establecido por la academia occidental, se debe respetarlos como artistas del tercer mundo que se esforzaban por crear una cultura del tercer mundo. Por eso, Verástegui los saluda como iniciadores de un proyecto que él continúa en el presente:

---

14. Parece que *Monte de goce* data de los años 70 y que por problemas editoriales se demoró más de diez años en publicarse. En 1992 Verástegui publicó también un tríptico de novelas cortas titulado *Terceto de Lima*.

15. Enrique Verástegui, *Leonardo* (Lima, Instituto Nacional de Cultura, 1988), pp. 51-67. Las citas siguientes corresponden a esta edición.

...éstos son nuestros poetas: ni han usado peluca empolvada
como azúcar impalpable ni son pastiches de Versailles,
no están catalogados en Harvard. Fieras
inteligentes y rabiosas batiéndose elegantemente a duelo
donde también yo con esta punta
                de mi espada tracé estos versos (54)

La sección dedicada a González Prada retoma el mismo tema. Aqui Verástegui evoca el elegante esteticismo del modernismo hispanoamericano como metáfora de la *belle époque* de la oligarquía nacional:

                                ¿A quién podía leerse entonces?
        ¿Brotaban flores lánguidas en las fiestas galantes de una noche
            [perdido en el otoño?
                    Tiempo pasado, tiempo de mierda.
        Sólo podíamos ser ahora una flor de futuro que se desespera
        en este pasado arruinado como tristeza de otoño. (55)

Pero el paralelo es irónico, porque, como insinúa el primer verso citado, el modernismo nunca llegó a florecer en el Perú como en otras partes del continente y así queda destacada la esterilidad cultural de la edad de oro de la oligarquía. Esta idea está reiterada por la frase "tiempo de mierda", la cual no sólo pronuncia un juicio negativo sobre ese período sino que alude al comercio del guano como emblema del materialismo imperante. En efecto, el artista de la época se hallaba ante una sociedad que sofocaba la actividad cultural y se veía obligado a trabajar por un futuro en el que la belleza pudiera florecer.

A lo largo del poema la ambigüedad crea una confusión entre la actualidad y las últimas décadas del siglo XIX, insinuando así un paralelismo entre la joven República que se entregó al neocolonialismo y el Perú moderno que repite el proceso al seguir un modelo de desarrollo impuesto por el capitalismo occidental. Verástegui sugiere que el artista contemporáneo se ve ante las mismas opciones que González Prada. Estas opciones las define como "esteticismo, rebelión dulcísima" y "realismo [...] como rebelión ordenada desde estos carros de guerra desplazándose en formación clásica" (56) y celebra al maestro como modelo del escritor que siguió ambas. Arguye, en efecto, que en sociedades donde el arte no puede darse el lujo de ocuparse de una realidad ideal, el poeta ha de crear belleza pero al mismo tiempo manejar la poesía como instrumento para transformar la realidad.

        ¿El arte no puede volver a ser el sueño del mundo?
        Sólo el artista ha de significar
                un bello estado animicus en el tempus
        sin dejar de obrar con / desde / en la palabra. (55)

De acuerdo con este credo, Verástegui vuelve a manifestar su compromiso social en "Libro del maestro en mecánica de tornos" (39-50). En *En los extramuros del mundo* había poetizado su propia experiencia como provinciano migrado a la ciudad. Aquí esa experiencia personal sirve de base para un poema ambicioso que pretende captar e interpretar el proceso social que en los últimos cincuenta años ha visto una masiva migración del campo a Lima y las demás ciudades de la costa. El poema tiene cierto parecido con la famosa obra colonial, *El lazarillo de ciegos caminantes* (c. 1775) de Alonso Carrió de la Vandera, cuyo narrador proporciona información y consejos a viajeros que emprenden el viaje de Buenos Aires a Lima. Aquí el hablante lírico, un provinciano establecido en la capital desde hace varios años, describe a un inmigrado inexperimentado lo que le aguarda en la ciudad. El título evoca los libros de instrucción de la Edad Media como *Libro de los estados*, *Libro del cavallero et del escudero* y *Libro de Patronio* (mejor conocido como el *Conde Lucanor*), los cuales tienen forma de un diálogo en el que un maestro instruye a un discípulo. Esta alusión intertextual tiene el efecto de dotar la historia contemporánea del tercer mundo con el prestigio asociado con el pasado europeo. Aquí, en efecto, es un humilde artesano provinciano quien recibe la instrucción que en los libros medievales se da a los nobles, y así se insinúa que ésta es la clase que constituye el núcleo del Perú nuevo que va emergiendo.

El tiempo futuro, que el hablante lírico suele emplear para anunciar al provinciano lo que le aguarda en la ciudad, crea un efecto de determinismo, insinuando que ese viaje está dictado por un irreversible proceso de despoblación rural que está cambiando el carácter de la sociedad nacional:

> Saldrás esta noche de tu pueblo,
> la sierra es azul, mar verde como un eucalipto,
> [...]
> y el mundo que ahora tendrás no será el mundo que conociste. (39)

Las consecuencias de este proceso están sugeridas en el segundo verso, donde las metonimias "sierra" y "mar" representan las regiones andina y costeña. Al calificar ambos sustantivos con epítetos correspondientes al otro, Verástegui apunta a la creciente comunicación entre las distintas regiones del país, la cual está ocasionando una simbiosis de culturas. Sin embargo, este proceso refleja una gran tragedia humana. En efecto, como señala el último verso citado, se está produciendo a costas del desarraigo del hombre rural y posteriormente el poeta destaca que el ímpetu de esta migración masiva no es tanto el atractivo de la sociedad de consumo representada por la ciudad, como la miseria que impera en un campo subdesarrollado:

> Y no —no te trajeron aquí locas ilusiones
> ni ningún otro vals que no has querido cantar todavía.
> Aquí me han traído un fuego
> que no calentaba sino el silencioso rumor
> de una cacerola dormida (46)

Las diez secciones del poema trazan las distintas etapas de la incorporación del inmigrado a la ciudad y evocan sus fluctuantes estados de ánimo frente al medio urbano: optimismo, desorientación, desesperación, nostalgia de su pueblo, una tenaz voluntad de seguir luchando. Sobre todo, sus expectativas se ven frustradas. Consigue encontrar trabajo y alojamiento, pero en lugar de alcanzar la vida mejor que vino buscando, se halla condenado a una interminable lucha por subsistir y sufre la desmoralización de vivir marginado en un medio alienante:

> ... tengo
> que pagar con mi muerte el precio de haber nacido,
>   pagar con mi vida el desprecio sentido
>   por una ciudad, un tiempo, una inefectividad
>   enredada como un trapo sucio en mis flores.
> Todo es deuda y todo salario, neblina
> en estos años malditos como una pesadilla
> donde me han de veras pisoteado
>   y de veras me encuentro arrojado
> como en un foso de Roma. (45)

No es enteramente negativa la imagen que se nos da de la urbanización de la sociedad peruana. Por un lado, parece estar enfocada como una etapa ineludible en el desarrollo de las naciones. Por otro, el texto apunta a una apertura social que se ha estado realizando en las últimas décadas y en este sentido es significativo que el protagonista del poema sea un mecánico de tornos, no un simple peón sino un obrero cualificado con el potencial para integrarse a una sociedad industrial. Pero Verástegui enjuicia la modernización peruana como un proceso incontrolado que ha seguido ciegamente el modelo capitalista sin una coherente planificación social y que, por consiguiente, ha desperdiciado los recursos humanos del país. Así, en el pasaje siguiente el ingenuo optimismo del provinciano recién llegado se ve desmentido por el cinismo del hablante lírico. Mientras aquél busca trabajo con la ilusión de que obreros de su oficio están en demanda, éste sabe por amarga experiencia que los inmigrados no logran incorporarse a la economía oficial sino que se ven condenados a subsistir al margen de ella:

> Esto no es aún el Paraíso pero puede llegar a serlo
>   y aquí solo verás lo que ha sobrado: basura
> como rastrojo, noche tan vacía como esta olla que ni el fogón
>   [quería y lo que faltan son brazos
> tan poderosos como tú en una ciudad aún ignorando
>   que tú llegas para sostenerla. (40-41)

Estos versos pueden leerse como un comentario sobre un Perú que tiene el potencial para ser un paraíso terrestre pero sigue estancado en el subdesarrollo porque el estado no ha sabido aprovechar los talentos de los emergentes sectores populares. Por eso, el motivo recurrente del torno, emblema de las capacidades de la nueva fuerza laboral personificada por el protagonista del poema, llega a ser un símbolo, no de un Perú nuevo, sino de la incesante lucha por la vida que es el destino de los inmigrados y de un proceso migratorio que sigue repitiéndose sin conducir a nada.

En este poema Verástegui nos da la imagen de una sociedad en estado de transición y que sufre los dolores de un proceso de cambio que ha destruido el orden tradicional sin crear aún un orden nuevo. Así, en los versos finales, el inmigrado sueña con regresar a su pueblo, pero sabe que sus circunstancias lo obligan a quedarse en la ciudad a trabajar por crear una vida mejor para su familia:

> Y ahora al planchar mi overol he querido estar otra vez en la feria
> [agropecuaria
> pero sé que a mi pueblo no se llega por carretera
> sino por este sueño que uno realiza limpiamente en su obra. (50)

Simbólicamente su pueblo representa un pasado al cual el Perú no puede volver y un futuro que aún está por construir, y aquí Verástegui hace explícito el argumento que ha sido implícito a lo largo del texto. Lo que da a entender, en efecto, es que los sectores populares no tienen más alternativa que valerse por sí mismos, pues el Perú nuevo no ha de ser construido por el estado (simbolizado aquí por la carretera), el cual ha demostrado que no está a la altura de esa tarea, sino por el trabajo tenaz de los humildes inmigrados que persiguen el sueño de una vida mejor.

Un tema recurrente del "Libro del maestro ..." es la nostalgia de un pasado perdido, de una forma de vida vivida en armonía con el mundo, y en este sentido la alienación urbana sufrida por el protagonista no sólo refleja la experiencia peruana de las últimas décadas sino que apunta a la condición del hombre occidental desde la revolución industrial. Este es precisamente el tema que aborda "Leonardo" (87-120), donde Verástegui explora la posibilidad de superar la alienación de la época industrial y de recuperar la armonía de tiempos preindustriales.

El título evoca a Leonardo da Vinci como modelo no sólo del artista sino del hombre completo, como representante del espíritu renacentista que privilegia una postura vital sana y armoniosa. Para Verástegui el emblema de esa postura es la celebración del cuerpo en los cuadros de los pintores del Renacimiento:

> Toda adoración del cuerpo precisa a su época
> y en el lienzo como en toda estrategia la precipitación
> [obstruye la visión de conjunto. Ha vuelto
> lentamente el verano y tus muslos son pinceladas
> [posadas una noche de enero.
> Sobre un campo con luces, como sobre este cuaderno de
> [notas, yo he trazado este vuelo de un ruiseñor
> que se agita en el bosque de tu carne,
> esa grieta que habla como un gemido
> bajo los astros. (87)

Estos versos se basan en una doble interacción entre vida y arte, presente y pasado. Como en toda la obra de Verástegui, el amor sexual, la comunión de dos cuerpos y dos almas, representa la experiencia más auténtica de la vida, y se insinúa que mediante el trato amoroso la pareja se integra con el mundo circundante, recuperando el ideal renacentista captado por pintores como Leonardo. Se da a entender, además, que el arte enriquece la vida al plasmar e inmortalizar tales experiencias de armonía, y al presentarse como un poeta contemporáneo que hace en verso y con recursos modernos lo que los pintores renacentistas hicieron en el lienzo con las técnicas de su época, Verástegui sugiere que, en lugar de reflejar una realidad alienante, el arte moderno es capaz de salvar la escisión entre el hombre y el mundo y así de emular el del renacimiento.

De acuerdo con esta postura, el poema acusa un afán de simetría. Consta de diez secciones, de las cuales la quinta constituye un poema dentro del poema y también se divide en diez partes, duplicando así la estructura del conjunto. Además, la tres partes centrales de esta sección central constan de una secuencia de catorce sonetos endecasílabos, los cuales vienen a constituir un soneto hecho de sonetos. Simbólicamente situados en el centro del texto, estos sonetos representan un afán de recuperar la armonía clásica, pero al mismo tiempo señalan la imposibilidad de regresar a un pasado ya perdido para siempre. La desintegración de la armonía renacentista se ve reflejada en la irregularidad de algunos de los sonetos, en la disposición tipográfica de la mayoría —los cuales están ordenados como prosas, con sólo barras oblicuas para señalar finales de verso— y en el hecho de que la secuencia está rematada por una estrofa en verso libre. Además, mediante alusiones intertextuales a los sonetos a la rosa de Martín Adán, Verástegui señala la distorsión que supone el intento de restaurar la tradición clásica en tiempos modernos:

> Y al nombrar la rosa he nombrado el siglo
> —transparente, u opaco: también mi luz—.
> La rosa aquella de la metafísica
> me importa menos que la fresca llaga
> de otra rosa completa que nos arde.
> La hermosura moral del cuerpo amado
> que como a San Sebastián me ha flechado,
> y arde con fuego pausado en mí. (100)

A diferencia de los artistas renacentistas, quienes vivían integrados a la sociedad de su tiempo y celebraban el mundo en su obra, Adán personifica la situación del artista moderno, que vive marginado en una sociedad alienante y da la espalda al mundo para refugiarse en el arte. Así, su clasicismo resulta falso, ya que su rosa simboliza, no la belleza del mundo, sino una armonía inefable que lo trasciende. Por eso, Verástegui repudia la rosa metafísica de Adán y afirma su compromiso con el mundo nombrando la rosa como símbolo de una experiencia amorosa arraigada en lo físico y en la realidad de su época.

Por eso también, las demás partes de la sección V exploran la posibilidad de valerse de recursos de nuestro tiempo para crear una poesía moderna capaz de emular el arte renacentista, una poesía que simultáneamente refleje la realidad contemporánea y capte la armonía del mundo. Así, las primeras partes experimentan con la tipografía a la manera vanguardista, combinando tipo romano con bastardilla par crear tres poemas en uno, ya que los dos tipos son susceptibles de ser leídos por separado o como conjunto :

> No un silencio
>   el pezón exquisito
> tiembla
>   en mis ojos: *tu sueño*
> abierto   *en el viento*
> la flor desnuda   *se estremece*
>   se balancea   *el abrazo*
> el astro   *del cuerpo*
>   en el viento:
> yo comparo   *labios + pechos*

en el   verso tu beso   *tu seno que beso*
y el rumor de tu pecho   *se dirige*
        repleto   *al crepúsculo*
cargado de luz   *entre flores*
      una mariposa   *mis labios*
en tu seno   *recorren tu cuerpo*
     bendice el verano   *recitan*
y me acerco
    despacio
como el alba donde brota la luz   *el orgasmo* (97)

Aquí nuevamente Verástegui maneja imágenes de la naturaleza para celebrar el amor como una vivencia que armoniza al hombre con el mundo, y al proporcionar una triple lectura crea una forma totalizadora que pretende comunicar esa experiencia de unidad.

Las últimas partes de la sección estudian la factibilidad de explotar la tecnología moderna para la creación artística. La parte 7, titulada "Estudios filosófico-matemáticos para la aplicación de computadoras manuales a la escritura poética", retoma la teoría simbolista, de origen neo-platónico, de que el mundo es un libro que el poeta descifra y traduce en símbolos. Aquí Verástegui plantea la posibilidad de utilizar computadoras para captar la realidad esencial de la vida mediante códigos matemáticos, que luego pueden ser convertidos en palabras:

El mundo no es más que su alfabeto y el alfabeto puede ser transcrito en valores matemáticos. (104)

Así, la parte 9 propone un programa que combina doce signos para producir un poema:

a)

1×1	5×6	9×10	1×2	8×10	5×1
2×3	6×7	10×11	2×4	10×12	1×3
3×4	7×8	11×12	4×6	12×2	3×6
4×5	8×9	12×1	6×8	2×5	6×9

b)   Tú amas tú amas contemplar fábricas
    fábricas flores flores el cielo de tu cuerpo
    el cielo de tu cuerpo donde donde
    florece esta mente florece esta mente
    y sueñas   y sueñas
    no ser otoño aún (107-08)

El pensamiento que subyace a esta experimentación queda aclarado por una referencia a la Bauhaus:

                      la Bauhaus,
Kandinsky, Malevich, Le Corbusier han buscado integrar
el concepto de humano a la técnica, las formas
que cambian transfiguran los conocimientos marchitos,

> pero el hombre, homo ludens, o faber,
> permanece. (108)

En un siglo dominado por una tecnología que se ha escapado al control del hombre, la Bauhaus pretendió recuperar el ideal renacentista, controlando la tecnología para ponerla al servicio de lo humano y para expresar una esencia humana que sigue inmutable a pesar de los cambios históricos. Tal también es la propuesta de Verástegui en "Leonardo".

No obstante, la exploración poética desemboca en el escepticismo. Por un lado, Verástegui invoca a Wiggtenstein para calificar el lenguaje de las matemáticas de una tautología incapaz de captar la compleja totalidad del mundo:

> Todo esto (estudios / combinaciones) son tautologías posibles
> [como un cielo abierto en una flor que acaricias
> y es sólo innegable apariencia...(108)

Así, termina la sección V sugiriendo que tales experimentos acaban siendo un mero juego lingüístico, produciendo poemas que no son sino un círculo cerrado divorciado de la realidad:

> Este poema, por ejemplo, elabora
> un saber en el que podemos tranquilamente habitar
> como en un sueño cuya realidad sólo procede
> de poemas como éste impeliéndome a poner en marcha
> al mundo, una verdad en cuyo sueño el hastío se quiebra. (108)

Por otro lado, el texto destaca la implacable tiranía de una tecnología alienante que degrada al hombre y hace irrisorio el proyecto de recuperar el ideal renacentista en tiempos modernos :

> Esta vida es un sueño destruido en la polea de una industria
> que me escarneció, e insultó, vilipendió mientras
> me escabullía hacia el amor (108)

Así, como señalan los versos citados, el amor termina siendo, no una celebración del mundo, sino un refugio de él.

"Leonardo" representa una importante etapa en la evolución de Verástegui, ya que este largo debate intelectual consigo mismo lo lleva a cuestionar los supuestos de su primer libro y de la ideología de Hora Zero. En efecto, al reconocer la impotencia del individuo frente al orden imperante, se deshace de la ingenua ilusión de que su generación iba a transformar el mundo. No se trata, sin embargo, de un poema derrotista. Lejos de renunciar a su rebeldía juvenil, Verástegui se aferra obstinadamente a su ideal de un mundo mejor donde el hombre viva en armonía con el medio ambiente:

> El mundo exige una restitución de los antiguos secretos
> [del hombre: honradez, inocencia,
> bondad. (92 -93)

La diferencia es que, como en "Libro del maestro...", ahora pone su fe, no en grandes movimientos socio-culturales, sino en el individuo, quien, a pesar de su impotencia a nivel colectivo, es capaz de impactar en el mundo al mantener una resistencia solitaria a los valores imperantes persiguiendo una existencia más auténtica.

Así, las últimas secciones del poema celebran a la pareja como la esperanza de la humanidad, ya que en una sociedad regida por impersonales leyes económicas ellos son la última línea de defensa de lo humano y los únicos capaces de desarrollar una nueva cultura nacida de la negociación de una nueva relación entre los sexos:

> Estamos solos en el mundo, y contra el mundo.
> Hasta que el mal tiempo no desaparezca debemos resolver
>   todos estos problemas
> —autonomía, relaciones ocasionalmente aconyugales—
>   nosotros mismos,
> papel y lápiz entre los muslos. (110)

Ya hemos visto que "Libro del maestro..." ensalza al inmigrado como protagonista de la creación de un Perú nuevo que el estado se ha mostrado incapaz de engendrar. De acuerdo con este enfoque, "Leonardo" ensalza a la pareja como la vanguardia de un proceso de cambio que ha de liberar a la humanidad de las hipócritas restricciones morales de una sociedad que ha manejado el conservadurismo sexual para encubrir la corrupción pública:

> Te hablo de un estilo de amar [...]
>   Ello expresa que buscamos un cambio,
> y que nosotros mismos —alocada pareja proyectada
> sobre esta página como una teoría incomprendida
> y perfectamente acariciable— hemos cambiado
> para desgracia de nuestro tiempo, antes de tiempo.
> [...]
> Vivimos en un mundo triste como un autómata, un sitio
> donde el cuerpo no es alegría sino silencio,
> un sitio como la "cosa pública" donde imperan corrupciones
> y niebla —el verdadero sentido de una inmoralidad
> a la que combatimos (113)

En efecto, las secciones finales vienen a ser un "arte de amor" moderno que, por un lado, aboga por una liberalización de las costumbres sexuales y, por otro, pretende recuperar el ideal renacentista a nivel de la pareja. Así, los últimos versos no sólo vuelven a celebrar el amor como una vivencia que restaura la armonía entre hombre y mundo, sino que lo celebra como un arte, como expresión de una nueva cultura que emula la del renacimiento. Se da a entender, además, que el papel del artista moderno consiste en comunicar al público general la armonía que la pareja individual ha sabido realizar:

> ...el amor es un producto del arte, y el arte
> una transformación del cuerpo
>   en algo tan eterno como este mar, esta luz,
> este cielo de nuestros ojos que brotan, como astros, arriba. (129)

Los dos tomos de *Angelus Novus* siguen fieles a esta línea. Así, "El equinoccio del cuerpo y el alma" y "Bel esprit" son largos cantos al amor matrimonial, una relación en la que los amantes no sólo alcanzan la plenitud mediante el trato sexual, sino que crecen y florecen como seres humanos por su común afición a la cultura. Esta interacción entre amor y cultura —actividades que para Verástegui son las dos grandes expresiones de lo auténtico— se manifiesta no sólo en referencias a los intereses artísticos de la pareja, sino en motivos recurrentes que representan el amor como una obra de arte en vivo y su poesía como una inmortalización de este amor. El amor, en efecto, está celebrado como un elemento intrínseco del estilo de vida por el cual Verástegui optó al asumir la vocación de poeta, ya que se trata de una aventura en la que la pareja repudia el orden imperante para dedicarse a la búsqueda de una vida más auténtica. Por eso, a pesar de la evolución que lo ha llevado de la militancia pública a una postura privada, Verástegui sigue representándose como un poeta-profeta que pregona verdades que han de redimir al Perú del infierno capitalista en el cual está sumido[16]:

> Soy un Cristo profético dejándose crucificar
> para volver a renacer como una palabra esperada en abios de una
>   [generación sensible
> e inteligente, llena de talento como de amor,
> este arte directo y perfecto que se trajo abajo
> a la inteligencia de su país.

Desgraciadamente, hay que reconocer que su poesía no justifica tales pretensiones. A pesar de su ambición de ser una voz nueva, el tono de sus versos resulta anticuado, en parte porque muchas de sus "innovaciones" ya habían sido anticipadas por la generación del 60, pero sobre todo porque su postura fundamental es la del rebelde romántico del siglo XIX, la cual implica un desfase total con la realidad de nuestra época. Además, su obra peca de ser demasiado discursiva y, más que comunicar vivencias, su poesía tiende a versifcar argumentos más apropiados a la prosa. No obstante, Verástegui ocupa un lugar importante en la poesía nacional, no sólo porque su obra articula las aspiraciones de los nuevos sectores emergentes, sino porque el proyecto que la subyace fue el más ambicioso de su generación.

3. ABELARDO SÁNCHEZ LEÓN Y EL OFICIO DE SOBREVIVIENTE

Si los años 70 vieron la emergencia de nuevos sectores sociales en el escenario poético, es, sin embargo, un miembro de la clase media limeña quien se destaca como el mejor poeta de esta generación. La poesía de Abelardo Sánchez León es temáticamente limitada en cuanto tiende a volver insistentemente sobre las mismas situaciones, y su estilo no es especialmente novedoso sino que comparte las características de la poesía de la época. No obstante, su gama restringida está compensada por una gran fuerza emocional y por su dominio del oficio poético.

---

16.   Enrique Verástegui, *Angelus Novus*, tomo II (Lima, Lluvia, 1990), p. 456.

Como la de Verástegui, la poesía de Sánchez León refleja los cambios sociales de las últimas décadas, con la diferencia de que en su caso este proceso está enfocado desde la perspectiva, no de los nuevos sectores emergentes, sino de una clase media enfrentada con una nueva realidad a la cual tiene que adaptarse . El título de su primer libro, *Poemas y ventanas cerradas* (1969), apunta al opresivo sentimiento de alienación que domina sus versos, la alienación de un joven que se siente enajenado del mundo privilegiado en el cual ha sido formado y que, al mismpo tiempo, se halla marginado en la nueva sociedad que va emergiendo. Un texto clave es "La casa del abuelo", donde la destrucción de susodicha casa simboliza el derrumbe del orden tradicional [17]:

> No sólo demolieron la casa del abuelo,
> también despistaron a los nietos
> ocultando las palabras escritas en la noche.
> Y el sillón de las tardes cayó al desván como un problema
>   [que se esquiva,
> al fondo, con los recuerdos amarillentos de los álbumes
> y las últimas agonías del enfermo que conoció el enigma de los mares.

Los versos iniciales se caracterizan por su ambigüedad. Una primera lectura sugiere un sujeto impersonal, un proceso de cambio social que al socavar el antiguo orden burgués ha erosionado la confianza de esa clase ante un mundo que antes dominaba, dejando desorientada a la nueva generación, la cual no ha podido heredar la sabiduría del abuelo, ya que sus palabras se han perdido en la noche. Sin embargo, los versos siguientes insinúan que el verdadero sujeto de la primera oración es la propia familia y, por ende, que la desorientación de la juventud burguesa se debe a las actitudes de la clase que la ha formado. Además, la segunda estrofa impone otra lectura del tercer verso, dando a entender que el abuelo cultivaba poesía, escribiendo sus versos en la noche. Resulta, en efecto, que el abuelo era un personaje complejo y contradictorio, como confirman los siguientes versos de "En los sótanos del columbario":[18]

> su abuelo amaba el arte —alternó poesía y banca—
> hombre culto / refinado espíritu / raro en aquel entonces

Si como banquero era representante de una burguesía dominante, como poeta personificaba un espíritu sensible en pugna con los valores de su clase, y se da a entender que era un hombre que había ponderado el sentido de la vida y que en la vejez había calado sus secretos por una larga experiencia del dolor. En cambio, como señala el símil que equipara el sillón almacenado con un problema esquivado, el cierre de la casa por la familia después de su muerte significa no sólo una voluntad de echar al olvido todo lo que había sufrido en sus últimos años, sino un rechazo de todo lo que él representaba en vida. La demolición de la casa y el desecho de los versos del abuelo vienen a ser así una metáfora de la mentalidad de una clase que esquiva realidades desagradables y rehúye todo lo que cuestiona su cómodo orden establecido. Por lo tanto, queda insinuado que la desorientación de la nueva gene-

---

17.   Abelardo Sánchez León, *Poemas y ventanas cerradas* (Lima, La Rama Florida, 1969), pp. 13-14.
18.   Abelardo Sánchez León, *Habitaciones contiguas* (Lima, Mejía Baca, 1972), p. 20.

ración se debe no sólo a una nueva realidad social sino también a una formación que no
la ha preparado para enfrentarla.

Los versos siguientes representan la adolescencia como un aprendizaje en el que los
jóvenes penosamente asumen la condición de adultos:

> Habían crecido hasta descifrar el idioma que se agita
>   [en la ciudad
> Llegaron a reconocer cada sonido, cada hoja caída en otoño.
> Y de golpe abrieron las ventanas confundiéndose en las
>   [calles,
> varados al principio, cuando tropezaron con las
>   [primeras prostitutas
> y el plomo del invierno no era un blanco techo de yeso,
> cambiando sus rostros parecidos al antiguo árbol
> con las amargas palabras del viento.
> Y viejos secretos aparecieron con las aguas acumuladas
>   [en los barrios,
> convenciéndose que el débil habitó en las épocas del campo,
> cuando la amistad evitaba desnudarse con el lenguaje del dinero.

El espacio protegido de la infancia burguesa está identificado con la casa del abuelo donde
pasaron los veranos, mientras que el incierto mundo adulto está simbolizado por el invier-
no y las calles de la ciudad, y la abrupta apertura de las ventanas señala el traumático paso
de una realidad a otra. La ambigüedad del gerundio "confundiéndose" apunta al descon-
cierto que experimentan al salir de su privilegiado refugio para alternar con otros sectores
en la gran selva social que es la ciudad. La alusión a las prostitutas es igualmente ambigua,
ya que éstas representan, por un lado, el reto de una hombría aún no probada y, por otro,
su primer encuentro con la miseria. Contrapuesta al blanco techo de la casa que era el
espacio de una infancia luminosa y protegida, la imagen del plomo del invierno evoca el
gris del cielo limeño como metáfora del inmisericorde clima social al cual han quedado
expuestos. Al principio se hallan "varados", fuera de su elemento, en esta nueva realidad,
pero luego la amarga experiencia, simbolizada por el viento, los va endureciendo, despo-
jándolos de su inocencia. Equiparados con los sucios charcos invernales de las calles urbanas,
los viejos secretos que van descubriendo son las feas verdades que su formación burguesa
había encubierto. Ahora, en efecto, van aprendiendo que el tipo de amistad que imperaba
en el privilegiado espacio de la infancia burguesa es síntoma de debilidad en la despiadada
selva social del mundo adulto, donde rige la ley del más fuerte y el lenguaje que prevalece
es el del dinero.

La segunda estrofa retoma y desarrolla los primeros versos del poema:

> Y no sólo demolieron la casa del abuelo,
> también mudaron los libros del estante alquilando sus versos.
> Y los restos apiñados en su memoria desaparecieron
> con las escasas lluvias del verano, y no quedó nada,
> ni una mirada tierna que acompañe la herencia de mano en mano,
> ni una palabra que evite el camino minado con pestes y desengaños,

> ahora que débiles no soportamos las inclemencias y las tentaciones,
> cuando hemos caído tan bajo como un obstáculo en medio
> [del esfuerzo.

Al evocar los ciclos de la naturaleza, el discurso de las temporadas apunta a la transitoriedad de la vida humana y de los órdenes sociales. La demolición de la casa del abuelo significa el aniquilamiento de la vida de un hombre y de su mundo interior, representado por sus libros y sus versos. Además, en cuanto el abuelo está identificado con la infancia del poeta y con la época dorada de la burguesía, la demolición de su casa significa el fin de ambas. Pero, sobre todo, la desaparición de sus libros significa la pérdida de una sabiduría que hubiera podido guiar a la joven generación en la coyuntura en la que ahora se encuentra, al tener que asumir la condición adulta y asumirla, además, en un mundo en vías de cambio. Nuevamente hay un contraste implícito entre el espacio protegido de la infancia y el mundo social donde esta juventud tiene ahora que defenderse, y una serie de negaciones apunta al sentimiento de orfandad de quienes carecen de modelos para tal empresa. Doblemente incógnito e intimidador por ser el espacio de la adultez y de nuevas condiciones sociales, ese mundo está representado como un lugar inclemente y peligroso y los dos últimos versos citados expresan la insuficiencia experimentada por el poeta ante una realidad para la cual no ha sido preparado.

En efecto, si el poeta lamenta la desaparición del mundo seguro simbolizado por la casa del abuelo, lo que lamenta, sobre todo, es una formación burguesa que lo ha dejado totalmente indefenso ante el mundo que ahora tiene que asumir. Símbolo de esta defectuosa formación es la conducta de la familia al cerrar la casa del abuelo y deshacerse de sus libros, una conducta que es puesta en contexto por los versos siguientes:

> Y nunca he leído sus versos. Nunca conocí su cuarto ni sus libros.
> Nunca contemplamos del balcón el arribo de la ciudad
> humedeciendo nuestros pies descalzos.
> Nunca le dije adiós ni vi sus ojos esperando la muerte.
> Sólo columpié mis escasos años en el patio de los sirvientes,
> varado como una hoja de otoño, de mano en mano, de tía en tía,
> a pleno sol y en pleno invierno, con la misma radio de siempre,
> y los mismos paseos en el parque rodeado de pálidas amas y sonajas,
> ajeno a toda palabra del abuelo,
> a su deambular por los corredores cada vez más solo

El poeta confiesa que nunca llegó a tratar a su abuelo, un viejo enfermo y solitario que vivía en una especie de cuarentena mientras esperaba la muerte. Es que, ansiosa de evitarles un prematuro conocimiento del dolor que viciara su inocencia infantil, la familia se cuidaba de mantener a los nietos aislados de él. Aquí nuevamente se oponen dos espacios. Como señala la imagen del patio de los sirvientes, el de los nietos está evocado como un mundo protegido pero sofocante, un mundo ordenado para excluir toda experiencia penosa y, por lo tanto, la vida queda empobrecida, reduciéndose a "la misma radio de siempre". Así, el símil de las hojas llevadas por el viento insinúa que a los nietos nunca se les dejaba asumir responsabilidad de sí sino que, como sugiere la alusión a "amas y sonajas", se les mantenía en una perpetua dependencia infantil. En cambio, el espacio del abuelo es el de un hombre que ha tenido una amplia experiencia del mundo. El balcón de donde solía contemplar la ciudad es símbolo de un espíritu abierto que contrasta con la estrechez de miras de la familia; su cuarto y sus libros apuntan a una rica vida interior; y sus versos son expresión de la sabiduría nacida de esta combinación de experiencia vivida y reflexión sobre ella. Como enfermo moribundo, el abuelo representa todo lo que la familia rehúye, pero queda insinuado que esta mentalidad defensiva implica también el miedo de afrontar la vida y asumirla plenamente como él hacía. La serie de negaciones evoca un patrimonio de rica experiencia que hubiera podido servir de educación para los nietos. La queja del poeta es que la familia le haya privado de tal patrimonio, manteniéndolo en un estado de infancia sicológica al querer perpetuar la ilusión de un mundo perfecto.

La última parte del texto evoca el momento cuando el poeta reaccionó contra el infantilismo que su formación le había impuesto:

> hasta que un día
> harto de columpiarme maldije ignorando aún el peso del cansancio,
> del prematuro abatimiento con el orden exacto de las cosas.
> Y empecé a reconocer que las bocinas eran de cólera,
> que el empleado del Seguro era amargo y triste,
> que la infancia crece con las estaciones,
> hasta olvidar los días que correteábamos insectos
> durmiendo en las hierbas de la noche y del sueño.

Los vocablos "harto", "cansancio" y "abatimiento" indican que se rebeló contra el orden burgués porque le resultaba sofocante, pero los versos siguientes sugieren que al conocer el mundo hubo de descubrir que encima era falso. Las bocinas coléricas y el empleado amargado representan una realidad social que, por un lado, es nueva y, por otro, perpetúa las injusticias de siempre y que, por ambos motivos, desmiente la cosmovisión que ha heredado. El antepenúltimo verso apunta a un acelerado proceso de maduración que lo ha llevado al desengaño. Los versos anteriores sugieren que ha sido así porque su formación burguesa no lo ha preparado para enfrentarse con el mundo. Por eso, los dos versos finales no sólo relegan al olvido una infancia que la última palabra califica de irreal (sueño), sino que identifica el orden burgués con un pasado que ha dejado de tener vigencia.

Sánchez León hubo de repudiar los valores de su clase dedicándose al estudio de la sociología, pero una pertinaz incertidumbre ante la vida hubo de manifestarse en sus dudas respecto a esta opción. En su segundo libro, *Habitaciones contiguas* (1972), tales dudas están expresadas en "Golpes de pecho", una confesión de culpa modelada en el *Confiteor*, en la que se reprocha por el ingenuo idealismo que lo ha llevado a entregarse a una carrera que lo ha descalificado para triunfar en la vida sin proporcionarle la compensación de poder impactar en la realidad social: [19]

> Y yo que creí
> como una mano salvadora
> que la sociología
> 4 años

---

19. Abelardo Sánchez León, *Habitaciones contiguas*, pp. 80-82.

5   por mi culpa
iba a lavar mi cuerpo y mi alma
agua bendita entre dos dedos rociándola
por mi culpa
         a ocultar mi vergüenza
10   ¿y de qué, tremendo idiota, he de arrepentirme ?
por mi grandísima culpa
una iglesia donde llorar como madre abandonada
     yo, que iba a calmar las angustias
¿radicalizado —dices— tú que no temes (y temes)
15   a la muerte y es un lecho de piedras?

El discurso religioso da a entender que ha recurrido a la sociología como una forma de redención personal, queriendo aplacar el sentimiento de culpa ocasionado por su privilegiada posición social. Pero el verso 13 encierra la ironía que recorre todo el texto, porque lejos de calmar sus angustias, su dedicación a la sociología no ha servido sino para intensificarlas. Los conflictos que esta opción le ha causado —y sigue causándole— están evocados mediante un diálogo intermitente con otras voces, que vienen a ser la voz colectiva del medio burgués. Así, en el verso 10 unos rechazan su postura desdeñosamente, negándose a reconocerse responsables de la miseria de los pobres, mientras que en los versos 14-15 otros la miran con horror, identificándola con un ateísmo que repudia a Dios y la religión.

Si los primeros versos explican la motivación sicológica que ha llevado al poeta a la sociología, los versos siguientes refieren el pensamiento que ha inspirado esta opción. Lo que ambicionaba, en efecto, era ser un tecnócrata moderno de los que hubieran de modernizar el país:

                                      4 años
un tecnócrata digno de los nuevos tiempos,
tiempos modernos
el mundo es una pelota y te la devuelvo:
20   viví entre las arenas enero febrero y marzo
y me doy de golpes en el pecho arrodillado
sobre trozos de vidrio
camino descalzo, por mi sola culpa
mis amigos pretenden fortunas honradas
25   y la vida ya está ordenada en las líneas de sus manos
no saldrás de este lío en que metiste la cabeza
te borrarán del mapa al lago más profundo al más helado
        —allí—
por mi grandísima culpa
30   me soplé mi carrera para llegar a la adultez apto
como un ganso en el recorrido de las aguas:

Pero se insinúa que va imponiéndose una modernidad capitalista muy diferente a la que él había conceptuado. Así, el verso 19 evoca la ética competitiva de la burguesía al representar la vida como un partido de tenis en el que hay que intervenir e imponerse, pero la aceptación

normal de la frase "devolver la pelota" —refutar un argumento con sus mismas razones—
implica que su experiencia personal demuestra la otra cara de tal ética, ya que su infancia
privilegiada, simbolizada por los veranos pasados en la playa, ha abocado en una adultez
mortificada por el fracaso. Los versos siguientes establecen un contraste entre su situación
y la de sus amigos de infancia, cuya única ambición es conquistar el éxito social. El destino
de éstos ya está trazado en cuanto el éxito está asegurado por las ventajas sociales que han
heredado y porque nunca cuestionan los supuestos de su clase. En cambio, él queda rezagado
porque su conciencia social lo incapacita para la lucha por la vida. Así, si los versos 30-31
dan a entender que se ha entregado a sus estudios con ilusión y entusiasmo, ansioso de
prepararse para triunfar en la vida, la imagen del ganso, un animal tradicionalmente asociado
con la estupidez, sugiere que al contrario esta formación más bien lo ha descalificado para
competir.

   Por eso, el poeta parece aceptar la perspectiva del medio burgués y reconocerse
equivocado al rebelarse contra él. Así la pregunta del verso 32 repite y aparenta dar razón a
la advertencia que ha escuchado a lo largo de su juventud, una advertencia que ha optado por
ignorar pero que ahora se impone como una verdad irrefutable —que la seguridad económica
es el requisito de la felicidad:

> ¿habrá felicidad con los bolsillos vacíos?
> por mi culpa
>   y tú vieja zorra, viejo zorro,
> 35   dices que conoces del mundo, su secreto oculto,
> su maldito secreto,
> dime al oído cómo dejar al cuerpo en la
> superficie pudriéndose
> con las moscas, y el hedor invade las ciudades,
> 40   llega hasta el dormitorio donde la joven esposa se desnuda,
> limpia como un cristal, hacia los pies del esposo;

No obstante, la ironía con la cual se dirige a los viejos zorros subvierte esta aparente
aceptación de la cosmovisión burguesa. Estos son, en efecto, los mismos interlocutores con
los cuales ha estado dialogando, la voz colectiva del medio burgués, la voz de la sabiduría
mundana, del pragmatismo, la voz de una clase que pretende haber descifrado la clave de la
existencia, creyendo que la receta para vivir feliz consiste en mirar por sí y en trabajar por
asegurarse un futuro acomodado. La pregunta que el poeta les plantea cuestiona no sólo la
moralidad de tal postura sino la insensibilidad de quienes la sostienen, porque el cuerpo que
se pudre en la calle, emitiendo un hedor que llega hasta los dormitorios de las clases
acomodadas, simboliza una miseria social demasiado espantosa para ser ignorada. Se trata,
en efecto, de la pregunta que lo ha distanciado de una clase que permanece indiferente al
sufrimiento de sus conciudadanos, la pregunta que al despertar su conciencia social lo ha
llevado a la sociología.

   La segunda mitad del poema refiere otra clase de conflictos que esta opción hubo de
acarrear:

> los pobres, imbécil, escúchame bien,
> revientan y se pudren entre la indiferencia de las gentes

          por mi grandísima culpa
45   se rascan los piojos
          sarna o sífilis
          y lloran como perros vagabundos de calle en calle:
          apunta —escúchame— tu lugar en esta cadena sin misericordia

Nuevamente se halla presionado por otras voces, esta vez las de los compañeros militantes que le reprochan su falta de compromiso político (vv. 42-43) y le advierten que ante la injusticia social uno forzosamente tiene que definirse políticamente (v. 48), dando a entender que quien no está dispuesto a luchar por el cambio social es colaborador de las clases dominantes. Por eso, la confesión de culpa del verso 44 alude, no ya al complejo de haber desperdiciado su vida que le infunden las presiones del medio burgués, sino al complejo de ser personalmente responsable de los males de una sociedad injusta que le inculcan las acusaciones de sus compañeros izquierdistas.

    Se sobrentiende que estas presiones no le han convencido a entregarse a la militancia política y que, como consecuencia, su experiencia universitaria ha agudizado su conciencia social sin proporcionarle un medio para canalizarla:

                 4 años para constatar objetivo
50   que eres tan sucio como la inmundicia
          y yo que creí
          como una mano salvadora que iba a dejar mis ropas;
          se han arremolinado para ver a la próxima víctima
          su cabeza precipitada con los ojos hirviendo
55   y me río de asco, las guerras económicas, el poder de
                 [los intereses;
          les importas un bledo, por mi culpa, y mira
          cómo estira las manos
          un niño alcohólico, y tu piedad se abre como hierbas agitadas
          en el viento: una propina para que reviente lentamente
60   —tres golpes en el pecho—

En efecto, lo único que ha sacado de sus estudios de la sociología es vergüenza de ser miembro de una clase acomodada que goza de sus privilegios a costa del sufrimiento de las mayorías. Lo que no ha aprendido es cómo realizar su voluntad de mejorar la suerte de los desvalidos. El verso 52 sugiere que ha llegado a la sociología animado por un deseo de despojarse de su identidad burguesa, socorriendo a los pobres a la manera de los santos medievales que entregaron sus ropas a los necesitados, pero dado que sus ropas son el sujeto de los dos versos siguientes, se insinúa que sigue preso de esa identidad y que no logra sino rabiar de impotencia ante una miseria demasiado generalizada y arraigada para ser solucionada por unos cuantos actos caritativos. Síntoma de su impotencia es su risa de asco ante las fuerzas impersonales que rigen la vida social sin preocuparse por el bien de los individuos humanos, y su compasión ante el espectáculo del niño alcohólico queda anulada por su conciencia de que tal compasión es tan ineficaz para contrarrestar la miseria como las hierbas ante el viento y que, en realidad, la caridad bien intencionada no hace sino prolongar el sufrimiento de los desafortunados.

Por eso, los últimos versos del texto reflejan la vacilante confusión de la cual se halla preso:

> barrios apiñados y allí dijiste me meteré a vivir
> estiércol hasta el mar, y yo te amo amor,
> hagamos un paréntesis;
> el dinero diferencia y coloca a las cosas y a las personas en su lugar,
> 65   escoge: los pobres, vieja zorra, viejo zorro,
> mueren a manadas,
>   y yo que creí
>   4 años tirados al agua
>   por mí grandísima culpa ...

Las dos declaraciones suyas referidas en los versos 61-63 apuntan a los impulsos contradictorios que pugnan dentro de él. Su voluntad de entregarse a la causa de la justicia social, manifestada en su deseo de ir a vivir en las barriadas para ponerse al servicio de los marginados, queda en buena intención, subvertida por la declaración amorosa, la cual delata la necesidad de una vida normal que le hace incapaz de un compromiso abnegado. Al mismo tiempo, sin embargo, su anhelo de domesticidad se ve contrarrestado por su conciencia social, la cual le impide entregarse por completo al amor, reduciéndolo más bien a un mero paréntesis en su vida. Asimismo, si los versos siguientes plantean la necesidad de tomar una posición inequívoca ante una sociedad estratificada por el dinero, su respuesta resulta ambivalente. Se indigna ante la indiferencia de la burguesía hacia la miseria de los pobres, y la ambigüedad de los versos 67-68 permite una lectura que, suponiendo una elipsis de la conjunción "que", viene a ser una reivindicación de la carrera de la cual ha dudado. Sin embargo, otra lectura sugiere que lo que está elidido es su ilusión de que iba a cambiar el mundo y así viene a ser un reconocimiento de que su rebelión contra su medio no ha conducido a nada. Por eso, el verso final destaca su múltiple sentimiento de culpa: culpa ante su familia, a la cual ha causado dolor al no corresponder a sus expectativas; culpa ante los pobres al hallarse impotente para aliviar la injusticia social; y culpa ante sí mismo al no poder dar una dirección a su vida. Por eso también, los puntos suspensivos que terminan el texto resumen el sentido del poema, en cuanto plasman la condición de un joven que no sabe adónde va.

Rastro de caracol (1977) sigue dominado por esta nota de angustiada incertidumbre, ya que el poeta, ahora adulto, aún no ha encontrado su camino en la vida. "La soledad del corredor de larga distancia" evoca el último año de su carrera universitaria, momento cuando la libertad juvenil llegaba a su fin y era necesario afrontar las decisiones que determinarían el rumbo del resto de la vida: [20]

> Era el momento de las decisiones —cuántos años— de 18 a 20
>   [allí la explicación.
> Después las aguas mansas y los sentimientos en orden,
> parejos como descienden las olas hacia la frialdad de la arena.

---

20.   Abelardo Sánchez León, *Rastro de caracol* (Lima, La Clepsidra, 1977), pp. 27-30.

No obstante, el texto da a entender que, a diferencia de sus compañeros universitarios, él no ha sabido tomar una decisión. Así, queda aclarado el título de *Rastro de caracol*, el cual apunta a la timidez que lo deja a la zaga de sus coetáneos al impedirle decidirse a optar o por el conformismo acomodado o por la rebelión auténtica.

Con "En los sótanos del columbario" y "Recordando con ira", "La soledad del corredor de larga distancia" es uno de un trío de poemas estructurados a base de referencias intertextuales al cine. Tales referencias son plurivalentes. Primero, sitúan la obra de Sánchez León en un contexto urbano moderno donde la vida se ha internacionalizado y donde el cine ha remplazado la literatura como medio artístico de más difusión. Segundo, al vincular una vivencia tercermundista con la cultura del primer mundo, universaliza la experiencia peruana y al mismo tiempo la ironiza. Finalmente, dado que las tres películas pertenecen al cine inglés de los años 60, identifican la poesía de Sánchez León con una disidencia social no llega a plasmarse en movimiento revolucionario. "La soledad del corredor de larga distancia", película basada en un relato de Alan Sillitoe, refiere la historia de un joven delincuente proletario resentido contra el orden social. En el reformatorio se destaca como atleta gracias a una larga experiencia de huir de la policía y se convierte en favorito del director, quien cuenta con él para salir triunfante en una carrera contra el equipo de un prestigioso colegio privado, pero el muchacho se rebela y manifiesta su rechazo del sistema social al pararse unos metros antes del cordón final. En el poema el poeta y sus compañeros universitarios se identifican con el héroe de la película, viendo su vivencia como una metáfora de sus propias circunstancias:

> Y la vida consiste en correr de un principio a un final
> con los ojos abiertos en contra de la dirección del viento,
> aire húmedo que va debilitando las pantorrillas,
> el premio, el anzuelo, el canto de las sirenas, —ahora recuerdo:
> encajar, adaptarse, asimilarse,
> ésas eran las palabras que más detestábamos,
> y el único valor era derrotar a la cobardía
> que se infiltraba como los alimentos por la sangre.

En efecto, su formación escolar y universitaria era una especie de carrera de larga distancia, en cuanto iba encaminada a la conquista de un lugar en la sociedad adulta, pero como señalan las imágenes del anzuelo y del canto de las sirenas, ellos percibían la trampa escondida detrás del premio ofrecido, ya que el costo del triunfo social era el sacrificio de la libertad personal, el conformismo, la sujeción a las normas del convencionalismo burgués. Por eso, lo que más querían en aquel entonces era tener el valor para imitar el ejemplo del héroe de la película, negándose a dejarse asimilar.

No obstante, la alusión a las palabras que más detestaban resulta irónica al apuntar al carácter puramente teórico de su inconformismo. Esta nota de ironía recorre todo el texto. Más adelante, por ejemplo, se asustan cuando uno de sus compañeros opta por abandonar un futuro brillante para ser vendedor de ollas, realizando la rebelión sobre la cual ellos teorizan sin atreverse a llevarla a la práctica:

> No hay más remedio, es la ley de la vida, de la muerte,
> y en su barba radicaba la única rebeldía posible:

"vende ollas, lo abandonó todo" —yo lo miraba con miedo:
¿abandonaría aquello a lo que estaba destinado por herencia ser y hacer?;
"ollas", repetía cagándose de risa…
Fue sin dudas el 67 y el cine el San Felipe.
Fuimos a platea, era un día de semana y no había casi nadie,
—eso nos dio más miedo todavía—
pues todavía no estábamos donde debíamos estar
—en el camino que conduce, en las reglas que lo permiten,
    [la meta vislumbrada.

La ironía queda subrayada por la referencia a la visita al cine donde vieron la película susodicha. Estos versos funcionan a base de un juego entre lo metafórico y lo literal. La visita al cine, en un momento cuando debían estar en clase, es metáfora de una juventud que aún no ha sido asimilada al sistema social. Pero al mismo tiempo el texto invita una lectura que destaca la timidez y pasividad de esta juventud burguesa. De hecho, mientras la fecha —1967— nos remite a una época cuando la juventud de occidente se estaba movilizando contra el orden establecido, su inconformismo se limita a atreverse a saltar clase para ser espectadores de una rebelión ajena y, además, ficticia.

Se trata, en efecto, de una rebeldía que no pasó de palabrería, como señala el poeta al evocar el cinismo con el cual sus antiguos compañeros recuerdan sus años estudiantiles:

Ahora todo aquello es motivo de risas, de anécdotas,
hace años que no nos vemos, se casaron, no sé, ha engordado,
y el mar, ese imbécil, ya me hartó.

Recurriendo a una de sus técnicas predilectas, Sánchez León maneja múltiples voces para registrar trozos de conversación que comunican los comentarios de sus amigos sobre su rebeldía juvenil. La ironía de estos versos depende en gran parte de su yuxtaposición con los versos anteriores, que destacan el idealismo e inconformismo de la época universitaria. Ahora los que antes formaban un grupo rebelde han perdido contacto a medida que cada uno ha seguido su camino individual para integrarse al orden burgués y, al haber conquistado una cómoda posición social, descartan su inconformismo estudiantil como una ingenua aberración de juventud.

No obstante, el pensamiento del poeta sigue volviendo obsesivamente hacia aquella época cuando buscaban desesperadamente una opción que asegurase su independencia, salvándolos de ser incorporados a una sociedad detestada:

Quitarse —irse— salir, pero dónde:
el mundo estaba regido por instituciones, regido por leyes,
y mirábamos las oficinas donde la gente se sereniza en un escritorio,
el terrible calendario, la secretaría,
las aulas vacías por las tardes donde me sentaba a escuchar
alguna voz perdida en mi propio cuerpo,
capaz de señalar una salida en vez del silencio torpe
con el que desordenaba mis cabellos.
El mundo se venía abajo y justamente no se venía.

> Tendrías que ser eso,
> como un riel, un canal, una carretera, la vida conduce a la muerte.
> Los años…adolescencia…adultez…a eso…
> Allí estábamos para convertirnos e ir dejando
> para terminar lo que se había empezado,
> justamente lo que él no hizo…él…quién es él…

Estos versos tienen una carga irónica en cuanto remedan el discurso de una generación contestataria que hubo de acabar conformándose, pero al mismo tiempo esta ironía está manejada como una manera de anestesiar el recuerdo de la angustia real experimentada por la juventud de aquellos años. La misma universidad está evocada como un microcosmos de la sociedad que sirve. La administración viene a ser una metáfora del orden establecido que implacablemente va subyugando al estudiantado, ya que impone "el terrible calendario" que acaba con los exámenes finales que lo califican para ocupar un lugar en el sistema social, y en los funcionarios dócilmente entregados a la rutina burocrática el poeta y sus compañeros ven el futuro que les aguarda cuando terminen sus estudios. En cambio, las aulas vacías, donde el poeta se rasca la cabeza en vana búsqueda de otra alternativa, no sólo simbolizan la impotencia del individuo frente al orden establecido, sino que al invitar un contraste con las aulas llenas a la hora de clase, apuntan a una formación universitaria que fomenta las ideas recibidas en desmedro de la independencia intelectual.Toda una época está resumida en la siguiente oración de un solo verso. En efecto, los últimos años del 60 eran una época cuando parecía que el mundo se venía abajo, cuando la juventud de occidente vivió la ilusión de que el orden establecido se estaba desmoronando y se inauguraba una era de verdadera libertad y democracia, pero, como señala el texto, la sociedad burguesa hubo de desengañarlos, mostrándose más resistente de lo que se pensaba. Por eso, el verso siguiente empieza con un verbo en tiempo condicional que resume el determinismo que seguía imponiéndose. Tal determinismo se halla reiterado por una serie de tres símiles que definen la vida social como una línea recta y por otra serie de puntos suspensivos que evocan el ineludible proceso de asimilación social. El comentario que sigue a los tres símiles es ambivalente, ya que si da a entender que tal asimilación equivale a estar muerto, también insinúa que es tan inevitable como la muerte.Así, los últimos versos del pasaje citado retoman el paralelismo con la película, sugiriendo que la universidad es una especie de reformatorio que convierte a los estudiantes contestatarios en ciudadanos respetables, completando el proceso de condicionamiento que empezó en la infancia.El héroe de la película está evocado como una persona que se negó a integrarse, pero al dudar de la identidad del rebelde, los puntos suspensivos y la pregunta final insinúan que tales héroes sólo existen en la literatura o el cine y que en la vida real la rebelión es menos factible.

Al rememorar aquella época, lo que el poeta más recuerda es la soledad que experimentaba, porque aunque sus compañeros se encontraban en la misma situación, cada uno se hallaba solo, como el protagonista de la película, ante el dilema de dejarse asimilar o rebelarse:

> Diré, la soledad no tuvo nunca más precisión que en aquel año;
> era como el viento en la cara, como los pensamientos
> más crueles de la maratón, los pies en el suelo, las piernas, el tórax,
> el movimiento de los brazos, la respiración acompasada

> —el paisaje callado alrededor del ecran hacia la meta:
> un cordón que había que romper e ingresar,
> hacerlo nuestro, participar, recorrer,
> la sociedad que estiraba sus piernas, el premio de la institución,
> del reformatorio dijo Terencia o Kay o Marta, Pepe o yo etc.
> Era Hesse, verdad, el acné y él nunca llegó...

Las referencias a Hesse y al acné definen los años universitarios como una patética combinación de idealismo intelectual e inseguridad sicológica, y las últimas palabras del pasaje citado apuntan a la distancia entre el héroe proletario que rehusó el conformismo y una juventud burguesa que no se atrevió a llevar su rebelión a cabo. En este sentido el poema viene a ser una confesión de derrota en la cual el poeta reconoce que su generación ha sido incapaz de resistir las presiones del orden social.

Sin embargo, los puntos suspensivos introducen una nueva serie de versos que obligan otra lectura, la cual problematiza la identidad del anónimo "él" que "nunca llegó":

> Ahora comprendo la tristeza que tuve y por qué recordé aquel año
> en que la soledad existía como la compañera más fiel
> en el invierno de aquellas mañanas en las chacras de Pando;
> no, hace años que no los veo, algunos días no puedo olvidarlos...

Los primeros versos del poema nos sitúan en Francia, y es que, como los demás textos de *Rastro de caracol*, fue escrito en Europa, donde Sánchez León seguía sus estudios al mismo tiempo que aplazaba su incorporación a la sociedad peruana. Resulta, entonces, que el que no se ha asimilado es el mismo poeta, no porque haya realizado un heroico gesto de rebelión, sino porque ha postergado la decisión que sus coetános ya han tomado. Por eso, un poema que parece referirse a los años 60 y a la angustiada incertidumbre de la juventud se sitúa, más bien, en un presente en el cual el poeta vive de nuevo el dilema de aquellos años. En efecto, el corredor de larga distancia es el mismo poeta, que aún no ha optado por rebelarse como el héroe de la película ni por conformarse como han hecho sus antiguos compañeros. Y su soledad se ha hecho más aguda precisamente porque ya no tiene compañeros que compartan su dilema.

"De vuelta a casa", de *Oficio de sobreviviente* (1980), refiere su rencuentro con la Lima a su regreso de Europa:[21]

> El pelotas ha vuelto.
> lo esperan con su vaso de leche (mala leche) con su chancay,
> su postre favorito deslizándose en la memoria de las amarras de los puentes
> y mira con su cara perdida.

La vuelta a casa está evocada, no como el regreso triunfal de un hombre que ha conquistado el mundo, sino como el retorno humillante de un muchacho inepto que no ha sabido independizarse y forjar su propio camino en la vida. El irónico epíteto coloquial del primer verso

---

21. Abelardo Sánchez León, *Oficio de sobreviviente* (Lima, Mosca Azul, 1980), pp. 17-19. Las citas siguientes corresponden a esta edición.

lo presenta como una persona quedada, sin capacidad de iniciativa o decisión, y esta imagen se ve reforzada por la acogida que recibe, ya que sus padres lo tratan como si todavía fuese un niño. El comentario parentético (mala leche) no sólo señala una reacción de malhumor que disimula para no ofender a los padres, sino que apunta a un íntimo rechazo de su formación burguesa que nunca se ha atrevido a manifestar abiertamente, y el postre favorito que ahora le sirven viene a ser una metáfora de un condicionamiento sicológico del cual no ha sabido librarse y que sigue ligándolo al medio burgués. Por eso, la cara con que mira a su alrededor es la de un niño perdido que nunca ha aprendido a manejarse fuera del seguro recinto de ese medio.

A continuación, la imagen de sus ojos entornados evoca la aprensión con la que mide el medio limeño al cual tiene ahora que reincorporarse:

Remira con sus ojillos y acá está de nuevo en la inmensidad de la
    [tela de araña y las presiones,
la pobreza es un golpe en el hígado,
una vaciada torpe en una noche de desamparo.
Acá está entre los barrotes que nunca pudo dejar,
su marco de referencia, sus ejemplos y anécdotas,
las historias que se pegan a la memoria como la ladilla de la juventud.
De nuevo en su país y las contradicciones,
entre los ricos y los pobres, los arribistas y los mediocres,
los astutos y los lobos y los corderos,
        en el medio, pelotas,
mirando cómo se devoran el páncreas.
La noche no cubre aún con su negro crespón
y ha de verse esta realidad más clara y nítida, sin vergüenza,
acá, pelotas, habrás de desenvolverte.

Las metáforas de la tela de araña y de los barrotes expresan su sentimiento de hallarse atrapado de nuevo por el medio al cual ha regresado y donde se ve apremiado por exigencias opuestas, ya que, por un lado, las presiones sociales le instan a ajustarse a las expectativas burguesas y, por otro, el espectáculo de la miseria le resulta tan chocante que le afecta físicamente. Reconoce que nunca ha estado libre de esta prisión, ni cuando estuvo físicamente ausente del Perú, ya que toda su vida emocional está comprometida con la realidad social de su país. A pesar de la modernización de los últimos años, la sociedad a la cual se reingresa ostenta las mismas contradicciones tercermundistas de siempre, siendo todavía una sociedad subdesarrollada donde impera la ley de la selva. Lo que tampoco ha cambiado es su propia postura ante esta realidad, ya que, como él mismo apunta, sigue siendo el pelotas que se queda como espectador indeciso sin saber qué partido tomar. Sin embargo, la imagen de la noche aún no caída señala la urgencia de adoptar una posición ante esta realidad antes de que sucumba a la indiferencia imperante. Por eso, el último verso citado sitúa al pelotas que nunca ha sabido resolverse en una situación concreta (acá) que exige que se defina de un modo u otro.

Los versos siguientes contrastan la imagen europea de una latinoamérica exótica con la gris realidad de un país del tercer mundo:

No todo son revoluciones ni terremotos,
cotidiana como un velo gaseoso que se expande sin bríos, amortiguadora.
Son los días que pasan y se dejan ver a medias
en las mujeres y los sueños y uno está allí,
uno se está muriendo a la larga y alargándola
mientras se suceden las cosas por lo bajo entre murmullos y sombras,
a veces no, alzas la voz, te amargas, te empecinas
en un mundo subterráneo donde los espejos traicionan y develan.

No se trata, sin embargo, de una simple sátira de la ignorancia de los europeos, ya que esta visión dramática del tercer mundo corresponde a su propio anhelo de que las soluciones pudieran ser simples y heroicas. Desgraciadamente, la realidad a la cual se reintegra es todo menos heroica. Se reduce, en efecto, a una monótona rutina cotidiana, una paulatina muerte que uno va aceptando y que, si de vez en cuando permite vislumbrar la posibilidad de algo mejor (las mujeres y los sueños) o provoca una reacción de protesta (alzas la voz, te amargas), no ofrece ninguna opción trascendental capaz de trasformarla.

Por eso, los últimos versos del poema expresan un anhelo de afirmación personal que viene a ser una confesión de impotencia:

Hacerse de un sitio en este país, ir pensando , aunque sea
        [con desidia y malagana.
No todo son revoluciones ni terremotos,
no todo brilla como el sueño encima de la montaña.
Predomina ese gris baldeado, esa noche fugitiva,
esta misma carroña en un sonsonete que se infiltra por las orejas,
mordaz, y ausculta esos hombros caídos,
el andar desprovisto de un encuentro casual, aunque sea, con la revuelta.

Si a primera vista la frase inicial resulta ambigua al indicar que el poeta ambiciona abrirse un espacio en la sociedad nacional, la siguiente aclara que quiere impactar cuestionando la realidad de su país, pero viene en seguida una cláusula de concesión que insinúa que para conseguirlo tiene que luchar contra una contagiosa atmósfera de desaliento. Asimismo, las negaciones de la oración siguiente descartan la posibilidad de una solución dramática que permita la realización de grandes ideales. Para remate la oración final evoca un mundo sin perspectivas, donde impera la miseria (esta misma carroña) y el derrotismo (estos hombros caídos), y si la última palabra del poema privilegia una voluntad de juntarse con otros espíritus disidentes, el contexto destaca la carencia de tal contacto y lo que queda realizado es la soledad e impotencia del poeta, quien sigue sin encontrar un cauce para su repudio de una sociedad injusta.

Como apunta el texto que acabamos de analizar, *Oficio de sobreviviente* es un libro en el cual el poeta da constancia de su derrota, de la entrega de la independencia que ha luchado tanto tiempo por defender, de su asimilación al orden social contra el cual se había rebelado. Vencido por la necesidad de ganarse la vida y por su incapacidad para encontrar una causa donde encauzar su rebeldía, ha acabado por acomodarse a la rutina burguesa que siempre detestó. Así, el título del libro da a entender que su vida se ha reducido a una precaria estrategia para sobrevivir, para defenderse como mejor pueda. En "Arroyo" (51-53), por ejemplo, alcanza una especie de paz al llegar a una incómoda acomodación con el mundo circundante, viviendo realmente sólo en su universo privado mientras que exteriormente se conforma a una sociedad y un estilo de vida que detesta y que lo dejan insatisfecho:

> He negado lo que he asumido,
> habito en el lindero que la cabeza me permite, sin acción,
> única manera de constatar que acá se estuvo y se está.

Pero es lo suficientemente lúcido para darse cuenta de que tal pasividad supone ser colaborador de un orden social que mutila el potencial humano de todos los que viven dentro de él, y en "La paz y la guerra" (65-66) se reprocha con una ironía salvaje:

> Querida avestruz, excelente imagen del ciudadano promedio,
> fin de semana y mis calmantes, la costumbre del excremento,
>   consigo y con el mundo
> en este país estarse en paz equivale a estarse muerto.

En "En cara" (9-11) la vida del poeta acaba imitando la literatura, ya que con la pérdida de las ilusiones y certezas de la juventud —representadas como un tesoro hundido en el fondo del mar— se encuentra errando desorientado por el consagrado laberinto de confusión e incertidumbre:

> Los corredores de que nos hablan los literatos una vez
>   perdidos los sueños
> son tan ciertos como las evidencias de la juventud
> que nos dejó un cofre hundido en el océano.
> Tentados de dividirnos en tantos cuerpos
>   como poros nos aíslan
> átome a la saliva de un miserable recuerdo.

Por eso, confrontado con la desintegración de su sentido de identidad, procura dar unidad a su vida aferrándose al recuerdo del joven idealista y rebelde que corresponde a su imagen de sí. Pero se trata de un recuerdo que tacha de miserable, ya que ahora no tiene sino la nostalgia para compensar una vida fracasada.

El ritual matinal de mirarse en el espejo está referido como una metáfora de su obsesiva costumbre de analizarse en busca de una imagen de sí que le devuelva su amor propio, pero lo que ve es la cara de una persona con la cual no puede identificarse:

> En vano acerco mi rostro al espejo.
> Sin distingos, esa masa de acné entre la barba de algunos días
>   hace más saltones los ojos,
> los labios más delineados, las cejas encorvadas [...]
> Hay en esa cara un sabor entrecruzado de satisfacción
>   de no estarlo
> y desvencijada vanidad de haber comprendido.
> De descubrir en las formas el aliento de vivir

> y soportarlo,
> la manera como se consume el organismo,
> conocedor de que el destino se puede hacer y no se hizo:
> allí la diferencia con los infelices y su secreto vínculo.

Esta cara no sólo carece de atractivo físico sino que ostenta una postura igualmente antipática. En efecto, se ve como una persona que se precia de lúcida, de haber comprendido las amargas realidades de la vida: que el existir es un continuo proceso de deterioro físico; que como la mayoría de los hombres ha desperdiciado la oportunidad de forjar su propio destino, dejándose llevar por las circunstancias; que vivir consiste en atenerse a rutinas y rituales para soportar una existencia sin sentido y sin aliciente. Es justamente esta lucidez lo que lo distingue de los ilusos que viven satisfechos de sí, imaginando que dominan la vida. Pero, como señala el poeta, también lo pone a la par de ellos, porque él también delata satisfacción de sí, la satisfacción de quien se precia de haber tenido la honestidad de reconocerse derrotado y así deshonestamente se da un pretexto para aceptar la derrota.

Por eso, el desprecio que siente por sí le es devuelto por la cara que lo mira desde el espejo:

> Me miro valientemente soportándonos el mutuo desprecio
>   que ese ritual encarna.
> Recorro salvajemente las habitaciones en que se descompone
>   mi vivienda.
> Descubro, sin sospechas, mi presencia en los objetos mínimos,
>   los restos de un día varado.
> Sé que estoy comprometido con lo que me tropieza
>   visceral y con sangre,
> un periódico, mis calcetines, la atroz repostería
>   con su corazón de manzana.
> Revoloteo en los orificios de una res descompuesta.

El desorden de su casa viene a ser otro espejo, en cuanto refleja un mundo personal que se va desmoronando. Como un arqueólogo que explora las ruinas de una civilización desaparecida, lee la historia de su vida en los objetos triviales que lo rodean, reliquias de otro día que no ha conducido a nada. Así, al tropezar con estos objetos esparcidos por la casa, choca dolorosamente con la intrascendencia de su vida. Sin embargo, su ser está ligado a ellos, porque no sólo son soportes existenciales sino que son la prueba de que de algún modo existe. Por eso, es ambivalente la imagen que lo representa como una mosca que revolotea en el cadáver de una res. La res es la casa que ahora recorre y, al mismo tiempo, su vida caída en ruinas, y si por un lado se da a entender que vive entre los escombros de sueños frustrados, por otro lado se insinúa que también se nutre de su fracaso, en cuanto obsesivamente rememora y analiza el pasado en un intento de justificarse. En efecto, el masoquismo ha llegado a ser para él un estilo de vida, puesto que su existencia ya no tiene sentido sin referencia al pasado que compulsivamente va anatomizando:

> Hablar de mí es sentirme vivo aunque aburra a mis congéneres.
> He visto con deleite sus campanillas,
> las muestras por mi infinita cobardía y mediocridad.

Es perfectamente consciente de haberse convertido en un pesado que incomoda y aburre a los amigos, pero lejos de avergonzarlo, esto es más bien motivo de satisfacción. Así, si las campanillas simbolizan la alarma que su presencia despierta en los demás y si en sus gestos faciales se ve clasificado como un perdedor, él responde con placer a tal reacción, ya que le otorga un lugar en el mundo, aunque sea el del fracasado.

La última estrofa desarrolla este tema, representándolo como un rezagado sobrepasado por la historia:

> La vida inmisericorde me ha dejado hablando de aquellas épocas
> que el tiempo se encargó de cubrir con polvo obsoleto.
> Entiéndelo, las rebeldías esas son historia privada.
> Los signos a los que pretendieron dar aire
> se encuadran en otras referencias.
> Aquello que se dio fuera de lo político
> ha quedado bien tapado, cómico y anacrónico:
> ni cuenta te das cuando recurres lo mejor de tu anecdotario,
> humor, juego verbal, encabritadas contorsiones
> para afirmar, sí, que también fueron dolorosas.

Aunque su rebelión personal contra la burguesía encajaba dentro del espíritu de la época, él ha quedado al margen de los grandes cambios socio-políticos y sigue insertado en un medio burgués que supo defenderse contra los cambios que se estaban produciendo en su alrededor. Por eso, el papel que desempeña ahora es el de bufón de sus amigos burgueses, divirtiéndolos con anécdotas de aquella rebelión que no llegó a realizarse, al mismo tiempo que intenta convencerles de que era algo serio y, por lo tanto, una experiencia dolorosa.

Los últimos versos del poema destacan su necesidad de aprobación ajena para sentirse justificado, pero la contradicción en que incurre es que pretende congraciarse con personas cuyos esquemas son diferentes de los suyos:

> Todavía resuenan las risotadas esquivando al agua entre las piedras.
> El aprecio que te es tan caro recógelo ahora como limosna.
> Anda, ve, ella incluso te mira de manera distante.
> Dónde su brillo, Dios mío, cuando buscar en ti no le interesa.
> La soledad del rezagado, cierto, no es necesario repetirlo.
> Aparte de sus caras, conocedor de gestos, la mía:
> como ustedes, sabe la manera de mi desprecio.

En efecto, él es un rezagado en doble sentido, porque no sólo es un rebelde frustrado sino que tampoco ha triunfado en la vida como han hecho sus amigos de juventud. Así, si sigue juntándose con ellos, queda insinuado que ha habido un inevitable distanciamiento de espíritu. La imagen de las piedras que se pisa para evitar el agua sugiere que son forzadas las risas que celebran sus anécdotas, siendo una forma de salvar la situación embarazosa que su actuación provoca, y sin embargo, él está tan necesitado de la aprobación de los demás que las acepta como una limosna. Hasta su amada parece desinteresarse por él, alienada por su aire de perdedor. Por eso, los versos finales destacan la marginación del poeta rezagado, quien en las caras que lo rodean ve reflejado el desprecio que siente por sí mismo al mirarse en el espejo.

Si este texto expresa la vivencia de un poeta de clase media comprometido con el cambio social y existencial y que, sin embargo, no encuentra cauce para sus aspiraciones, también viene a ser emblemático de la situación nacional. En las últimas décadas el Perú ha pretendido democratizarse y modernizarse, pero ni uno ni otro proyecto ha sido realizado aún y, como el poeta, el país ha quedado rezagado, sufriendo como consecuencia la doble humillación de carecer de autoestima y de sentirse despreciado por pueblos más avanzados. Sin embargo, el hecho de que esta vivencia haya sido expresada de una forma tan magistral no sólo confirma la riqueza de la poesía peruana, sino que demuestra nuevamente que los peruanos tienen una capacidad humana muy por encima de la sociedad en que viven.

BIBLIOGRAFÍA

1. ESTUDIOS GENERALES

Bermúdez-Gallegos, Martha, *Tradición y ruptura en la poesía social del Perú: De la Conquista a Antonio Cisneros* (Ann Arbor, University Microfilms International, 1989)

Cabel, Jesús, *Fiesta Prohibida. Apuntes para una interpretación de la nueva poesía peruana 60-80* (Lima, Sagra, 1986)

Cevallos Mesones, Leonidas, ed., *Los nuevos* (Lima, Universitaria, 1967)

Cornejo Polar, Antonio, et al., *Narración y poesía en el Perú* (Lima, *Hueso Húmero,* 1982)

Escobar, Alberto, ed., *Antología de la poesía peruana,* 2 tomos (Lima, Peisa, 1973)

—,*El imaginario nacional. Moro-Westphalen-Arguedas. Una formación literaria* (Lima, Instituto de Estudios Peruanos, 1989)

Falla, Ricardo, *Fondo de fuego: la generación del 70* (Lima, Ediciones Poesía, 1990)

Forgues, Roland, *Poetas,* tomo II de *Palabra Viva* (Lima, Studium, 1988)

—, *Las poetas se desnudan,* tomo IV de *Palabra Viva* (Lima, El Quijote, 1991)

González Vigil, Ricardo, "La poesía peruana en los años 20", *Revista de la Universidad Católica,* nueva serie, 5 (1979), pp. 109-19

—, ed., *De Vallejo a nuestros días,* tomo III de *Poesía peruana: antología general* (Lima, Edubando, 1984)

—, *El Perú es Todas las Sangres* (Lima, Pontificia Universidad Católica del Perú, 1991)

Lauer, Mirko, "La poesía vanguardista en el Perú", *Revista de Crítica Literaria Latinoamericana,* 15 (1982), pp. 77-86

Luchting, Wolfgang A., *Escritores peruanos ¿qué piensan, qué dicen?* (Lima, Ecoma,1977)

Monguió, Luis, *La poesía postmodernista peruana* (Berkeley-Los Angeles, Univ. of California Press, 1954)

O´Hara, Edgar, *Desde Melibea* (Lima, Ruray, 1980)

—, *Lectura de 8 libros de la poesía peruana joven, 1980-1981* (Lima, Cuadernos Ruray 3, 1981)

—, *La palabra y la eficacia (Acercamiento a la poesía joven)* (Lima, Latinoamericana/Tarea, 1984)

Ortega, Julio, *Figuración de la persona* (Barcelona, EDHASA, 1970)

Oviedo, José Miguel, ed., *Estos 13* (Lima, Mosca Azul, 1973)

Paoli, Roberto, *Estudios sobre literatura peruana contemporánea* (Florencia, Università degli Studi di Firenze, 1985)

Rodríguez-Peralta, Phyllis, *Tres poetas cumbres en la poesía peruana: Chocano, Eguren y Vallejo* (Madrid , Playor 1983)

Sánchez Hernani, Enrique, *Exclusión y permanencia de la palabra en Hora Zero: diez años después* (Lima, Cuadernos Ruray 2, 1981)

Sánchez León, Abelardo, "Presencia de Lima en la poesía actual", *Quehacer,* 3 (marzo 1980), pp. 90-102

—, "Lima en la poesía de los años 70", *Quehacer,* 5 (junio 1980), pp. 105-14

Sologuren, Javier, *Tres poetas, tres obras. Belli, Delgado, Salazar Bondy* (Lima, Instituto Raúl Po-
rras Barrenechea, 1969)

—, *Gravitaciones & Tangencias* (Lima, Colmillo Blanco, 1988)

Toro Montalvo, César, ed., *Antología de la poesía peruana del siglo XX (Años 60/70)* (Lima, Mabú,
1978)

2. JOSÉ MARÍA EGUREN

Obras completas (Lima, Mosca Azul, 1974)

Abril, Xavier, *Eguren el obscuro* (Córdoba, Arg., Univ. Nac. de Córdoba, 1970)

Armaza, Emilio, *Eguren* (Lima, Mejía Baca, 1959)

Debarbieri, César A., *Los personajes en la poética de José María Eguren* (Lima, Univ. del Pacífico,
1975)

Díaz Herrera, Jorge, "Contra el Eguren que no es", *Revista de Crítica Literaria Latinoamericana*, 13
(1981), pp. 83-91

Ferrari, Américo, "La función del símbolo. Notas sobre José María Eguren, *Insula*, 332/333 (1974),
p. 4

González Vigil, Ricardo, "Hacia Eguren", en *Retablo de autores peruanos* (Lima, Arco Iris, 1990),
pp. 275-303

Núñez, Estuardo, *José María Eguren. Vida y obra* (Lima, Villanueva, 1964)

Ortega, Julio, *José María Eguren,* Biblioteca Hombres del Perú XXX (Lima, Universitaria, 1965)

—, *Figuración de la persona*, pp. 89-116

Paoli, Roberto, "Eguren, tenor de las brumas", *Revista de Crítica Literaria Latinoamericana*, 3
(1976), pp. 25-30

—, *Estudios sobre literatura peruana contemporánea*, pp. 7-53

Rodríguez-Peralta, Phyllis, *Tres poetas cumbres en la poesía peruana: Chocano, Eguren y Vallejo*
(Madrid, Playor, 1983)

Rouillon Arróspide, José Luis, *Las formas fugaces de José María Eguren* (Lima, Imágenes y Letras,
1974)

Silva-Santisteban, Ricardo, ed., *José María Eguren. Aproximaciones y perspectivas* (Lima, Univ. del
Pacífico, 1977)

Sologuren, Javier, *Gravitaciones & Tangencias*, pp. 202-14

3. ALBERTO HIDALGO

Arenga lírica al Emperador de Alemania. Otros poemas (Arequipa, Quiroz Hermanos, 1916)

Panoplia lírica (Lima, Víctor Fajardo, 1917)

Las voces de colores (Arequipa, A. Quiroz, 1918)

Joyería (Buenos Aires, Virtus, 1919)

Química del espíritu (Buenos Aires, Mercatali 1923)

Simplismo (Buenos Aires, El Inca, 1925)

Descripción del cielo, poemas de varios lados (Buenos Aires, El Inca, 1928)

Armand, Octavio R., *El yo en la poesía de Alberto Hidalgo* (Ann Arbor, University Microfilms International, 1980)

Stimson, Frederick S., *The New Schools of Spanish American Poetry* (Chapel Hill, University of North Carolina, 1970), pp. 111-31

4. JUAN PARRA DEL RIEGO

Poesía (Montevideo, Biblioteca de la Cultura Uruguaya, 1943)

5. CARLOS OQUENDO DE AMAT

5 metros de poemas (Lima, Decantar, 1969)

González Vigil, Ricardo, *El Perú es Todas las Sangres,* pp. 66-73

Meneses, Carlos, *Tránsito de Oquendo de Amat* (Las Palmas, Inventarios Provisionales, 1973)

Monguió, Luis, "Un vanguardista peruano: Carlos Oquendo de Amat ", en *Homenaje a Luis Leal,* ed. D.W. Bleznick y J.O. Valencia (Madrid, Insula, 1978), pp. 203-14

Ortega, Julio, *Figuración de la persona,* pp. 151-56

Sologuren, Javier, *Gravitaciones & Tangencias,* pp. 220-24

6. CÉSAR VALLLEJO

Obra poética completa (Lima, Moncloa, 1968)

Poesía completa, ed. Juan Larrea (Barcelona, Barral, 1978)

Obra poética completa, ed. Enrique Ballón Aguirre (Caracas, Biblioteca Ayacucho, 1979)

Obra poética, ed. Américo Ferrari (Nanterre, Colección Archivos, 1988)

Poesía completa, ed. Raúl Hernández Novás (La Habana: Editorial Arte y Literatura/Casa de las Américas, 1988)

Poesía completa (Trujillo, Ediciones CICLA, 1988)

Obra poética, tomo I de *Obras completas,* ed. Ricardo González Vigil, (Lima, Banco de Crédito del Perú, 1991)

Abril, Xavier, Vallejo. *Ensayo de aproximación crítica* (Buenos Aires: Front, 1958)

—, *César Vallejo o la teoría poética* (Madrid, Taurus, 1962)

—, *Exégesis trílcica* (Lima, Labor, 1980)

Aula Vallejo (Universidad Nacional de Córdoba, Argentina), 1(1961), 2/4(1963), 5/7(1967), 8/10(1971), 11/13(1974)

Ballón Aguirre, Enrique, *Vallejo como paradigma (un caso especial de escritura)* (Lima, Instituto Nacional de Cultura, 1974)

Beutler, G. y Losada, A., eds., *César Vallejo: actas del coloquio internacional, Freie Universitat*

Berlin, 7-9 junio 1979 (Tübingen, Max Niemayer, 1981)

Coyné, André, *César Vallejo* (Buenos Aires , Nueva Visión, 1968)

Cuadernos Hispanoamericanos (Madrid) , 454-55 (1988). Homenaje a Vallejo.

Escobar, Alberto, *Cómo leer a Vallejo* (Lima, Villanueva, 1973)

Espejo Asturrizaga, Juan, *César Vallejo. Itinerario del hombre* (Lima, Mejía Baca, 1965)

Ferrari, Américo, *El universo poético de César Vallejo* (Caracas, Monte Avila, 1972)

Flores, Angel, ed., *Aproximaciones a César Vallejo,* 2 tomos (Nueva York: Las Américas, 1971)

Franco, Jean, *César Vallejo: The Dialectics of Poetry and silence* (Cambridge, Cambridge University Press, 1976)

Hart, Stephen, *Religión, política y ciencia en la obra de César Vallejo* (Londres: Támesis, 1987)

Higgins, James, *César Vallejo en su poesía* (Lima, Seglusa, 1990)

Larrea, Juan, *César Vallejo o Hispanoamérica en la cruz de su razón* (Córdoba, Argentina, Universidad Nacional de Córdoba, 1958)

—, *César Vallejo y el surrealismo* (Madrid, Visor, 1976)

—, *Al amor de Vallejo* (Valencia, Pre-textos, 1980)

Martínez García, Francisco, *César Vallejo: acercamiento al hombre y al poeta* (León, Colegio Universitario de León, 1976)

Meo Zilio, Giovanni, *Stile e poesia in César Vallejo* (Padova, Liviana, 1960)

Monguió, Luis, *César Vallejo. Vida y obra* (Nueva York, Hispanic Institute in the United States, 1952; Lima, Perú Nuevo, 1960)

Neale-Silva, Eduardo, *César Vallejo en su fase trílcica* (Madison: University of Wisconsin Press, 1975)

Ortega, Julio, ed., *César Vallejo* (Madrid, Taurus, 1974)

Paoli, Roberto, *Poesie di César Vallejo* (Milano: Lerici, 1964)

—, *Mapas anatómicas de César Vallejo* (Messina-Florencia: D´Anna, 1981)

Pinto Gamboa, Willy F., *César Vallejo: en torno a España* (Lima, Cibeles, 1981)

Revista Iberoamericana (Pittsburgh), 71 (1970). Número dedicado a Vallejo.

Vallejo, Georgette de, *Apuntes biográficos sobre "Poemas en prosa" y "Poemas humanos"* (Lima, Moncloa, 1968)

—, *Vallejo: allá ellos, allá ellos, allá ellos!* (Lima, Zalvac, 1978)

Vegas García, Irene, *Trilce, estructura de un nuevo lenguaje* (Lima, Pontificia Universidad Católica del Perú, 1982)

Vélez, Julio y Merino, Antonio, *España en César Vallejo,* 2 tomos (Madrid: Fundamentos,1984)

Visión del Perú, 4 (1969). Homenaje a Vallejo

7. EMILIO ADOLFO WESTPHALEN

Otra imagen deleznable... (México: Fondo de Cultura Económica, 1980)

Máximas y mínimas de sapiencia pedestre (Lisboa, 1982)

Arriba bajo el cielo (Lisboa, 1982)

Creación & Crítica, 20 (1977). Número dedicado a Westphalen.

Cueto, Alonso, "Westphalen: el laberinto del silencio", *Hueso Húmero*, 7 (1980), pp. 121-29

Escobar, Alberto, *El imaginario nacional. Moro-Westphalen-Arguedas, una formación literaria* (Lima, Instituto de Estudios Peruanos, 1989)

Fernández Cozman, Camilo, *Las Insulas Extrañas de Emilio Adolfo Westphalen* (Lima, Naylamp, 1990)

González Vigil, Ricardo, *El Perú es Todas las Sangres*, pp. 104-17

O'Hara, Edgar, "Emilio Adolfo Westphalen: a merced de la noche", *Plural*, 248 (1992), pp 20-31

Ortega, Julio, *Figuración de la persona*, pp. 165-71

Paoli, Roberto, *Estudios sobre literatura peruana contemporánea*, pp. 95-103

Sologuren, Javier, *Gravitaciones & Tangencias*, pp. 229-46

8. CÉSAR MORO

Obra poética, ed. Ricardo Silva-Santisteban (Lima, Instituto Nacional de Cultura, 1980)

La tortuga ecuestre y otros textos, ed. Julio Ortega (Caracas, Monte Avila, 1976)

Coyné, André, *César Moro* (Lima,Torres Aguirre, 1956)

—, César Moro entre Lima, París y México", en *Convergencias/divergencias/incidencias*, ed. Julio Ortega (Barcelona, Tusquets, 1972-73), pp. 215-27

—,"Al Margen", en *Palabra de escándalo*, ed. Julio Ortega (Barcelona, Tusquets, 1974), pp. 448-51

—, "Cesar Moro: el hilo de Ariadna", *Insula*, 332/333 (Julio-Agosto 1974), pp. 3 y 12

Ferrari, Américo, "Moro, el extranjero", *Hueso Húmero*, 2 (1979), pp. 106-09

González Vigil, Ricardo, *El Perú es Todas las Sangres*, pp. 96-103

Ortega, Julio, *Figuración de la persona*, pp. 117-28

Paoli, Roberto, *Estudios sobre literatura peruana contemporánea*, pp. 131-38

Sologuren, Javier, *Gravitaciones & Tangencias*, pp. 225-28

9. MARTÍN ADÁN

Obra poética, ed. Ricardo Silva-Santisteban (Lima, Edubanco, 1980)

Obras en prosa, ed. Ricardo Silva-Santisteban (Lima, Edubanco,1982)

Bendezú Aibar, Edmundo, *La poética de Martín Adán* (Lima, Villanueva, 1969)

Bravo, José Antonio, "Un soneto de Martín Adán. Análisis semántico del soneto 'Declamato come in coda", *Cielo Abierto*, 8 (1980), pp. 45-51

Ferrari, Américo, "Martín Adán: Poesía y Realidad", en *Mélanges offert á Charles Vincent Aubrun* (París, Ed. Hispanique, 1975), pp. 273-85

González Vigil, Ricardo, "La anti-poética de Martín Adán", *Revista de la Universidad Católica*, 11-12 (1982), pp. 229-55

—, El Perú es Todas las Sangres, pp. 169-209

Higgins, James, "La aventura poética de Martín Adán en *Travesía de extramares"*, en *Homenaje a Luis*

Alberto Sánchez, ed. Robert G. Mead Jr. (Madrid, Insula, 1983), pp. 299-317

Kinsella, John, *Lo trágico y su consuelo: un estudio de la obra de Martín Adán* (Lima, Mosca Azul, 1989)

Lauer, Mirko, *Los exilios interiores: una introducción a Martín Adán* (Lima, *Hueso Húmero*, 1983)

Ortega, Julio, *Figuración de la persona*, pp. 158-64

Paoli, Roberto, "Lo hiperformal y lo informal de Martín Adán", *Cielo Abierto*, 30 (1984), pp. 12-19, y en *Estudios sobre literatura peruana contemporánea*, pp. 139-50

Sologuren, Javier, *Gravitaciones & Tangencias*, pp. 254-57

Weller, Hubert P., "The Poetry of Martín Adán", en *Romance Literary Studies. Homage to Harvey L. Johnson*, ed. M. A. Wellington and M. O' Nan (Potomac, Porrúa Turanzas, 1979), pp. 151-60

10. JORGE EDUARDO EIELSON

Poesía escrita (Lima, Instituto Nacional de Cultura, 1976)

Noche oscura del cuerpo (París, Altaforte, 1983)

El cuerpo de Giulia-no (México, Joaquín Mortiz, 1971)

Oquendo, Abelardo, "Eielson: remontando la poesía de papel" (Entrevista), *Hueso Húmero*, 10 (1981), pp. 3-10

Ortega, Julio, *Figuración de la persona*, pp. 172-77

Oviedo, José Miguel, "Jorge Eduardo Eielson o el abismo de la negación", *Cuadernos Hispanoamericanos*, 417 (1985), pp. 191-96

Paoli, Roberto, *Estudios sobre literatura peruana contemporánea*, pp. 103-13

Sologuren, Javier, *Gravitaciones & Tangencias*, pp. 277-80

Urdanivia Bertarelli, Eduardo, "Los *Reinos* de Jorge Eduardo Eielson", *Revista de Crítica Literaria Latinoamericana*, 13 (1981), pp. 71-79

11. JAVIER SOLOGUREN

Vida continua. Obra poética (1938-1989) (Lima, Colmillo Blanco, 1989)

Cabrera, Miguel, *Milenaria Luz: La Poesía de Javier Sologuren* (Madrid, Ediciones del Tapir, 1988)

Oquendo, Abelardo, "Sologuren: la poesía y la vida", *Amaru*, 5 (1968), pp. 56-61

Ortega, Julio, *Figuración de la persona*, pp. 177-82

Paoli, Roberto, *Estudios sobre literatura peruana contemporánea*, pp. 113-23

Ramírez, Luis Hernán, *Estilo y poesía de Javier Sologuren* (Lima, Biblioteca Universitaria, 1967)

12. LEOPOLDO CHARIARSE

La cena en el jardín (Lima, Instituto Nacional de Cultura, 1975)

13. FRANCISCO BENDEZÚ

Arte Menor (Lima, Escuela Nacional de Bellas Artes, 1960)

Los años (Lima, La Rama Florida, 1961; segunda edición definitiva, Ministerio de Educación Pública del Perú, 1961)

Cantos (Lima, La Rama Florida, 1971)

Paoli, Roberto, *Estudios sobre literatura peruana contemporánea*, pp.160-62
Sologuren, Javier, *Gravitaciones & Tangencias*, pp. 295-97

14. MANUEL SCORZA

Poesía incompleta (México, Univ. Nac. Autónoma de México, 1976)

15. ALEJANDRO ROMUALDO

Poesía íntegra (Lima, Viva Voz, 1986)
Lauer, Mirko y Oquendo, Abelardo, "´Yo de esta sociedad no podía esperar nada´: Una conversación con Romualdo", *Hueso Húmero,* 11 (1981), pp. 3-27
Melis, Antonio, "El camino abierto de un poeta íntegro", en *Poesía íntegra,* pp. 7-18
Ortega, Julio, *Figuración de la persona,* pp. 182-90
Paoli, Roberto, *Estudios sobre literatura peruana contemporánea,* pp. 127-31
Sánchez León, Abelardo, "Romualdo: un grito de guerra literario", *Hueso Húmero,* 22(1987), pp. 138-44

16. JUAN GONZALO ROSE

La luz armada (México, Humanismo, 1954)
Obra poética (Lima, Instituto Nacional de Cultura, 1974)
Retorno a las canciones, en *Camino real* (Lima, Voz de Orden, 1980)

Sologuren, Javier, *Gravitaciones & Tangencias,* pp. 298-300

17. GUSTAVO VALCÁRCEL

Confín del tiempo y de la rosa (Lima, Univ. Nac. Mayor de San Marcos, 1948)
Poemas del destierro (México, América Nueva, 1956)
Cantos del amor terrestre (México, Espacios, 1957)
5 poemas sin fin (Lima, Perú Nuevo, 1959)
¡Cuba sí, yanquis no! (Lima, Perú Nuevo, 1961)
¡Pido la palabra! (Lima, Perú Nuevo, 1965)
Poesía extremista (Lima, Perú Nuevo, 1967)
Pentagrama de Chile antifascista (Lima, Perú Nuevo, 1975)

18. WÁSHINGTON DELGADO

Un mundo dividido (Lima, Casa de la Cultura del Perú, 1970)
Reunión elegida (Lima, Seglusa/Colmillo Blanco, 1988)

Horanyi, Matyas, "El mundo dividido de Wáshington Delgado", *Cuadernos Hispanoamericanos*, 300
    (1975), pp. 519-42
 Ortega, Julio, *Figuración de la persona*, pp. 190-96
Sologuren, Javier, *Tres poetas, tres obras*, pp. 41-73
—, *Gravitaciones & Tangencias*, pp. 292-94

19. PABLO GUEVARA

Retorno a la creatura (Madrid, Cooperación Intelectual, 1957)
Los habitantes (Lima, La Rama Florida, 1965)
Crónicas contra los bribones (Lima, Milla Batres, 1967)
Hotel del Cuzco y otras provincias de Perú (Lima, Instituto Nacional de Cultura, 1972)

Ortega, Julio, *Figuración de la persona*, pp. 201-06
Sologuren, Javier, *Gravitaciones & Tangencias*, pp. 301-03
Zubizarreta, Armando, "La elegía de la derrota anónima", *Letras*, 80-81 (1968), pp. 60-70

20. CARLOS GERMÁN BELLI

El pie sobre el cuello (Montevideo, Alfa, 1967)
Sextinas y otros poemas (Santiago de Chile, Editorial Universitaria, 1970).
El libro de los nones, en *¡Oh Hada Cibernética!* (Caracas, Monte Avila, 1971)
En alabanza del bolo alimenticio (México, Premià, 1979)
Canciones y otros poemas (México, Premià, 1982)
El buen mudar (Madrid, Ediciones de Tapir, 1986; Lima, Perla, 1987)
Más que señora humana (Lima, Perla, 1987)
En el restante tiempo terrenal (Lima, Perla, 1988)

Cánepa, Mario A., *Lenguaje en conflicto: la poesía de Carlos Germán Belli* (Madrid, Orígenes, 1987)
Hill, W.N., *Tradición y modernidad en la poesía de Carlos Germán Belli* (Madrid, Pliegos, 1984)
Lasarte, Francisco, "Pastoral and Counter-Pastoral: The Dynamics of Belli´s Poetic Despair", *Modern
    Language Notes,* 94 (1979), pp. 301-20
Ortega, Julio, *Figuración de la persona*, pp. 129-36
Paoli, Roberto, *Estudios sobre literatura peruana contemporánea*, pp. 151-59
Sologuren, Javier, *Tres poetas, tres obras*, pp. 7-40

—,*Gravitaciones & Tangencias,* pp. 288-91

21. BLANCA VARELA

Canto Villano. Poesía reunida, 1949-1983 (México, Fondo de Cultura Económica, 1986)
Ferrari, Américo, "Varela: explorando los ˝bordes espeluznantes˝", *Hueso Húmero,* 21(1986), pp. 134-43
Graves, Cristina, "Con el ángel entre los dedos", *Hueso Húmero,* 4 (1980), pp. 93-101
O´Hara, Edgar, "Blanca Varela en aire, tierra y agua", *Cielo Abierto,* 24 (1983), pp. 19-24
Ortega, Julio, *Figuración de la persona,* pp. 196-201
Oviedo, José Miguel, "Blanca Varela o la persistencia de la memoria", *Diálogos* (México), 89 (1979), pp. 15-20
Sobrevilla, David, "La poesía como experiencia —Una primera mirada a la Poesía reunida (1949-1983) de Blanca Varela", *Kuntur,* 2 (1986), pp. 53-58
Sologuren, Javier, *Gravitaciones & Tangencias,* pp. 184-87

22. JAVIER HERAUD

Poesías completas (Lima, Campodónico, 1973)

O´Hara, Edgar, *Desde Melibea,* pp. 104-09, 149-68
Sologuren, Javier, *Gravitaciones & Tangencias,* pp. 304-08

23. LUIS HERNÁNDEZ

Obra poética completa (Lima,Punto y trama, 1983)

O´Hara, Edgar , *Desde Melibea,* pp. 102, 114-16
Sologuren, Javier, *Gravitaciones & Tangencias,* pp. 309-11

24. ANTONIO CISNEROS

Propios como ajenos. Antología personal (Poesía 1962-1989) (Lima, Peisa, 1989)
Destierro (Lima, Cuadernos del Hontanar, 1961)
David (El Timonel, 1962)
Comentarios Reales (Lima, La Rama Florida/Biblioteca Universitaria, 1964)
Canto ceremonial contra un oso hormiguero (La Habana, Casa de las Américas, 1968)
Agua que no has de beber (Barcelona, Milla Batres, 1971)
Como higuera en un campo de golf (Lima, Instituto Nacional de Cultura, 1972)
El libro de Dios y de los húngaros (Lima, Libre-1, 1978)
Crónica del niño Jesús de Chilca (México, Premià, 1981)

Monólogo de la casta Susana y otros poemas (Lima, Instituto Nacional de Cultura, 1986)

Las inmensas preguntas celestes (Lima, Campodónico, 1992)

Bermúdez-Gallegos, Martha, *Tradición y ruptura en la poesía social del Perú: De la conquista a Antonio Cisneros* (Ann Arbor: University Microfilms International, 1989)

O'Hara, Edgar, *Desde Melibea,* pp. 102-03, 110-14

Russell Lamadrid, Enrique, "La poesía de Antonio Cisneros: dialéctica de creación y tradición", *Revista de Crítica Literaria Latinoamericana,* 11 (1980), pp 85-106.

Sologuren, Javier, *Gravitaciones & Tangencias,* pp. 318-21.

25. RODOLFO HINOSTROZA

Poemas reunidos (Lima, Mosca Azul, 1986)

Oquendo, Abelardo, "Aproximación a *Contra natura*", Textual, 3 (1971), pp. 67-71

26. ENRIQUE VERÁSTEGUI

En los extramuros del mundo (Lima, Milla Batres, 1971)

Praxis, asalto y destrucción del infierno (Lima, Campo de Concentración, 1980)

Leonardo (Lima, Instituto Nacional de Cultura, 1988)

Angelus Novus, tomo I (Lima, Antares, 1989)

Angelus Novus, tomo II (Lima, Lluvia, 1990)

Monte de goce (Lima, Milla Batres, 1991)

Terceto de Lima (Lima, Milla Batres, 1992)

27. ABELARDO SÁNCHEZ LEÓN

Poemas y ventanas cerradas (Lima, La Rama Florida, 1969)

Habitaciones contiguas (Lima, Mejía Baca, 1972)

Rastro de caracol (Lima, La Clepsidra, 1977)

Oficio de sobreviviente (Lima, Haraui, 1984)

Antiguos papeles (Lima, Noviembre Trece, 1987)

Por la puerta falsa (Lima, Noviembre Trece, 1991)

Sologuren, Javier, *Gravitaciones & Tangencias,* pp. 322-25

INDICE GENERAL

Este libro HITOS DE LA
POESIA PERUANA siglo XX,
se terminó de imprimir el
22 de agosto de 1993.